Sarah Neubauer | Jan Zeidler | Ansgar Lange
Johann-Matthias Graf von der Schulenburg

# Prozessorientierter Leitfaden für die Analyse und Nutzung von Routinedaten der Gesetzlichen Krankenversicherung

Nomos

IIIII CHERH Center for Health Economics Research Hannover

**Die Deutsche Nationalbibliothek** verzeichnet diese Publikation in der Deutschen Nationalbibliografie; detaillierte bibliografische Daten sind im Internet über http://dnb.d-nb.de abrufbar.

ISBN 978-3-8487-3776-5 (Print)
ISBN 978-3-8452-8119-3 (ePDF)

1. Auflage 2017

# Danksagung

Die vorliegende Studie wurde durch das Bundesministerium für Bildung und Forschung (BMBF) gefördert.

Die Autoren möchten allen Personen und Institutionen danken, die zur Entstehung dieses Leitfadens beigetragen haben. Besonderer Dank für die zahlreichen produktiven Diskussionsbeiträge und Anregungen gilt dabei der Arbeitsgruppe »Routinedatenanalysen«, die sich aus Mitarbeitern der Universität Bielefeld, der Medizinischen Hochschule Hannover, der Leibniz Universität Hannover und der Xcenda GmbH zusammensetzt.

Weiterhin danken wir ganz herzlich den kritischen Gutachtern für ihre wertvollen Hinweise, da durch diese Kommentare der Leitfaden auf ein noch höheres Niveau gehoben werden konnte.

# Inhaltsverzeichnis

# Abbildungsverzeichnis

Tabellenverzeichnis

# Abkürzungsverzeichnis

| | |
|---|---|
| A | Ausschlussdiagnose |
| ADHS | Aufmerksamkeitsdefizit-/Hyperaktivitätsstörung |
| AGENS | Arbeitsgruppe Erhebung und Nutzung von Sekundärdaten (AGENS) der Deutschen Gesellschaft für Sozialmedizin und Prävention (DGSMP) und der Deutschen Gesellschaft für Epidemiologie (DGEpi) |
| AHB | Anschlussheilbehandlung |
| AIDS | Acquired Immune Deficiency Syndrome – erworbenes Immundefektsyndrom |
| AKR | Ambulante Kodierrichtlinien |
| AOK | Allgemeine Ortskrankenkasse |
| ATC | Anatomisch-Therapeutisch-Chemische Klassifikation |
| AU | Arbeitsunfähigkeit |
| AUC | Area under curve |
| Aufl. | Auflage |
| AWMF | Arbeitsgemeinschaft der Wissenschaftlichen Medizinischen Fachgesellschaften e.V. |
| BBSR | Bau-, Stadt- und Raumforschung |
| BDSG | Bundesdatenschutzgesetz |
| BKK | Betriebskrankenkassen |
| BMBF | Bundesministerium für Bildung und Forschung |
| BMG | Bundesministerium für Gesundheit |
| BSHG | Bundessozialhilfegesetz |
| BTMG | Betäubungsmittelgesetz |
| BVA | Bundesversicherungsamt |
| CCI | Charlson Comorbidity Index |
| CD | Compact Disc |
| COPD | Chronic Obstructive Pulmonary Disease |
| CRT | Cardiac Resynchronization Therapy |
| DAK | Deutsche Angestellten-Krankenkasse |
| DaTraGebV | Verordnung zur Erhebung von Gebühren und Auslagen für die Bereitstellung von Daten nach den Regelungen der Datentransparenzverordnung |
| DaTraV | Datentransparenzverordnung |
| DDD | Defined Daily Dose |

| | |
|---|---|
| DEGAM | Deutsche Gesellschaft für Allgemeinmedizin und Familienmedizin |
| DGEpi | Deutsche Gesellschaft für Epidemiologie |
| DGSMP | Deutsche Gesellschaft für Sozialmedizin und Prävention |
| DIMDI | Deutsches Institut für Medizinische Dokumentation und Information |
| DMP | Disease-Management-Programm |
| DRG | Diagnosis Related Groups |
| EBM | Einheitlicher Bewertungsmaßstab |
| ed. | Edition |
| et al. | Et alia/und andere |
| FA | Facharzt |
| G | Gesicherte Diagnose |
| G-BA | Gemeinsamer Bundesausschuss |
| gbe-bund | Gesundheitsberichterstattung des Bundes |
| GEK | Gmünder Ersatzkasse |
| GePaRD | German Pharmacoepidemiological Research Database |
| GG | Grundgesetz |
| GKV | Gesetzliche Krankenversicherung |
| GKV-WSG | GKV-Wettbewerbsstärkungsgesetz |
| GLM | Generalisierte Lineare Modelle |
| GMG | GKV-Modernisierungsgesetz |
| GPS | Gute Praxis Sekundärdatenanalyse |
| HA | Hausarzt |
| HDIA | Hauptdiagnose |
| HIV | Humane Immundefizienz-Virus (engl. human immunodeficiency virus) |
| i. V. m. | In Verbindung mit |
| ICD | International Classification of Diseases |
| IGeL | Individuelle Gesundheitsleistungen |
| IGES | Institut für Gesundheits- und Sozialforschung |
| IKK | Innungskrankenkassen |
| IQWiG | Institut für Qualität und Wirtschaftlichkeit im Gesundheitswesen |
| KBS | Knappschaft-Bahn-See |
| KBV | Kassenärztliche Bundesvereinigung |
| KHK | Koronare Herzkrankheit |
| KORA | Kooperative Gesundheitsforschung in der Region Augsburg |
| KV | Kassenärztliche Vereinigung |
| KVDT | Kassenärztliche Vereinigung-Datentransfer |
| KZBV | Kassenzahnärztliche Bundesvereinigung |

| | |
|---|---|
| LANR | Lebenslange Arztnummer |
| lidA | Leben in der Arbeit |
| LOI | Letter of Intent |
| MAR | Missing at random |
| MCAR | Missing completely at random |
| Morbi-RSA | Morbiditätsorientierter Risikostrukturausgleich |
| MPR | Medication possession ratio |
| NVL | Nationale Versorgungsleitlinie |
| OAR | Observed at random |
| OLS | Ordinary least squares/Methode der kleinsten Quadrate |
| OPS | Operationen- und Prozedurenschlüssel |
| OTC | Over the counter |
| PIA | Psychiatrische Institutsambulanzen |
| PKV | Private Krankenversicherung |
| PZN | Pharmazentralnummer |
| Q | Quartal |
| QALY | quality adjusted life year/Qualitätskorrigiertes Lebensjahr |
| RECORD | Name eines internationalen Berichtsstandards für Routinedatenanalysen |
| RSA | Risikostrukturausgleich |
| SGB V | Fünftes Sozialgesetzbuch |
| SGB IX | Neuntes Sozialgesetzbuch |
| SGB X | Zehntes Sozialgesetzbuch |
| SHIP | Study of Health in Pomerania |
| SQL | Structured Query Language |
| STROBE | Strengthening the Reporting of Observational Studies in Epidemiology |
| STROSA | STandardisierte BerichtsROutine für Sekundärdaten Analysen |
| SVLFG | Sozialversicherung für Landwirtschaft, Forsten und Gartenbau |
| SVR | Sachverständigenrat |
| TK | Techniker Krankenkasse |
| V | Verdachtsdiagnose |
| vdek | Verband der Ersatzkassen |
| VE | Versicherter |
| VPN | Virtual Private Network |
| WIdO | Wissenschaftliches Institut der Ortskrankenkassen |
| WINEG | Wissenschaftliches Institut der Techniker Krankenkasse für Nutzen und Effizienz im Gesundheitswesen |
| Z | »Zustand nach«-Diagnose |

# 1. Einleitung und Motivation

Routinedaten der gesetzlichen Krankenversicherung (GKV) stellen seit einigen Jahren eine wichtige Informationsquelle für viele Akteure des Gesundheitswesens dar. So können die Ergebnisse aus Routinedatenstudien wertvolle Informationen zu Qualität und Effizienz des Gesundheitssystems für Forscher und politische Entscheidungsträger liefern und somit als Unterstützung im Bereich der rationalen Allokationsentscheidungen dienen. Dieser Trend wird zum einen durch die technologische Entwicklung von leistungsfähigen Computern hinzu Big Data und zum anderen durch die nationale sowie internationale methodische Weiterentwicklung der Routinedatenforschung begünstigt.

Die steigende Bedeutung von Routinedaten für die Versorgungsforschung spiegelt sich unter anderem in der zunehmenden Anzahl routinedatenbasierter Studien und Publikationen[1], jährlich veranstalteter Fachtagungen und Kongressen sowie öffentlichen Förderinitiativen wider. Der Bedarf an validen Datengrundlagen zur Beschreibung des realen Versorgungsgeschehens wird aufgrund der vielfältigen Herausforderungen bei der notwendigen Transformation des Gesundheitswesens und den steigenden technischen Möglichkeiten in Zukunft noch weiter wachsen. Die routinedatenbasierten Forschungsprojekte umfassen daher ein breites Spektrum an GKV-Routinedatenanalysen zu ganz unterschiedlichen Forschungsfragen.

Ziel dieses Beitrags ist es daher – in Ergänzung zur einschlägigen Literatur, insbesondere zu dem Handbuch Sekundärdatenanalyse von Swart et al.[2] – einen praxisorientierten Leitfaden zu implementieren, der relevante Teilaspekte der Routinedatenanalyse systematisch aufarbeitet, eine differenzierte methodische Orientierung bietet sowie vielfältige Hilfestellungen bei praktischen Herausforderungen für alle GKV-Routinedatennutzer gibt. Diese detaillierte Übersicht (über relevante konzeptionelle und methodische Aspekte) soll bei der konkreten Durchführung von routinebasierten Forschungsprojekten unterstützen und damit zu qualitativ hochwertigeren, transparenteren und vergleichbareren GKV-Routinedatenstudien

---

1 Kreis et al. 2016; Hoffmann 2009; imvr und WINEG

2 Swart und Ihle 2005; Swart et al. 2014a

führen. Hierbei sollen insbesondere konkrete Empfehlungen zur Lösung methodischer Herausforderungen gegeben werden. Das vorliegende Buch bietet sich für Studenten und Forscher als hervorragender Einstieg in die Sekundärdatenforschung mit Routinedaten an. Es soll das Interesse sowie das Verständnis für dieses wichtige Forschungsgebiet wecken und Wissenschaftler, die zum ersten Mal mit GKV-Routinedaten arbeiten, bei methodischen Fragen unterstützen.

Angesichts der Dynamik des Forschungsfeldes kann dieser Leitfaden jedoch lediglich eine Momentaufnahme bezüglich der Methoden und technischen Aspekte der GKV-Routinedatenanalyse darstellen. Das Buch erhebt auch angesichts der raschen Entwicklung des Forschungsgebietes nicht den Anspruch, einen dauerhaften allgemeinen Goldstandard zu präsentieren. Dennoch werden wichtige Gesichtspunkte der GKV-Routinedatenanalyse skizziert sowie die Vor- und Nachteile verschiedener methodischer Herangehensweisen kritisch diskutiert. In der Forschungspraxis müssen diese Verfahren jedoch häufig projekt- und fragestellungsspezifisch angepasst werden. Die in diesem Leitfaden vorgestellten Methoden und Studiendesigns sollen so weit wie möglich dazu beitragen, den notwendigen methodischen Standardisierungsprozess voranzutreiben. Nur so können die Potenziale von GKV-Routinedatenstudien in Zukunft vollumfänglich ausgeschöpft werden.

Der Fokus des Buches liegt dabei primär auf den Methoden der Analyse von Abrechnungsdaten gesetzlicher Krankenkassen. Andere Routinedatenquellen, wie beispielsweise Daten der Pflegekassen oder der Rentenversicherung, Routinedaten der privaten Krankenversicherung (PKV) und grundlegende Aspekte der kostenträgerunabhängigen Routinedatenanalyse werden zur Zeit nur selten für Forschungszwecke genutzt[3]. Deswegen werden diese zugunsten einer stringenten inhaltlichen Orientierung lediglich nur dann dargestellt, wenn Interdependenzen zu der Forschung mit GKV-Routinedaten bestehen.

Die Gliederung dieses Leitfadens orientiert sich primär an den klassischen Prozessschritten einer GKV-Routinedatenstudie, welche im Kapitel 3 näher vorgestellt werden. Diesem Kapitel ist ein Grundlagenkapitel vorangestellt, welches zur Begriffsbestimmung, historischen Einordnung und grundlegenden Beschreibung der methodischen Vorgehensweise dient. In Kapitel 4 werden dann grundsätzliche Aspekte zum Datenzugang

---

3 Gothe und Köster 2014; Kreis et al. 2016

thematisiert und auf datenschutzrechtliche Besonderheiten eingegangen. Des Weiteren werden die verfügbaren Datenkategorien aufgezeigt sowie die wissenschaftlich nutzbaren Variablen detailliert beschrieben. In Kapitel 4.4 werden anschließend ausgewählte Studienformen dargestellt. Mit den vorgeschlagenen Studiendesigns lassen sich viele Fragestellungen auf Basis der GKV-Routinedaten beantworten. Hierunter fallen beispielsweise gesundheitsökonomische Analysen, regionale Auswertungen sowie die Überprüfbarkeit von Compliance und Leitliniengerechtigkeit. Auf die Datenextraktion und unterschiedliche Validierungsstrategien wird in den Kapiteln 5 und 6 eingegangen. Dies umfasst sowohl die interne als auch die externe Validierung, aber auch die Plausibilitäts- und Vollständigkeitskontrolle der Datensätze. Der Aufwand der Datenaufbereitung sollte dabei nicht unterschätzt werden. GKV-Routinedaten werden zu Abrechnungszwecken erhoben und müssen für die wissenschaftliche Nutzung noch aufbereitet, gegebenenfalls umcodiert und nutzbar gemacht werden. Auf in diesem Zusammenhang auftretende spezifische methodische Schwierigkeiten und Herausforderungen wird daher in Kapitel 7 aufmerksam gemacht. Zum Abschluss dieses Leitfadens wird in Kapitel 8 auf Aspekte eingegangen, die beim Publizieren von Ergebnissen aus Routinedatenstudien relevant sind und auf die Limitationen der Datenquelle hingewiesen. Am Ende eines jeden Kapitels finden sich Empfehlungen, zusammenfassende Tabellen und Grafiken.

Der vorliegende Leitfaden grenzt sich von der vorhandenen Literatur ab, da er prozess- und anwendungsorientiert ist, sich als Einführungswerk für Nachwuchsforscher und Studenten eignet sowie einen kompakten Umfang hat. Der Leitfaden dient dazu, den methodischen Austausch noch weiter zu fördern, die methodische Standardisierung voranzubringen sowie eine differenzierte methodische Orientierung und vielfältige Hilfestellungen für alle GKV-Routinedatennutzer anbieten zu können.

# 2. Grundlagen und Methodik

Um das Verständnis für die Datengrundlage und mögliche Forschungsfragen zu erhöhen, spielt die historische Entwicklung des Forschungsgebiets der »Routinedatenanalyse« sowie die Herkunft der Daten eine große Rolle. Dementsprechend wird im folgenden Abschnitt auf die Grundlagen, Vor- und Nachteile sowie das methodische Vorgehen dieses Buches eingegangen.

## *2.1 Entwicklung der Sekundärdatenanalyse*

Die Routinedatenforschung hat sich in den letzten Jahren zu einem wichtigen Forschungsfeld in Deutschland entwickelt. Unter GKV-Routinedaten werden Abrechnungsdaten der Krankenkassen verstanden, die in erster Linie für Abrechnungszwecke und zur Kostenerstattung erhoben werden. Die umfassende elektronische Dokumentation des Versorgungsgeschehens durch die Krankenkassen ist für die Erfüllung administrativer Aufgaben erforderlich. Bei nahezu allen Kontakten des Patienten mit dem Gesundheitssystem werden relevante Informationen dokumentiert und an die Krankenkassen übermittelt. Ein breiterer gefasster, dennoch auch häufig verwendeter Terminus ist der Begriff der sogenannten »Sekundärdaten«. Hierunter werden alle Daten subsumiert, »die einer Auswertung über ihren originären, vorrangigen Verwendungszweck hinaus zugeführt werden«[4]. Der primäre Erhebungsanlass ist abgekoppelt von der nachfolgenden Nutzung. Unter einer Sekundärdatenanalyse wird somit die Nutzung von Daten im Rahmen wissenschaftlicher oder praxisrelevanter Untersuchungen ohne direkten Bezug zum primären Erhebungsanlass verstanden[5].

Im Vergleich zu Nordamerika[6] wurden in Europa die Daten der Krankenkassen erst in den letzten Jahren verstärkt für Forschungszwecke und zur Unterstützung gesundheitspolitischer Entscheidungen herangezogen. Diese Entwicklung begann mit der Implementierung des fünften Sozialge-

---

4 AGENS 2012
5 AGENS 2012
6 Esposito et al. 2013

setzbuchs (SGB V) im Jahr 1988, welches unter anderem die gesetzliche Grundlage für die Datenerhebung, -verarbeitung und -nutzung der gesetzlichen Krankenkassen (z. B. für Qualitätssicherung) darstellt. Das Gesetz verpflichtet Leistungserbringer im Gesundheitswesen alle Daten über erbrachte Leistungen an die gesetzlichen Krankenkassen zu übermitteln.

Seit Einführung der elektronischen Krankenversichertenkarte im Jahr 1995 kann jeder Leistungsfall individuell einer versicherten Person zugeordnet werden[7]. 1997 wurden die Datenbanken der Krankenkassen um Arzneimittelverschreibungsdaten aus den Apotheken für (verschreibungspflichtige) Medikamente erweitert. Seit 2003 sind auch Daten über Heilmittel (z. B. Physiotherapie) und Hilfsmittel (z. B. Rollstühle)[8] sowie Rehabilitation[9] in der Datenbank der gesetzlichen Krankenkassen verfügbar. Vor 2004 beinhalteten die Routinedaten lediglich Daten zu Arzneimittelverschreibungen, Krankenhausaufenthalten, Arbeitsunfähigkeit, Krankengeld/Lohnfortzahlungen im Krankheitsfall und Stammdaten zum Versicherten[10]. Seit 2004 sind alle niedergelassenen Ärzte wiederum verpflichtet ihre Routinedaten an die jeweilig zuständige Kassenärztliche Vereinigung (KV) zu übermitteln, da diese Informationen einen wesentlichen Faktor bei der Berechnung des Risikostrukturausgleichs (RSA) darstellen. Allgemeine Codierrichtlinien existierten in dieser Zeit nicht. Ein weiterer wichtiger Entwicklungsschritt, der zur Verbesserung der Routinedatenforschung in Deutschland beigetragen hat, war die Einführung des Diagnosis Related Groups (DRG) Systems, wodurch ab 2007 auch detaillierte Daten der stationären Leistungserbringer in elektronischer Form verfügbar waren[11]. Dies führte wiederum zu einem Anstieg der Diagnosehäufigkeiten, so beobachteten einige Forscher ein Upcoding im DRG System[12]. Seit der Einführung des RSA und der nachträglichen Implementierung des morbiditätsorientierten RSA (Morbi-RSA) im Jahr 2009 wurde die elektronische Datenübertragung zunehmend genutzt und Ärzte waren verpflichtet spezifischere Diagnosen zu codieren[13]. Daher stellen Routinedaten heute eine wertvolle Informationsquelle dar und enthalten, im Gegensatz zu sektor-

7 Deutscher Bundestag 1995
8 Grobe 2008
9 Bestmann et al. 2014
10 Grobe 2008
11 Neubauer et al. 2008
12 Schönfelder et al. 2009; Jürges und Köberlein 2013
13 Bundesversicherungsamt 2008; Vauth 2010

spezifischen medizinischen Dokumentationen, wie beispielweise Arztbriefen, sektorübergreifende Aufzeichnungen über die Kontakte zwischen den Versicherten und dem Gesundheitssystem[14]. So wird diese Datenquelle zum Beispiel für die Versorgungsforschung[15], epidemiologische[16] und gesundheitsökonomische Studien[17] sowie auch als Input-Faktor für Modellierungsstudien zunehmend genutzt[18]. Dies belegt auch eine Studie von Kreis et al.et al., die mittels eines systematischen Reviews die historische Entwicklung sowie die daraus resultierende steigende Bedeutung und Nutzung der GKV-Routinedaten seit der Jahrtausendwende darstellt (siehe Abbildung 1).

*Abbildung 1: Anzahl der Publikationen auf Basis von GKV-Routinedaten im Zeitablauf*

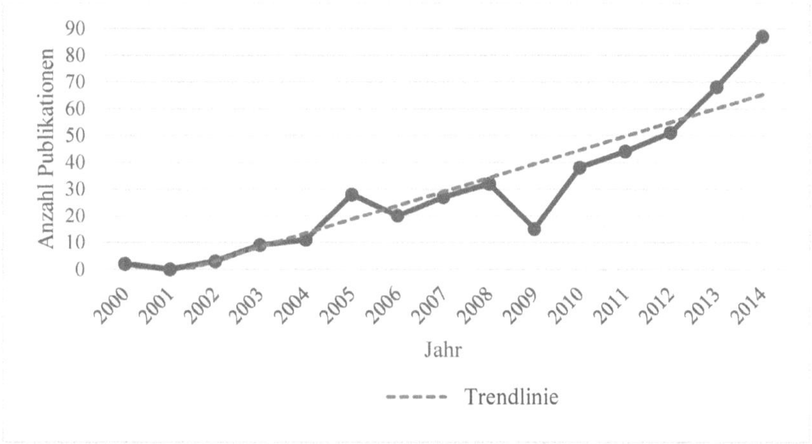


Quelle: Eigene Darstellung in Anlehnung an Kreis et al. 2016.

14 Hennessy 2006
15 Schubert et al. 2008; Esposito et al. 2013
16 Pigeot et al. 2006
17 Reinhold et al. 2011a; Brüggenjürgen und Willich 2006
18 Frey et al. 2014

## 2.2 Potenziale der GKV-Routinedaten

Bei der Verbesserung der Gesundheitsversorgung sowie bei der Erschließung von Wirtschaftlichkeitsreserven kommt dem Informations- und Wissensmanagement eine entscheidende Rolle zu. So können die Krankenkassen ihre Daten zu Forschungszwecken, zur internen Bedarfsplanung sowie für die Entwicklung und Evaluation von Versorgungskonzepten selbst nutzen. Auch können Dritte im Auftrag der Krankenkassen mit der Forschung beauftragt werden. Insbesondere für die Versorgungsforschung bieten sich GKV-Routinedaten aus verschiedenen Gründen an. So können die GKV-Routinedatenstudien den Akteuren des Gesundheitswesens wie der Politik, Leistungserbringern oder Krankenkassen nützliche Informationen aus dem Versorgungsalltag zur Entscheidungsunterstützung, Evaluation verschiedener Versorgungsprogramme, Qualitätssicherung sowie Weiterentwicklung des Gesundheitswesens liefern[19]. Dieser Alltagsbezug ist eine wichtige Stärke von GKV-Routinedaten, da sie die in der Versorgungsrealität eingetretenen Leistungsverbräuche widerspiegeln, ohne strenge Ein- und Ausschlusskriterien für Probanden oder Kontrollkriterien wie in Experimenten z. B. in klinischen Studien zu erheben[20]. Des Weiteren eignen sie sich zur Beschreibung komplexer Versorgungsprozesse im Gesundheitswesen, zur Optimierung des Leistungsgeschehens sowie für epidemiologische Analysen z. B. zur Inzidenz- und Prävalenzschätzung[21]. Außerdem sind der Aufwand und die Kosten bei der Gewinnung und Nutzung dieser Datenquelle gering, da abrechnungsrelevante Informationen routinemäßig von den Krankenkassen erhoben werden. Eine Verzerrung durch Nichtteilnahme (Non-Response) oder selektives Erinnern (Recall Bias) existiert – anders als bei der primären Datenerhebung – nicht. Im Gegensatz zu Sekundärdaten werden unter dem Begriff der Primärdaten alle Informationen verstanden, die für empirische Untersuchungen gezielt und zweckbezogen neu gewonnen und erhoben werden[22]. GKV-Routinedaten lassen auch Analysen von Personengruppen zu, die sonst üblicherweise eher schwer durch eine Primärdatenerhebung erfasst werden können. Hierzu zählen

---

19 Mansky et al. 2012

20 Swart und Ihle 2008

21 Zeidler und Braun 2012; Schubert et al. 2008

22 Pirk und Schöffski 2012

beispielsweise Kinder, Schwerstkranke, Demente oder Bewohner von Altenheimen[23].

Der Datenzugang wurde für Forschungseinrichtungen in den letzten Jahren durch verschiedene Gesetze vereinfacht. Insbesondere die Implementierung des Datenpools des Deutschen Instituts für Medizinische Dokumentation und Information (DIMDI) ermöglicht nun einem breiten Nutzerkreis den Zugriff auf Abrechnungsdaten der Krankenkassen (siehe Kapitel 4.1.2 Datenpool). In dem Gutachten des Sachverständigenrats (SVR) zur Begutachtung der Entwicklungen im Gesundheitswesen wird eine Ausweitung der Versorgungsforschung schon seit vielen Jahren gefordert[24]. Trotz dieses rechtlich-politischen Zuspruchs und der steigenden Popularität dieser Datenquelle liegen bisher für die konkrete Validierung, Auswertung und die einzelnen Prozessschritte einer GKV-Routinedatenstudie nur sehr allgemeine Handlungsempfehlungen vor[25]. Immer noch mangelt es an einem einheitlichen Methodenspektrum und an methodischen Standards, wie sie in anderen Forschungsfeldern schon lange existieren. Jedoch kann nur durch einen systematischen Standardisierungsprozess die Vergleichbarkeit, Transparenz und Qualität von GKV-Routinedatenstudien weiter erhöht werden. Um ihr volles Potenzial entfalten zu können, muss diese Datenquelle daher durch eine noch intensivere Harmonisierung der Methoden und Kriterien für eine breitere wissenschaftliche Auswertung nutzbar gemacht werden.

## *2.3 Methodische Vorgehensweise dieses Buches*

Diesem Buch liegen eine systematische Literaturrecherche sowie die Ergebnisse aus methodischen Diskussionen in Expertenworkshops zugrunde. So wurde bei der Erstellung die vorhandene Literatur systematisch berücksichtigt und die bereits existierenden umfassenden Vorarbeiten herangezogen. Durchgeführt wurde hierfür eine systematische Literaturrecherche in den elektronischen Datenbanken von PubMed, Scopus und DIMDI nach den Methoden, die von den PRISMA-Richtlinien empfohlen werden[26]. Alle Suchanfragen wurden innerhalb der Titel, Schlüsselwörter und Ab-

23 Hoffmann und Icks 2012
24 SVR 2002
25 AGENS 2012; Swart und Schmitt 2014a; Swart et al. 2016
26 Moher et al. 2009

stracts durchgeführt und betrafen den Zeitraum der Jahre 2000 bis 2015. Eingeschlossen wurden lediglich in deutscher oder englischer Sprache publizierte Artikel. Die Suchstrategie sah wie folgt aus: Suchbegriffe erstes Cluster: 'claims data?' OR 'administrative data?' OR 'routine data?' OR 'secondary data?' OR 'Abrechnungsdaten?' OR 'Routinedaten?' OR 'GKV-?Daten?' OR 'Sekundärdaten?'. Das 'OR' stellt eine interne Verknüpfung innerhalb der Suchbegriffe dieses Blockes dar und bildet somit eine Summe aller Begriffe.

Um die Ergebnisse auf deutsche Forschungsdaten zu begrenzen, wurden die vorangegangenen Suchbegriffe anschließend mit einer AND-Verknüpfung mit den folgenden Schlüsselwörtern verbunden: 'German?' OR 'Deutsch?' (zweites Cluster). Die Verknüpfung der Cluster, d. h. die gemeinsame Schnittmenge, bildet die vorläufige Trefferanzahl ab (siehe Abbildung 2). Anschließend wurden alle Abstracts und Volltexte gesichtet, um methodisch relevante Publikationen zu identifizieren.

*Abbildung 2: Grafische Darstellung der Suchstrategie*

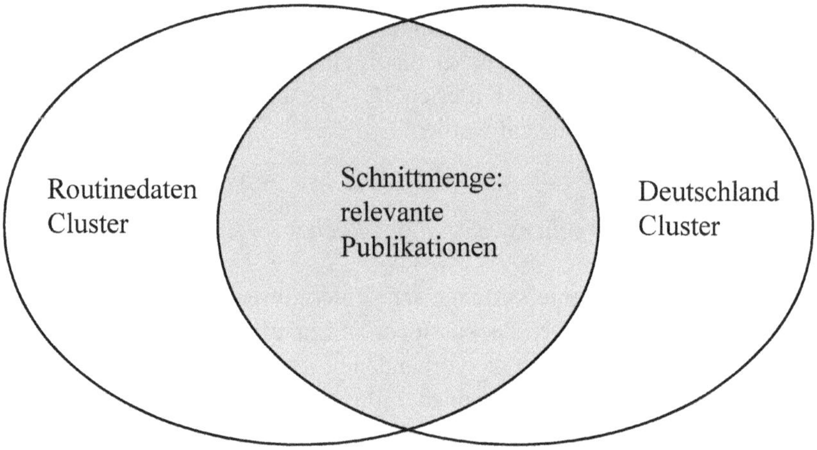


Quelle: Eigene Darstellung.

Der Platzhalter '?' wurde verwendet, um alle möglichen Endungen und eine beliebige Anzahl von Zeichen nach dem eigentlichen Suchbegriff darzustellen. Die Literaturrecherchen von PubMed und Scopus beinhalten lediglich englische Schlüsselwörter und wurden im Januar 2016 ausgeführt. Um einen breiteren Überblick über bereits vorhandene Literatur zu bekommen, wurde eine weitere systematische Suche in MEDLINE, BIOSIS Previews, EMBASE (Alert), gms und SciSearch über die Datenbank des DIMDI im Februar 2016 mit englischen und deutschen Schlüsselwörtern durchgeführt.

Ein Einschlusskriterium bei beiden Suchstrategien war, dass die relevanten Publikationen als Volltext oder als Buchkapitel – beispielsweise in einem Sammelwerk – vorhanden sein mussten. Außerdem mussten sich die Studien auf Daten einer oder mehrerer deutscher Krankenkassen bzw. der KV beziehen oder eine Datenbank unter Verwendung von GKV-Routinedatendaten darstellen (z. B. GePaRD-Datenbank[27]). Des Weiteren wurden Artikel eingeschlossen, die einen Überblick oder Bericht über konzeptionelle oder methodische Ansätze anhand deutscher GKV-Routinedaten behandeln. Ausgeschlossen wurden somit Studien, die sich zum einen nicht auf deutsche GKV-Routinedaten fokussieren und zum anderen lediglich als Konferenzbeitrag, Abstract, Editorials, Kommentare, Poster, mündliche Vorträge oder graue Literatur (z. B. Quartalsberichte, Jahresreports etc.) vorlagen. Die Suchstrategie war nicht auf ein spezifisches Outcome oder spezifische Forschungsfragen beschränkt. Darüber hinaus wurde die systematische Literatursuche durch eine manuelle Handrecherche ergänzt, um beispielsweise Bücher, die nicht durch die automatisierte Suche identifiziert wurden, dennoch berücksichtigen zu können. Darauffolgend wurden alle Titel, Abstracts und Volltextartikel auf ihre Relevanz geprüft und methodisch relevante Publikationen eingeschlossen. Alle relevanten Studien und Publikationen wurden den jeweiligen Prozessschritten und Themengebieten dieses Buches zugeordnet. Die unterschiedlichen Themen und methodischen Herangehensweisen wurden dann in der Arbeitsgruppe »Routinedatenanalysen«, die sich aus Mitarbeitern der Universität Bielefeld, der Medizinischen Hochschule Hannover, der Leibniz Universität Hannover und der Xcenda GmbH zusammensetzt, systematisch diskutiert. Dabei wurden insbesondere die Vor- und Nachteile unterschiedlicher methodischer Herangehensweisen kritisch in dem Expertengremium abgewogen.

27 Leibniz-Institut für Präventionsforschung und Epidemiologie – BIPS GmbH

# 3. Prozessschritte

In diesem Abschnitt wird der Prozess einer GKV-Routinedatenstudie systematisch dargestellt. Am Anfang einer jeden GKV-Routinedatenstudie steht die Studienkonzeption. Hierbei ist gemäß der Guten Praxis Sekundärdatenanalyse (GPS) ein Studienplan bzw. eine Projektskizze anzufertigen[28]. Der Studienplan sollte Informationen zum Studientyp, Studiendesign, Projektziel, zur Forschungsfrage, zu Kooperationspartnern sowie den Grundlagen und die Nennung der Indikation bzw. Intervention beinhalten[29]. Damit der Datenhalter abschätzen kann, welche Daten für die Studie zur Verfügung gestellt werden sollen, sind eine Auflistung der relevanten Leistungsbereiche und eine Spezifikation der Variablen notwendig. Vorher müssen alle Rahmeninformationen, wie Studienpopulation und Aufgreifkriterien sowie Analysezeitraum und Datenbasis, schriftlich festgelegt werden. Eine Hilfestellung bei der Erstellung eines solchen Studienplans findet sich in Tabelle 1.

Nach der Erstellung der Projektskizze muss, wenn die Auswertung auf Einzelkassenbasis basieren soll, mindestens eine Krankenkasse als Kooperationspartner gefunden werden. Hierbei sind die Größe und Regionalität der jeweiligen Krankenkasse im Kontext der zu beantwortenden Forschungsfragen zu berücksichtigen (Näheres siehe Abschnitt 4.4.1). Falls bei der Studie ein Antrag auf Forschungsförderung gestellt wird, kann die geplante Kooperation vorab über eine Absichtserklärung, einen sogenannten Letter of Intent (LOI), fixiert werden. Der LOI ermöglicht der Forschungseinrichtung eine frühzeitige Planbarkeit des Datenzugangs und kann als Nachweis für die Durchführbarkeit der Studie dem Formantrag beigelegt werden. Der LOI kann in seiner Ausgestaltung recht unterschiedlich ausfallen. Abbildung 3 zeigt ein mögliches Beispiel für einen LOI.

---

28 AGENS 2012
29 AGENS 2012; Scharnetzky et al. 2013

*Tabelle 1: Checkliste Studienplan*

| | |
|---|---|
| | **Titelblatt**<br>Inkl. Aussagekräftiger Titel, Kontaktdaten |
| | **Zusammenfassung**<br>Studientyp, Studiendesign, Projektziele, Verwendung, Kooperationspartner, Datenbasis, Studienpopulation |
| | **Informationen zu den Projektpartnern**<br>Projektleitung, Ansprechpartner und Projektdurchführung |
| | **Hintergrund**<br>Bisheriger Forschungsstand, Informationen zur Indikation |
| | **Projektziel**<br>Arbeitshypothesen, Fragestellungen, Innovationsgehalt des Projekts |
| | **Datenbasis und Studiendesign**<br>Informationen zur Methodik, Einschluss- und Ausschlusskriterien, Studienpopulation Ziehung, Analysezeitraum |
| | **Datenschutz**<br>Regelungen zum Datenschutz müssen festgehalten werden |
| | **Arbeits- und Zeitplan**<br>Tabellarische Übersicht über Meilensteine und Arbeitspakete |
| | **Literatur**<br>Genutzte Literatur |
| | **Relevante Leistungsbereiche**<br>Spezifikation und gewünschtes Format der Daten bzw. Variablen |

Quelle: Eigene Darstellung.

Der LOI kann aber auch weitere Inhalte wie Gründe und Ziele der Kooperation, Arbeitsabsprachen, Rechte und Pflichten der Kooperationspartner, Informationen zu Nutzungsrechten und zur Entscheidungsfindung, Finanzierungsabsprachen sowie ergänzende Vereinbarungen enthalten.

*Abbildung 3: Beispielanschreiben für einen LOI*

Briefkopf

*Anschriftenfeld inkl. Empfängeradresse.*

*Bei Bedarf kann ein postalischer Vermerk mit Rücksendeangaben hinzufügefügt werden. 40 x 85 mm*

*[Datum ]*

Betreffzeile **Letter of Intent**

„[*Titel des Forschungsprojektes*]“

Sehr geehrte Damen und Herren [*oder konkreter Ansprechpartner*],

hiermit wird bestätigt, dass die [*Krankenkasse*] den obigen Projektantrag (übersandt per E-Mail/Post am [*Datum/Uhrzeit*]) im Rahmen der [*Förderinstitution*] Förderung prinzipiell unterstützt. Die [*Krankenkasse*] wird dann im Rahmen des Projektes als Kooperationspartner beteiligt sein. Bei einer Umsetzung des Projekts werden die Routinedaten der [*Krankenkasse*] genutzt.

Die Unterstützung erfolgt vorbehaltlich der Zuschlagserteilung durch [den Förderer der Förderinitiative].

Voraussetzung für die Umsetzung ist die Einhaltung der Regelungen zum Datenschutz. Die abschließende Beurteilung und Entscheidung kann erst dann vorgenommen werden, wenn das ausführliche Studienkonzept vorliegt.

Mit freundlichen Grüßen

[*Name*]

Quelle: Eigene Darstellung.

Häufig sind die Krankenkassen wissenschaftlichen Kooperationen gegenüber aufgeschlossen. Auch die zunehmende Implementierung von krankenkasseninternen Forschungseinrichtungen wie beispielsweise dem Wissenschaftlichen Institut der Techniker Krankenkasse für Nutzen und Effizienz im Gesundheitswesen (WINEG) und dem Wissenschaftlichen Institut der Allgemeinen Ortskrankenkassen (WIdO) spiegelt den Stellenwert von Krankenkassendaten zur Beantwortung wissenschaftlicher Fragestellung und die Bedeutung eigenständiger Forschungsaktivitäten der Krankenkassen wider. Aber auch unterschiedliche Berichte und Reports auf Basis von Krankenkassendaten häuften sich in den letzten Jahren. Der Gesundheitsreport der Deutschen Angestellten-Krankenkasse (DAK) ist ein gutes Exempel für die Nutzung der Routinedaten durch Krankenkassen. Die DAK analysiert in Kooperation mit dem Institut für Gesundheits- und Sozialforschung (IGES) jährlich den Krankenstand ihrer erwerbstätigen Mitglieder. Die nach Alter und Geschlecht getrennten Auswertungen haben zum Ziel, relevante Hintergrundinformationen für Unternehmen bereitzustellen, um z. B. ein betriebliches Gesundheitsmanagement aufzubauen, das die Gesundheit der Arbeitnehmer fördert und systematisch Belastungen, beispielsweise durch Stress, abbaut[30]. Auch die Barmer GEK veröffentlich seit einigen Jahren jährlich unter anderem einen Krankenhausreport[31]. Die Techniker Krankenkasse sucht mithilfe ihres angeschlossenen WINEG-Instituts schon seit einigen Jahren nach Antworten auf Fragen zur Verbesserung der gesundheitlichen Versorgung[32]. Auch die Allgemeinen Ortskrankenkassen (AOK) stellen z. B. mit der »Versichertenstichprobe AOK Hessen/KV Hessen« ihre GKV-Routinedaten für versorgungsepidemiologische Analysen zur Verfügung, ähnlich wie die Betriebskrankenkassen (BKK)[33]. Neben der Kooperation mit Einzelkassen besteht ein alternativer Datenzugang in der Nutzung des neu eingeführten bundesweiten DIMDI-Datenpools. Die Voraussetzungen und Möglichkeiten der Verwendung dieses Datenpools werden in Abschnitt 4.1.2 beschrieben.

Im nächsten Schritt sollte auf Basis der Projektskizze eine Datenanfrage bei der Krankenkasse gestellt werden. Willigen eine oder mehrere Krankenkassen ein, so ist ein Kooperationsvertrag durch die beteiligten Projektpartner aufzusetzen. Dieser sollte die Projektleitung und Projektdurchführung klar regeln sowie die Zuständigkeiten und Rahmenbedingungen, beispielsweise zur Datenschutzinfrastruktur, vertraglich festhalten. Die Projektskizze kann dem Kooperationsvertrag beigefügt werden[34]. Je nach

---

30 DAK Forschung und IGES Institut GmbH 2013
31 Barmer GEK 2010-2014
32 WINEG Homepage
33 Ihle et al. 2005; Hoffmann et al. 2004
34 AGENS 2012; Scharnetzky et al. 2013

Studiendesign ist noch die Konsultation des Landesdatenschutzbeauftragten und des Bundesversicherungsamt (BVA) erforderlich.

Nach Abschluss des Kooperationsvertrages kann die Datenextraktion durch den Dateneigner erfolgen. In der Regel extrahiert eine Fachabteilung der jeweiligen Krankenkasse die relevanten Variablen der einzelnen Leistungsbereiche. Dieses Vorgehen kann häufig einige Zeit in Anspruch nehmen. Ursache ist, dass bei vielen Krankenkassen eine Reihe von internen und externen Datenanfragen parallel bearbeitet werden müssen, was zu personellen Kapazitätsengpässen führen kann[35]. Potenzielle zeitliche Verzögerungen sollten in die Zeitplanung des Projektes daher mit eingeplant werden. Wenn der Forscher die Datenstruktur und das Datawarehouse des Dateneigners (Definition siehe[36]) gut kennt, ist eine Datenfernverarbeitung mittels Zusendung eines Structured Query Language-Skripts (SQL-Skript) zur Unterstützung des Extraktionsprozesses denkbar. Dieses Skript müsste dann lediglich vor Ort angestoßen werden und könnte automatisch alle relevanten Extraktionsschritte durchlaufen. Laut der GPS sollte vorher ein Probedatensatz zur Verfügung gestellt werden, um die Verwendbarkeit der Daten, insbesondere hinsichtlich der Datenformate und -struktur, beurteilen zu können[37].

Eine enge Abstimmung und Zusammenarbeit zwischen Dateneigner und Forscher ist dabei sehr sinnvoll, um mehr über die individuelle kassenspezifische Datenverfügbarkeit zu erfahren. So sind Treffen zwischen den Projektpartnern und regelmäßige Statusberichte, in denen auch über Herausforderungen diskutiert werden kann, empfehlenswert.

Die Datenlieferung kann anschließend über eine gesicherte Onlineplattform oder über einen physischen Datenträger erfolgen. Auf der Onlineplattform werden die Daten zeitlich begrenzt in verschlüsselter Form zur Verfügung gestellt. Nach Ablauf einer Frist werden die Dateien gelöscht. Die Übertragung erfolgt aus datenschutzrechtlichen Gründen verschlüsselt und für den Abruf der Dateien ist daher ein die Sicherheitsbestimmungen erfüllendes Kennwort erforderlich. Dieses Kennwort wird in geeigneter Form, getrennt von den anderen Zugangsdaten, vom Datenhalter übermittelt. Aus datenschutzrechtlichen Gründen wird ein physischer Datenträger ausschließlich durch einen Boten oder per Einschreiben verschickt und persönlich überreicht. Diese Maßnahmen verhindern den Zugriff unbefug-

---

35 Scharnetzky et al. 2013
36 Hoffmann und Glaeske 2011
37 AGENS 2012

ter Dritter auf die Daten[38]. Bei dem Austausch der Informationen ist es wichtig, sich auf eine gemeinsame Datenschnittstelle zu verständigen und beim Datenimport und -export eine einheitliche oder kompatible Software zu verwenden. Übliche Programme für die Datenhaltung und die statistischen Auswertungen sind SQL-Server, SAS, STATA, SPSS und Datenbanksoftwarepakete, wie Oracle und Access[39]. Eine weitere Möglichkeit des Datenzugangs ist ein Gastarbeitsplatz bei der jeweiligen Krankenkasse oder einem öffentlichen Forschungsdatenzentrum. Hierbei besteht für Forscher die Möglichkeit, an einem besonders gesicherten Arbeitsplatz eigenständig mit den pseudonymisierten Daten vor Ort zu arbeiten. Der Zugang zum Gastarbeitsplatz erfolgt häufig nach Absprache und benötigt eine Unterzeichnung eines gesonderten Vertrages mit der jeweiligen Krankenkasse.

Die Qualität der Daten muss aufgrund des Sekundärdatencharakters vor jeder wissenschaftlichen Analyse umfassend überprüft und validiert werden. Grund dafür ist, dass die Daten primär zu einem anderen Zweck und von anderen Personen erhoben worden sind. Auf die primäre Datenerhebung und die Qualität der Dokumentation hat der Sekundärdatennutzer somit keinen Einfluss, sodass eine begleitende Qualitätssicherung grundsätzlich immer erforderlich ist. Zur Qualitätssicherung sind daher unter anderem Validierungsverfahren einzusetzen. Unter diese fallen die interne und externe Validierung sowie Plausibilitäts- und Vollständigkeitsprüfungen (siehe Kapitel 6.1 und 6.4). Eine weitere Maßnahme nach Erhalt der Daten ist die Datenaufbereitung. So müssen die im vorherigen Schritt identifizierten Datenauffälligkeiten entfernt, berichtigt oder mögliche Codierungen angepasst werden. Sämtliche Datenaufbereitungsschritte müssen dokumentiert werden, um sie im späteren Projektverlauf nachvollziehen zu können. Hilfreich kann hier, je nach verwendeter Software, ein Skript oder eine Syntax sein[40].

Laut der GPS soll die Datenauswertung mithilfe »adäquater Methoden erfolgen«[41]. Diese recht allgemein gehaltene Aussage wird in diesem Leitfaden im Kapitel 4.4 detailliert aufgearbeitet und es werden Empfehlungen zur Datenanalyse gegeben. Alle im Studienplan aufgeführten Auswertungsschritte, wie z. B. die Selektion der Studienpopulation, müssen nach-

---

38 Grobe und Ihle 2005
39 Grobe und Ihle 2005
40 AGENS 2012
41 AGENS 2012

vollziehbar und rekonstruierbar sein. Hierzu kann, insbesondere auch für eine spätere Publikation, ein Flow-Chart hilfreich sein (siehe Abbildung 4).

*Abbildung 4: Flow Chart – Identifizierung der Studienpopulation*

Quelle: Eigene Darstellung in Anlehnung an Neubauer et al. 2016a.

Als finaler Prozessschritt ist bei vielen Studien eine Publikation in einem Fachmedium anzustreben. In der Veröffentlichung sollten ausgewählte Ergebnisse der Studie systematisch und transparent zusammenfasst sowie die Ergebnisse interpretiert und kritisch diskutiert werden[42] (siehe Kapitel 8).

Die nachfolgende Abbildung 5 fasst alle wesentlichen Prozessschritte noch einmal übersichtsweise zusammen und dient gleichzeitig als Gliederung für die nachfolgenden Kapitel dieses Buchs.

*Abbildung 5: Ausgewählte Prozessschritte einer Routinedatenanalyse*

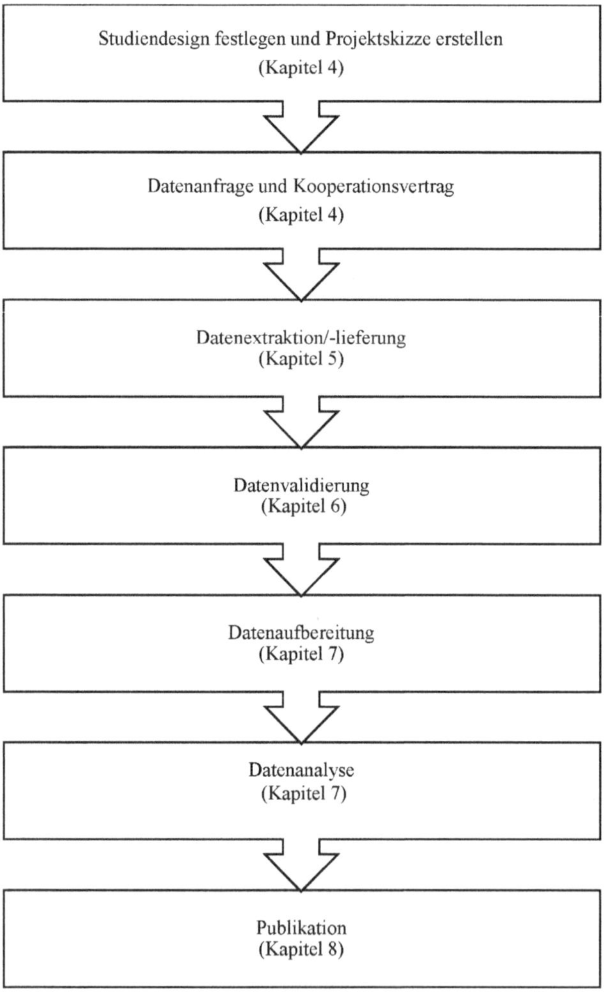


Quelle: Eigene Darstellung.

---

42 AGENS 2012

# 4. Studienkonzeption

In Kapitel 3 wurden bereits erste Grundlagen zur Studienkonzeption erläutert. In diesem Abschnitt werden die Möglichkeiten für den Datenzugang detailliert aufgezeigt und ein Überblick über wissenschaftlich nutzbare Datenkategorien gegeben. Der Umfang der von den Leistungserbringern übermittelten Daten sowie der zu den Versicherten erhobenen Merkmale ist zwischen den gesetzlichen Krankenkassen weitgehend vergleichbar. Jedoch bestehen Unterschiede bezüglich der Datenhaltung, Datenpflege, Datenverfügbarkeit, Datenstruktur sowie Datendarstellung[43]. Aufgrund der zahlreichen Variablen und Ausprägungen, die teilweise durch die Krankenkassen lediglich für interne Betriebszwecke dokumentiert werden und für Wissenschaftler nur von begrenztem Interesse sind, werden ausschließlich Variablen dargestellt, die sich bisher als wissenschaftlich nutzbar erwiesen haben. Ein Anspruch auf Vollständigkeit kann daher nicht erhoben werden. Des Weiteren werden ausgewählte Studienformen vorgestellt, die in der GKV-Routinedatenforschung sehr häufig angewendet und publiziert werden, um einen Eindruck über mögliche Studiendesigns und die damit verbundenen Herausforderungen zu erhalten.

## *4.1 Zugang zu GKV-Routinedaten*

Grundsätzlich existieren mehrere Möglichkeiten für einen Zugang zur wissenschaftlichen Nutzung von GKV-Routinedaten. So werden unter anderem anonymisierte Forschungsdatenbanken von privatwirtschaftlichen Dienstleistern angeboten, wie beispielsweise von der Elsevier Health Analytics GmbH[44], die eine Gebühr für die Auswertungen berechnen. Sie bieten Versorgungsforschung auf Grundlage von ca. 6 Millionen anonymisierten Patientendatensätzen an, die turnusmäßig von den kooperierenden Betriebskrankenkassen übermittelt werden. Darüber hinaus gibt es Datenbanken, die einzelnen Forschungsinstitutionen exklusiv zur Verfügung stehen, wie die German Pharmacoepidemiological Research Database

---

43 Grobe 2008
44 Elsevier GmbH

(GePaRD). Sie darf lediglich von Mitarbeitern des Leibniz-Instituts für Präventionsforschung und Epidemiologie – BIPS GmbH im Rahmen von behördlich genehmigten Forschungsprojekten genutzt werden. Des Weiteren existieren Daten, die sich speziell auf einen einzelnen Leistungsbereich des Gesundheitssystems beziehen, wie beispielsweise die Daten der KV. Diese decken einzig den ambulanten Leistungsbereich ab. Die Daten der privaten Krankenversicherung (PKV) werden bisher kaum für Forschungszwecke genutzt[45]. Die aktuell in der Forschungspraxis am häufigsten genutzte Zugangsoption sind Kooperationen mit einer oder mehreren einzelnen Krankenkassen[46]. Exemplarisch werden im nachfolgenden Kapitel zum einen der Zugang zu diesen Einzelkrankenkassendaten erläutert. Zum anderen wurde durch die Datentransparenzverordnung ein neuer Zugang zu GKV-Routinedaten geschaffen – der sogenannte Datenpool des DIMDI (Kapitel 4.1.2). Auch die Möglichkeit des Datenlinkage, d. h. die Verknüpfung unterschiedlicher Datenquellen, ist mit GKV-Routinedaten möglich und wird im Kapitel 4.1.3 vorgestellt.

### 4.1.1 Einzelkassen

Den Krankenkassen ist es erlaubt, Daten zu erheben, zu verarbeiten und beispielsweise zur Qualitätssicherung zu nutzen (§§ 284-287 SGB V). Mit Einführung des RSA und des späteren Morbi-RSA wurde die elektronische Datenübermittlung immer häufiger eingesetzt[47]. So ist es wissenschaftlichen Institutionen möglich, einzelne Krankenkassen anzusprechen und mit ihnen Projekte zur Versorgungsforschung zu initiieren. Hierbei unterscheiden sich die Nutzungsbedingungen der Daten, die Zugangsweise und das Mitwirkungsinteresse krankenkassenindividuell[48].

Ein bedeutender Vorteil von GKV-Routinedatenstudien ist die große Datenbasis, da rund 70 Mio. Personen in Deutschland gesetzlich krankenversichert sind[49]. Des Weiteren ermöglichen sie im Vergleich zu den in klinischen Studien erhobenen Daten eine bessere Abbildung des alltäglichen Versorgungsgeschehens. In den letzten Jahren – insbesondere durch

45 Gothe und Köster 2014
46 Kreis et al. 2016
47 Vauth 2010; GKV-Spitzenverband 2012
48 Nimptsch et al. 2014; Schubert et al. 2014
49 Bundesministerium für Gesundheit 2013

das GKV-Wettbewerbsstärkungsgesetz (GKV-WSG) – ist eine starke Konzentration des Krankenkassenmarktes z. B. durch Fusionen zu beobachten[50]. So hat sich die Anzahl der Krankenkassen von ehemals 1815 im Jahre 1970 bis hin zu 118 gesetzlichen Krankenkassen im Jahre 2016[51] durch Fusionen stetig reduziert (siehe Abbildung 6).

*Abbildung 6: Anzahl der Krankenkassen im Zeitablauf seit 1970 (Angaben zum Stichtag 1. Januar)*

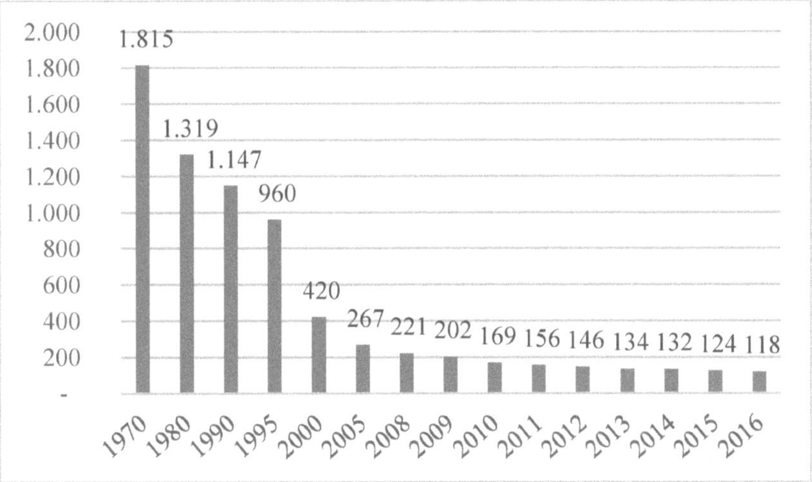


Quelle: Eigene Darstellung in Anlehnung an GKV-Spitzenverband 2016.

Die 118 gesetzlichen Krankenkassen teilen sich in elf Allgemeine Ortskrankenkassen (AOK), sechs Krankenkassen, die zu dem Verband der Ersatzkassen (vdek) gehören, sechs Innungskrankenkassen (IKK), 93 Betriebskrankenkassen (BKK), eine Knappschaft (KBS) und eine Landwirtschaftliche Krankenkasse (SVLFG) auf (Stand: 1. Januar 2016[52, 53]). Bei der Auswahl einer oder mehrerer kooperierender Krankenkassen ist zu beachten, dass nicht alle Krankenkassen bundesweit tätig sind, was für einige Analysen eine Herausforderung darstellt.

50 GKV-Spitzenverband 2016
51 GKV-Spitzenverband 2016
52 GKV-Spitzenverband 2016
53 Bundesministerium für Gesundheit 2013

Sollen aus GKV-Routinedaten repräsentative Aussagen generiert werden, so empfiehlt es sich größere Krankenkassen anzusprechen. Insbesondere um überregionale Aussagen treffen zu können oder das gesamte GKV-System valide abbilden zu können, ist es sinnvoll, eine möglichst große und repräsentative Stichprobe zu akquirieren. Seit Mitte der 1990er-Jahre, mit der Liberalisierung des Krankenkassenmarktes und der damit verbundenen freien Krankenkassenwahl (§ 173 SGB V), entstand mehr Wettbewerb und Dynamik zwischen den Krankenkassen. Gleiches gilt für den einkommensabhängigen Zusatzbeitrag, der zum 1. Januar 2015 in der GKV eingeführt wurde. Dieser Wettbewerb sowie die historische automatische berufsbezogene Zuweisung in eine Krankenkasse wirken sich auch auf die Mitgliederstruktur aus, da die Versicherten neue Anreize für einen Krankenkassenwechsel haben. Dennoch existieren heute noch einige Krankenkassen, die lediglich regional, z. B. nur innerhalb einzelner Bundesländer, tätig sind. Andere hingegen sind betriebsbezogen und damit ausschließlich für Mitarbeiter der repräsentierten Unternehmen wählbar[54]. Viele Krankenkassen sind jedoch mittlerweile bundesweit tätig. Hoffmann und Icks untersuchten in einer Studie die Versichertenstrukturunterschiede und die Auswirkung dieser Divergenz auf die Versorgungsforschung[55]. Sie kamen durch ein logistisches Regressionsmodell zu dem Schluss, dass trotz der freien Krankenkassenwahl und den damit einhergehenden Wechselmöglichkeiten der Versicherten zwischen den Krankenkassen in der Versicherten- und Morbiditätsstruktur erhebliche Unterschiede existieren. Diese lassen sich jedoch nicht ausschließlich durch das Alter und das Geschlecht erklären. Die mangelnde Repräsentativität ist jedoch nicht nur auf GKV-Routinedaten begrenzt, sondern gilt teilweise auch für Primärdatenerhebungen. So basieren beispielsweise die in der Region Augsburg durchgeführten KORA-Studien (Kooperative Gesundheitsforschung in der Region Augsburg)[56] oder die in Vorpommern realisierten SHIP-Studien (Study of Health in Pomerania) auf regionalen Stichproben[57]. Die Generalisierbarkeit von Ergebnissen ist daher kritisch zu diskutieren und die Versicherten- sowie Morbiditätsstruktur der kooperierenden Krankenkasse zu prüfen. Es existieren bereits anerkannte Methoden zu einer bundesweiten Standardisierung, die in Kapitel 7.6 näher erläutert werden.

---

54 GKV-Spitzenverband 2016
55 Hoffmann und Icks 2012
56 Werner et al. 2005
57 Völzke et al. 2011

Da es sich bei den GKV-Routinedaten um personenbezogene Sozialdaten im Sinne des § 67 SGB X handelt, unterliegt deren Nutzung einer Reihe von datenschutzrechtlichen Aspekten, die in Kapitel 4.2 beschrieben werden.

| **Empfehlungen** |
|---|
| • Bei der Auswahl einer oder mehrerer kooperierender Krankenkassen ist zu beachten, dass nicht alle Krankenkassen bundesweit tätig sind<br>• Eine höchstmögliche Repräsentativität der Analyseergebnisse ist durch eine geeignete Krankenkassenwahl sicherzustellen und der Einsatz von Standardisierungsverfahren ist zu prüfen<br>• Potenzielle zeitliche Verzögerungen sollten in die Zeitplanung des Projektes eingeplant werden<br>• Eine enge Abstimmung und Zusammenarbeit zwischen Dateneigner und Forscher ist zu empfehlen<br>• Die Kompatibilität der verwendeten Softwareanwendungen ist sicherzustellen<br>• Die Einhaltung des geltenden Datenschutzrechts muss sichergestellt werden |

### 4.1.2 Datenpool

Der Zugang zu Einzelkassen ist aktuell häufig lediglich über gute Beziehungen zu den jeweiligen Krankenkassen möglich. Dementsprechend gelten hier nicht immer die gleichen Nutzungschancen für alle Forscher. Diese Herausforderung hat der Gesetzgeber erkannt und aufgrund der Potenziale von GKV-Routinedaten das DIMDI mit dem Aufbau einer Infrastruktur beauftragt[58]. Mit Inkrafttreten der »Verordnung zur Umsetzung der Vorschriften über die Datentransparenz« (Datentransparenzverordnung (DaTraV) nach §§ 303a bis 303e SGB V) am 18. September 2012 wurde dem DIMDI die Verwaltung des Informationssystems Versorgungsdaten (DaTraV-Daten) übergeben[59]. Der neu eingeführte Datenpool basiert auf den Daten aller gesetzlichen Krankenkassen und hat seit Anfang des Jahres 2014 den Pilotbetrieb aufgenommen. Seit April 2015 steht der Datenpool in der zweiten Ausbaustufe zur Verfügung[60]. Dieses Informationssystem beinhaltet eine Vertrauensstelle, die für die Verschlüsse-

58 Krüger-Brand 2013
59 DaTraV 2012
60 DIMDI 2016a

lung der Versichertenpseudonyme zuständig ist, sowie eine Datenaufbereitungsstelle[61].

Der Datenpool setzt sich aus den beim Bundesversicherungsamt zusammenfließenden und für den Morbi-RSA bestimmten gesetzlichen Krankenkassendaten zusammen[62]. Die Morbi-RSA-Daten werden jährlich von den Krankenkassen an das Bundesversicherungsamt gemeldet und nach Plausibilitätsprüfungen und Korrekturmeldungen an das DIMDI übermittelt. Der Datenpool des DIMDI umfasst Versichertenstammdaten, Diagnosen sowie Leistungsausgaben der stationären und ambulanten Behandlung sowie Daten zur Arzneimittelversorgung, die mittels Pseudonym verknüpft werden können[63].

Mit diesem, auf einer Oracle-Datenbank basierenden, Informationssystem sind flächendeckende und sektorübergreifende Analysen aller gesetzlich Krankenversicherten über mehrere Jahre hinweg möglich. Folglich sind nicht nur krankenkassenspezifische Auswertungen, sondern auch bundesweite Analysen des Versorgungsgeschehens im Rahmen der Versorgungsforschung umsetzbar.

Per Gesetz wurde ein vorgegebener Nutzerkreis definiert, der diese Daten zu Forschungszwecken verwenden darf[64]. Nutzungsberechtigt sind laut § 303e SGB V die Krankenkassen selbst und deren Verbände, die Kassenärztlichen Vereinigungen, zuständigen Landes- und Bundesbehörden, der Gemeinsame Bundesausschuss (G-BA), das Institut für Qualität und Wirtschaftlichkeit im Gesundheitswesen (IQWiG), Patientenvertretungen, Hochschulen und sonstige Einrichtungen mit der Aufgabe unabhängiger wissenschaftlicher Forschung (sofern die Daten wissenschaftlichen Vorhaben dienen)[65].

Neben diesem vorgegebenen Nutzerkreis wird auch der Nutzungszweck konkret vorgegeben (§ 303e SGB V):

- Wahrnehmung von Steuerungsaufgaben durch die Kollektivvertragspartner,
- Verbesserung der Qualität der Versorgung,
- Planung von Leistungsressourcen (z. B. Krankenhausplanung),

61 Krüger-Brand 2013
62 Müller 2012; GKV-Spitzenverband 2012
63 Müller 2012; DIMDI 2014a
64 Krüger-Brand 2013
65 SGB V 2014

- Längsschnittanalysen über längere Zeiträume, Analysen von Behandlungsabläufen, Analysen des Versorgungsgeschehens zum Erkennen von Fehlentwicklungen und von Ansatzpunkten für Reformen (Über-, Unter- und Fehlversorgung),
- Unterstützung politischer Entscheidungsprozesse zur Weiterentwicklung der gesetzlichen Krankenversicherung,
- Analyse und Entwicklung von sektorenübergreifenden Versorgungsformen sowie von Einzelverträgen der Krankenkassen.

Die Auswertung kann direkt vom DIMDI oder mittels Datenfernverarbeitung durchgeführt werden. Bei der Datenfernverarbeitung wird eine Datenanfrage per SQL-Skript vom Datennutzer an die Datenverarbeitungsabteilung des DIMDI gestellt. Das DIMDI prüft das Skript, führt die Datenanalyse aus und versendet anschließend die Ergebnismenge an die forschende Institution. Jedoch werden lediglich aggregierte Versorgungsdaten als Ergebnis übermittelt. Das Angebot von Analysen an Gastarbeitsplätzen ist künftig ebenfalls geplant, sodass auch Auswertungen pseudonymisierter Einzeldaten durchführbar sind.

Die Finanzierung des Datenpools stützt sich auf Geldmittel der gesetzlichen Krankenkassen sowie auf Mittel aus Nutzungsentgelten[66]. Die Nutzungsgebühren gliedern sich in eine Grundgebühr für die Bearbeitung eines Antrags und eine Zusatzgebühr pro ausgewerteten Jahrgang mithilfe von standardisierten Datensätzen. Des Weiteren fallen noch Kosten je Arbeitsstunde für die Anpassung vorformulierter Abfragen bzw. für die Erstellung der Auswertungssyntax bei eingereichten Fragestellungen an. An einem Gastarbeitsplatz in der Datenaufbereitungsstelle entstehen Kosten für jeden begonnenen Arbeitstag zuzüglich der Zusatzgebühr. Bei Ablehnung eines Antrages aus formalen bzw. inhaltlichen Gründen ergeben sich weiterhin Ablehnungsgebühren. Erfordert eine Fragestellung oder eine vorformulierte Abfrage einen außerordentlich hohen Personal- und Sachaufwand, so können die vorgesehenen Gebühren von der Datenaufbereitungsstelle bis auf das Doppelte erhöht werden. Die aktuellen Gebührensätze können der Datentransparenz-Gebührenverordnung (DaTraGebV – Verordnung zur Erhebung von Gebühren und Auslagen für die Bereitstellung von Daten nach den Regelungen der Datentransparenzverordnung) entnommen werden[67].

66 DIMDI 2014c
67 DaTraGebV 2014; DIMDI 2016a

Neben den vielen Vorteilen, wie z. B. kassenübergreifende und somit repräsentative Auswertungen für alle gesetzlich Versicherten, Auswertungsmöglichkeiten für die Leistungserbringerseite, ein zentraler Ansprechpartner, Möglichkeiten zur Berechnung der Behandlungsprävalenz und die kostengünstige Bereitstellung der Daten, bringt der neue Datenpool auch Nachteile mit sich. Kritisch äußern sich beispielsweise Krüger-Brand und Mansky et al. Sie berichten beispielsweise von Einschränkungen bezüglich der Stammdaten und dem Fehlen von Regionalmerkmalen, wie dem Wohnort des Versicherten (z. B. Postleitzahl bzw. Kreis-/Gemeindekennziffer); da diese bereits in den Ausgangsdaten des Morbi-RSA nicht mehr enthalten sind[68]. Diese Daten beinhaltet der Datenpool jedoch seit dem 22. Juni 2015 auch, da das DIMDI die Datengrundlage stetig an die Bedürfnisse der Forscher anpasst. So liegen regionale Angaben in Form des amtlichen Gemeindeschlüssels für die Berichtsjahre 2009 und 2010 vor. Diese Ergänzung um Regionalkennzeichen war durch die Änderung des § 303 b SGB V zum 1. August 2014 möglich. So können mittlerweile für einige Berichtsjahre regionale Unterschiede als Einflussfaktoren in Analysen berücksichtigt werden[69]. Weiterhin wird aber kein genaues Eintritts- und Austrittsdatum der Versicherten dokumentiert. Ebenso wenig ist die Versicherungsart (Berufstätiger/Rentner etc.) codiert, sodass hier aus Nutzersicht nach wie vor Optimierungspotenziale bestehen.

Des Weiteren finden sich im DIMDI-Datenpool keine Informationen zu Prozeduren und Leistungen (Operationen und Eingriffe) sowie zum Todestag – lediglich eine Ja-/Nein-Aussage, ob der Versicherte im Berichtsjahr verstorben ist. Ebenfalls nicht vorhanden sind Entlassungs- und Verlegungsgrund, Aufnahmedatum ins Krankenhaus sowie die Arztgruppen der behandelnden Ärzte. Darüber hinaus gibt es keine institutionellen Kennungen für Krankenhäuser oder Ärzte. Die Daten zu Heil- und Hilfsmitteln, zur Pflegeversicherung, hierbei im Speziellen die Angaben zur Pflegestufe und Daten zur Rehabilitation, sind im Datenpool ebenfalls nicht erfasst.

Einige Variablen verlieren außerdem an Informationsgehalt, da sie für den Morbi-RSA aggregiert wurden. So sind manche Variablen nur jahres- oder monatsgenau dokumentiert. Ein Beispiel hierfür ist das Entlassungs-

---

68 Krüger-Brand 2013; Mansky et al. 2012
69 DIMDI 2016b

datum im Krankenhaus, das nur monatsgenau zur Verfügung gestellt wird. Des Weiteren beinhaltet der Datenpool ausschließlich Versicherte der gesetzlichen Krankenkassen; Auswertungen und Aussagen zu privatversicherten Personen können daher nicht getroffen werden.

Der vom DIMDI zur Verfügung gestellte Testdatensatz, an dem das erstellte SQL-Skript überprüft werden soll, weist eine Gleichverteilung aller Variablen (z. B. Alter, Geschlecht, ICD (International Classification of Diseases), ATC (Anatomisch-Therapeutisch-Chemische Klassifikationen) auf. Durch diese Gleichverteilung können zum einen keine inzidenten Patienten identifiziert werden, da diese in jedem Jahr die Zielindikation aufweisen bzw. kein krankheitsfreier Zeitraum existiert. Auch die überjährige Versichertennummer wurde vermutlich durch die Pseudonymisierung entfernt, sodass keine durchgängig versicherten Personen identifiziert werden können. Eine syntaktische sowie inhaltliche Prüfung ist somit nur bedingt möglich. Auch die Plausibilisierung der Ergebnisse ist nicht möglich, da die Darstellung bzgl. der Verteilung der Zielparameter in der erwarteten Ergebnismenge unmöglich ist. Des Weiteren liegen die Leistungsausgaben nur als Stichprobe vor, sodass keine Gesamtausgaben der GKV berechnet werden können. Eine Lösungsstrategie könnte die Erstellung eines eigenen Testdatensatzes mit identisch benannten Tabellen und Spalten sein. Dennoch bleibt der Umgang mit nicht plausiblen Werten aufgrund der genannten Limitationen weiterhin schwierig.

Zusätzlich zu den Informationseinschränkungen sind auch zeitbezogene Einschränkungen vorhanden. So sind der hohe Zeitverzug von aktuell vier Jahren sowie die langwierige Bearbeitungszeit der Projektanträge ein wesentlicher Nachteil des Datenpools. Aktuell liegen die Daten der Jahre 2009 bis 2012 vor. Bisher sind beim DIMDI 53 Anträge eingegangen, von denen bei 18 die Lieferung von aggregierten Ergebnissen gewährt wurde. Vier Anträge wurden zurückgezogen oder aus formalen Gründen abgelehnt (Stand: Juni 2016). Bislang wurden zwei auf dem DIMDI-Datenpool basierende Publikationen veröffentlich[70].

Aus den obengenannten inhalts- und zeitbezogenen Einschränkungen kann geschlussfolgert werden, dass die Nutzungsmöglichkeiten für die Wissenschaft verbessert und die Prozesse vereinfacht werden müssen. D. h. ein (realitätsnaher) Testdatensatz, Erweiterung des Datenkörpers, (Methoden-)Begleitung des DIMDI, ein Datenhandbuch sowie Schulungs-

70 Tamayo et al. 2016; Sachverständigenrat 2015

und Beratungsangebote sollten bereitgestellt werden und die Möglichkeit von Vorort-Auswertungen beim DIMDI oder per Virtual Private Network Zugang (VPN-Zugang) weiter forciert werden. Des Weiteren wäre die Ausweitung nutzbarer Software-Programme, z. B. SAS (seit April 2015 möglich), R, SPSS, STATA sowie eine zeitliche Beschleunigung des Antragsverfahrens wünschenswert.

Um die Bedeutung und Nutzungsmöglichkeiten dieser Datenquelle zu stärken, arbeitet das DIMDI kontinuierlich an der strukturellen Weiterentwicklung und Verbesserung des Datenpools. Dennoch gilt sowohl für die Einzelkassen als auch den Datenpool, dass keine Repräsentativität für die Gesamtbevölkerung Deutschlands sichergestellt werden kann, da lediglich die gesetzlich Versicherten mit einbezogen werden. Für beide Datenquellen gilt somit, dass Unterschiede in der Versichertenstruktur zwischen PKV und GKV bei bundesweiten Studien adressiert werden müssen[71].

Die nachfolgende Tabelle 2 fasst die Vor- und Nachteile der beiden Datenquellen zusammen und soll als Entscheidungshilfe bei der Auswahl einer geeigneten Datengrundlage dienen.

71 Hoffmann und Icks 2012

*Tabelle 2: Vor- und Nachteile von GKV-Routinedaten einzelner Krankenkassen sowie des Datenpools*

| | **GKV-Routinedaten einzelner Krankenkassen** | **Datenpool des DIMDI** |
|---|---|---|
| **Vorteile** | • Hohe Flexibilität bezüglich der Datenbankstruktur<br>• Variablen im höchsten Detaillierungsgrad verfügbar<br>• Zeitnahe Verfügbarkeit, aktuelle Daten (max. Zeitverzug ca. 9 Monate)<br>• Abbildung kassenindividueller Versorgungsprogramme<br>• Ergänzung von Primärdaten möglich (z. B. Versichertenbefragungen)<br>• Kostengünstiger Datenzugang | • Ermöglicht flächendeckende und sektorübergreifende Analysen der gesamten gesetzlich Krankenversicherten<br>• Kassenübergreifende und daher für die GKV repräsentative Ergebnisse<br>• Auswertungsmöglichkeiten für die Leistungserbringerseite<br>• Zentraler Ansprechpartner<br>• Möglichkeiten zur umfassenden Berechnung der Behandlungsprävalenz<br>• Großes Studienkollektiv; daher Untersuchungen von seltenen Erkrankungen möglich<br>• Validität wird bereits durch vorherige Morbi-RSA Prüfung sichergestellt<br>• Eine Kooperation ist nicht notwendig<br>• Kostengünstige Gebührenordnung |
| **Nachteile** | • Begleitende Qualitätssicherung und umfassende Validierung ist erforderlich<br>• Regionale und betriebsbezogene Krankenkassen sind nicht für repräsentative Stichproben geeignet<br>• Einschränkung der Repräsentativität durch Unterschiede in der Versicherten- und Morbiditätsstruktur der Krankenkassen<br>• Häufig keine äquivalenten Chancen für alle Forscher, Zugang nur mit guten Beziehungen zu Krankenkassen möglich | • Geringere Genauigkeit der Stammdaten (kein genaues Eintritts-/Austrittsdatum der Versicherten, keine Informationen zur Versicherungsart)<br>• Teilweise geringer Informationsgehalt der Variablen aufgrund zu starker Aggregation (z. B. nur jahres- oder monatsgenaue Datumsdokumentation)<br>• Kein Aufnahmedatum im Krankenhaussektor<br>• Fehlende Angabe der Facharztgruppe der behandelnden Ärzte im ambulanten und stationären Bereich<br>• Keine Informationen zu Prozeduren und Leistungen (Operationen und Eingriffen)<br>• Kein Sterbedatum – lediglich eine Ja-/Nein-Codierung<br>• Hoher zeitlicher Verzug der Datenverfügbarkeit<br>• Langwierige Auftragsbearbeitung |

Quelle: Eigene Darstellung.

### 4.1.3 Datenlinkage

Aufgrund der spezifischen Grenzen von GKV-Routinedaten wird die Datenverknüpfung, das sogenannte Datenlinkage, in Zukunft weiter an Bedeutung zunehmen. Hierbei werden unterschiedliche Datenquellen, in der Versorgungsforschung meist Primär- und Sekundärdaten, über geeignete Schlüsselvariablen zusammengeführt. Ziel dieser Verknüpfungen ist es, die jeweiligen Limitationen der einzelnen Datenquellen zu überwinden und die Informationsbasis zu erweitern[72, 73]. In der Forschungspraxis können Primärdaten wie beispielweise Registerdaten[74], Daten aus Versichertenbefragungen[75] sowie Daten mit regionalem Bezug (Siedlungsstrukturelle Kreistypen)[76] ergänzt werden. Wichtig bei der Verknüpfung ist, dass in beiden verwendeten Datenquellen die zu verknüpfenden Schlüsselvariablen vorkommen und eindeutig zuordenbar sind[77].

Potenziale bietet das Datenlinkage insbesondere dadurch, dass beispielsweise in den GKV-Routinedaten fehlende medizinische Parameter und Angaben zum Lebensstil durch Arztbriefe oder andere Primärdatenquellen ergänzt werden können. Häufig geschieht das Verknüpfen solcher Primärdaten auf der Basis einer Patienteneinwilligung (informed consent)[78, 79]. Dieses Verfahren wird beispielsweise aktuell in der vom Bundesministerium für Bildung und Forschung (BMBF, Förderkennzeichen: 01ER1301A) durchgeführten Nationalen Kohorte genutzt. Hierbei werden den Befragungsdaten auf personenbezogener Ebene Routinedaten der Krankenkassen und Daten der Erwerbsbiografie zugespielt[80]. Ein Beispiel für ein personenbezogenes Datenlinkage ohne informed consent stellt die lidA – leben in der Arbeit – Studie dar (www.lida-studie.de; BMBF gefördert, Förderkennzeichen: 01ER0825, 01ER0826, 01ER0827 und 01ER0806)[81]. In der Studie werden Daten unterschiedlicher gesetzli-

---

72 Swart et al. 2014b
73 March et al. 2013
74 Kajuter et al. 2012; Schubert et al. 2008; Swart et al. 2014b; Nationale Kohorte e. V.
75 Bitzer 2015
76 Lange et al. 2015
77 March et al. 2013
78 Swart et al. 2010
79 Schröder et al. 2015
80 March et al. 2014
81 March et al. 2014

cher Krankenkassen in eine aggregierte »Work-Health-Matrix« überführt. Die nach Geschlecht, Berufsangaben und Jahrgang aggregierten Routinedaten werden dann mit Befragungsdaten gekoppelt[82].

Bei der Anwendung eines Datenlinkage ist eine Vielzahl von methodischen Entscheidungen zu treffen. Zum einen ist zu überlegen, ob im Studiendesign beispielsweise ein deterministisches oder probabilistisches Datenlinkage Anwendung findet. Des Weiteren muss bei regional übergreifenden Projekten häufig mit vielen unterschiedlichen Dateneignern kommuniziert werden. Da es sich um Sozialdaten handelt und diese häufig mit anderen hochsensiblen Daten verknüpft werden, bestehen insbesondere auch bei der Arbeit mit verknüpften Daten hohe Datenschutzanforderungen. Auch müssen der hohe organisatorische, personelle, zeitliche und finanzielle Mehraufwand, beispielsweise für eine Primärdatenerhebung und die Verknüpfung der Daten, berücksichtigt werden. Ferner könnte eine Skepsis der Studienteilnehmer bestehen, die aufgrund der Verknüpfung vieler unterschiedlicher persönlicher Informationen ihre Teilnahme an der Studie verweigern. Eine gute Aufklärung seitens des Dateneigners und der durchführenden Institution ist daher für eine erfolgreiche Studiendurchführung essentiell.

Aktuell existieren nur wenige Publikationen, die Erfahrungen bezüglich des Linkage von GKV-Routinedaten und Primärdaten erläutern[83]. Die Arbeitsgruppe Erhebung und Nutzung von Sekundärdaten (AGENS) der Deutschen Gesellschaft für Sozialmedizin und Prävention (DGSMP) und der Deutschen Gesellschaft für Epidemiologie (DGEpi) hat sich daher diesem Thema gewidmet und wird Ende des Jahres 2016 voraussichtlich eine »Gute Praxis Datenlinkage« herausgeben. Diese wird nähere Informationen, Empfehlungen sowie Praxisbeispiele, welche die organisatorischen, technischen und rechtlichen Voraussetzungen betreffen, enthalten. Aus bisherigen Studienerfahrungen werden methodische Empfehlungen für die Umsetzung zukünftiger Datenlinkage-Studien abgeleitet.

---

82 March et al. 2012
83 Swart et al. 2011

| **Empfehlungen** |
| --- |
| • Bisher existieren nur wenige Publikationen und methodische Empfehlungen zum Thema Datenlinkage in Deutschland<br>• Eine ausführliche Aufklärung der Studienteilnehmer seitens des Dateneigners und der durchführenden Institution ist essentiell, um eine hohe Teilnahmequote zu erreichen<br>• Ein hoher Zeitaufwand für Vorbereitungs- und Abstimmungsprozesse muss bei der Studienkonzeption eingeplant werden<br>• Die datenschutzrechtliche Notwendigkeit von Versicherteneinwilligungen ist zu prüfen |

## 4.2 Datenschutz

Die bei der Studienplanung zu berücksichtigenden datenschutzrechtlichen Aspekte werden unter anderem auch aufgrund der aufkommenden Verknüpfungsmöglichkeiten von Primär- und Sekundärdaten immer komplexer. Im Folgenden wird daher ein Überblick über die relevanten datenschutzrechtlichen Vorgaben unter Berücksichtigung verschiedener möglicher Zugangswege gegeben. Zudem werden notwendige Inhalte von Datenschutzkonzepten vorgestellt.

In Deutschland existieren umfassende datenschutzrechtliche Vorgaben bezüglich des Zugangs und der wissenschaftlichen Nutzung von Sekundärdaten. Da es sich um personenbezogene Daten im Sinne des § 67 SGB X sowie des § 3 Abs. 9 Bundesdatenschutzgesetz (BDSG) handelt, müssen bei der Nutzung von GKV-Routinedaten zu Forschungszwecken zwei Grundprinzipien abgewogen werden[84]: einerseits das Recht auf informationelle Selbstbestimmung, das sich aus Art. 2 Abs. 1 GG i. V. m. Art. 1 Abs. 1 GG ableitet, andererseits das Grundrecht auf Forschungsfreiheit (Art. 5 Abs. 3 GG)[85].

Bei Forschungsvorhaben mit GKV-Routinedaten ist zunächst zu prüfen, ob die jeweiligen zu übermittelnden Daten personenbezogene Sozialdaten im Sinne des § 67 ff. SGB X darstellen und daher dem Regelungsregime des BDSG bzw. SGB X zu unterstellen sind[86]. »Anonymisieren ist das Verändern von Sozialdaten derart, dass die Einzelangaben über persönliche oder sachliche Verhältnisse nicht mehr oder nur mit einem unverhält-

84 Ihle 2008

85 Grundgesetz (GG) 2012

86 BDSG 2009; SGB X 2013

nismäßig großen Aufwand an Zeit, Kosten und Arbeitskraft einer bestimmten oder bestimmbaren natürlichen Person zugeordnet werden können« (§ 67 Abs. 8 SGB X). Anonymisierten Daten fehlt daher der Personenbezug und damit die Eigenschaft der personenbezogenen Daten im Sinne des § 67 Abs. 1 SGB X[87]. Sie unterliegen nicht mehr den Bestimmungen der Datenschutzgesetze. Einschränkend ist hierbei anzumerken, dass keine Einigkeit darüber besteht, ob diese Schlussfolgerung auch für eine »unechte Anonymisierung« gilt, also wenn der Wiederherstellungsaufwand unverhältnismäßig groß ist[88]. Daher wird generell empfohlen, datenschutzrechtliche Fragestellungen mit den zuständigen Bundes- oder Landesbehörden zu klären. Zu beachten ist zusätzlich, dass der eigentliche Vorgang der Anonymisierung selbstverständlich unter die Regelungen der Datenschutzgesetze fällt, da dieser sich auf (noch) personenbezogene Daten bezieht. Die Anonymisierung darf daher in der Regel nur durch die Krankenkassen oder im Auftrage der Krankenkassen, z. B. durch eine Vertrauensstelle, durchgeführt werden.

»Pseudonymisieren ist das Ersetzen des Namens und anderer Identifikationsmerkmale durch ein Kennzeichen zu dem Zweck, die Bestimmung des Betroffenen auszuschließen oder wesentlich zu erschweren« (§ 67 Abs. 8a SGB X). Hierbei bleiben personenbezogene Auswertungen möglich[89]. Pseudonymisierte Daten unterliegen im Vergleich zu anonymisierten Daten eindeutig den Regelungen der Datenschutzgesetze[90]. Die Abgrenzung zwischen den beiden Begriffen »Anonymisierung« und »Pseudonymisierung« ist mitunter nicht eindeutig und sollte, wie zuvor bereits empfohlen, mit den zuständigen Behörden für das jeweilige Vorhaben geklärt werden.

Die Verwendung von personenbezogenen (Sozial-)Daten für wissenschaftliche Zwecke ist grundsätzlich durch zwei Ansätze möglich: einerseits durch Rechtsvorschriften, andererseits durch die Zustimmung der Versicherten.

Prinzipiell ist die Nutzung von Sozialdaten nur zulässig, soweit eine Vorschrift des SGB X oder eine andere Rechtsvorschrift des SGB es erlaubt oder die Versicherten (Betroffenen) eingewilligt haben (§ 67b Abs. 1 SGB X). Für die Nutzung von GKV-Routinedaten durch externe For-

87 Wulffen und Schütze 2014
88 Wulffen und Schütze 2014
89 Vauth 2010
90 Scharnetzky et al. 2013

schungseinrichtungen (z. B. Universitäten) auch ohne vorliegende Einwilligung kommt insbesondere der § 75 SGB X »Übermittlung von Sozialdaten für die Forschung und Planung« als Rechtsvorschrift in Betracht[91]. Diese Regelung geht mit einer Reihe von verschiedenen Auflagen einher. Demnach ist die Datenübermittlung nur zulässig, wenn:

- sie erforderlich für ein bestimmtes Vorhaben der wissenschaftlichen Forschung im Sozialleistungsbereich ist,
- der Zweck der Forschung nicht auf andere Weise zu erreichen ist,
- die Einholung einer Einwilligung unzumutbar ist,
- die schutzwürdigen Interessen der Versicherten nicht beeinträchtigt werden oder das öffentliche Interesse an der Forschung das Geheimhaltungsinteresse des Versicherten erheblich überwiegt,
- die oberste Bundes- oder Landesbehörde die Übermittlung vorher genehmigt hat.

Sind die genannten Voraussetzungen und weitere Dokumentationspflichten (Art, Zweck und Dauer der Datennutzung) erfüllt, darf die jeweilige Krankenkasse die Daten für den beantragten Forschungszweck übermitteln.

Darüber hinaus gibt es weitere Rechtsvorschriften z. B. für Krankenkassen, die ihre eigenen Daten zu Forschungszwecken nutzen wollen oder Dritte im Sinne einer Datenverarbeitung im Auftrag anweisen möchten. Weiterhin ist auch der Zugang zu GKV-Routinedaten im Rahmen der Evaluation von strukturierten Behandlungsprogrammen nach § 137 f SGB V (Disease-Management-Programme) für benannte externe Sachverständige möglich.

Alternativ muss eine Einwilligung der Versicherten eingeholt werden, um die Nutzung von GKV-Routinedaten zu ermöglichen. Das individuelle Einverständnis ist insbesondere dann einzuholen, wenn keine entsprechende Rechtsvorschrift die Nutzung zulässt, zusätzliche Daten erhoben werden sollen (z. B. durch Befragungen oder aus klinischen Dokumentationen) oder wenn eine Einwilligung, z. B. bei Modellvorhaben im Sinne des § 63 SGB V, explizit gefordert ist[92]. Einen guten Überblick über den Ablauf und die Voraussetzung eines solchen Verfahrens wird von Scharnetzky et al. gegeben[93]. Für eine datenschutzrechtlich konforme Einverständ-

---

91 Hase 2011

92 Ihle 2008

93 Scharnetzky et al. 2013

niserklärung ist der Versicherte vor der Einwilligung umfänglich über den Zweck der Nutzung sowie die Folgen der Zustimmungsverweigerung aufzuklären. Der Versicherte muss im Anschluss frei entscheiden und schriftlich zustimmen können. Vom Zwang zur Schriftform der Einwilligung kann allerdings im Rahmen der wissenschaftlichen Forschung aufgrund besonderer Umstände eine Befreiung erteilt werden[94] – allerdings nicht davon, die Einwilligung prinzipiell einzuholen. Nähere Informationen zu dieser Thematik finden sich in Harnischmacher et al. und Majeed et al.[95], [96]. Darüber hinaus können weitere rechtliche Aspekte bei der Einholung von Einwilligungen relevant sein, z. B. die Herausforderung, wie mit nicht einwilligungsfähigen Personengruppen, wie beispielsweise Kindern, Jugendlichen oder dementen Patienten, umgegangen wird[97].

Unabhängig von den zuvor aufgezeigten Datenzugangsmöglichkeiten sollte im Sinne der GPS ein Datenschutzkonzept vor jeder Nutzung von GKV-Routinedaten entwickelt werden. Dieses sollte unbedingt schriftlich fixiert und als bindender Vertrag zwischen Datenlieferant und -nutzer formuliert werden. Dabei ist es sinnvoll, den jeweilig zuständigen Datenschutzbeauftragten frühzeitig mit einzubinden, um etwaigen Problemen und Verzögerungen vorzugreifen[98]. Maßgeblich sind die geltenden Datenschutzrichtlinien. Die technischen und organisatorischen Maßnahmen werden in § 9 BDSG und dessen Anlage konkretisiert. Hierzu zählen insbesondere Regelungen zur Zutrittskontrolle, Zugangskontrolle, Zugriffskontrolle, Weitergabekontrolle, Eingabekontrolle, Auftragskontrolle und Verfügbarkeitskontrolle[99]. Darüber hinaus gibt die GPS konkrete Empfehlungen zur Ausgestaltung eines Datenschutzkonzeptes. Die Empfehlungen beziehen sich dabei auf folgende Aspekte:

- Zweck der Datenbereitstellung,
- Pseudonymisieren und Anonymisieren,
- De-Pseudonymisierung und Re-Identifikation,
- Weitergabe von personenbezogenen Daten an Dritte,
- Personenbezogenes Datenlinkage mit externen Datenquellen,
- Verantwortlicher für den Datenschutz,

---

94 Wulffen und Schütze 2014
95 Harnischmacher et al. 2006
96 Majeed et al. 2007
97 Ihle 2008
98 Ihle 2008
99 BDSG 2009

- Löschfristen,
- Zusammenarbeit mit Datenschutzbeauftragen.

Weitere Informationen und Hinweise bei der Einbeziehung einer Vertrauensstelle zur Pseudonymisierung der Daten gibt Ihle (2008). Die Vertrauensstelle pseudonymisiert die Primärdaten, beispielsweise Fragebögen oder Registerdaten, und verknüpft diese mit den Datensätzen der Krankenkasse, damit die forschende Institution keine Informationen über die natürliche Person erhält und lediglich mit pseudonymisierten Daten arbeiten kann[100]. Der Einbezug einer Vertrauensstelle kann relevant werden, wenn Daten aus unterschiedlichen Datenquellen zusammengeführt werden müssen – wie es beispielsweise bei der gleichzeitigen Nutzung von GKV-Routinedaten und Versichertenbefragungen der Fall ist.

| **Empfehlungen** |
|---|
| • Die geltenden Datenschutzvorschriften zum Schutz der informationellen Selbstbestimmung sind bei der Studienplanung und -durchführung zu beachten<br>• Ein Datenschutzkonzept im Sinne der GPS ist bereits zu Beginn der Studie zu erstellen<br>• Datenschutzbeauftragte und zuständige Behörden sollten frühzeitig in Projekte mit eingebunden werden<br>• Die Notwendigkeit von Versicherteneinwilligungen ist zu prüfen<br>• Es ist zu prüfen, ob eine Vertrauensstelle mit einbezogen werden muss |

## *4.3 Datenkategorien*

In Deutschland fließen umfassende Informationen über nahezu jegliche Regelleistungen, die über die GKV abgerechnet werden, bei den gesetzlichen Krankenkassen zusammen. Diese Daten fallen unter die Kategorie der administrativen Datenbankensysteme und spiegeln die Verwaltungsperspektive wider. Im Vergleich zu arztbasierten Datenbanken sind hierbei sektorübergreifende Kontakte des Versicherten mit dem Gesundheitssystem ersichtlich[101]. Mit der Einführung der Krankenversichertenkarte im Jahre 1995 respektive der Einführung der elektronischen Gesundheitskarte – sukzessive seit 2009 – wurde dieses elektronische Abrechnungsverfahren automatisiert und jedem Versicherten können die in Anspruch genom-

100 Scharnetzky et al. 2013
101 Hennessy 2006

menen Leistungsdaten individuell zugeschlüsselt werden[102]. Die einzelnen Datenkategorien lassen sich unterschiedlichen Sektoren der Versorgung zuordnen, welche die Grundlage für die Gliederung dieses Kapitels bilden. So finden sich in den Datawarehouses der gesetzlichen Krankenkassen unter anderem Informationen zu den Stammdaten der Versicherten (Kapitel 4.3.1) und folgenden Leistungsbereichen:

- Daten der ambulanten Versorgung (Kapitel 4.3.2),
- der stationären Versorgung (Kapitel 4.3.3),
- zu Arzneimitteln (Kapitel 4.3.4),
- zu Heil- und Hilfsmitteln (Kapitel 4.3.5),
- zur Arbeitsunfähigkeit und zum Krankengeld (Kapitel 4.3.6),
- zur Rehabilitation (Kapitel 4.3.7),
- zu Disease-Management-Programmen (DMP) (Kapitel 4.3.8)
- sowie Institutsambulanzen (Kapitel 4.3.9).

Für die jeweiligen Leistungsbereiche werden unter anderem abrechnungsrelevante Informationen zu den Zeiträumen der Inanspruchnahme, Kosten, Indikationen auf Basis der ICD-10-Codierung sowie Klassifikationsinstrumente bzw. Pauschalen wie Diagnosis Related Groups (DRGs), der Einheitliche Bewertungsmaßstab (EBM) und Operationen- und Prozedurenschlüssel (OPS) erfasst.

Die Daten zu zahnärztlichen Behandlungen werden bisher wenig zur Qualitätssicherung oder Evaluation genutzt. Des Weiteren werden sie erst seit dem Jahr 2012 überhaupt elektronisch an die gesetzlichen Krankenkassen übermittelt. Auch die Anzahl an Publikationen basierend auf dieser Datengrundlage ist bisher gering. So erscheinen lediglich sowohl das Jahrbuch der Kassenzahnärztlichen Bundesvereinigung (KZBV) als auch der Zahnreport der BARMER GEK regelmäßig, um über die zahnärztliche Versorgung in Deutschland aufzuklären. In diesem Leitfaden wird aufgrund der aktuell noch geringen Bedeutung dieser Datenkategorie in der Versorgungsforschung als auch fehlender Erfahrungsberichte in der Literatur nicht weiter auf diese Datenkategorie eingegangen. Einen ersten Einblick in den komplexen Datenbestand dieses Leistungsbereichs können jedoch Hussein et al. geben[103].

Aufgrund der vielfältigen Variablen und unterschiedlichen Datawarehouse-Strukturen kann in diesem Kapitel kein Anspruch auf Vollstän-

102 Deutscher Bundestag 1995
103 Hussein et al. 2014

digkeit erhoben werden. Dennoch werden wesentliche Variablen umfassend dargestellt, die sich bisher als wissenschaftlich nutzbar erwiesen haben und von großem Interesse für Routinedatenforscher sind.

### 4.1.3 Stammdaten

Die Stammdaten bieten grundlegende personenbezogene Informationen zu den Versicherten, wie z. B. das Alter, das Geschlecht und die Versichertenzeiten. Diese grundlegenden Informationen werden, anders als die Leistungsdaten, unabhängig von der Inanspruchnahme erfasst und liegen somit für alle Versicherten vor. Die Dokumentation dieser personenbezogenen Merkmale zählt zu den grundlegenden Aufgaben der Datenerfassung in der GKV[104]. Während Stammdaten aus Perspektive der Krankenkassen bei der Erfüllung ihrer Kernaufgaben unterstützen, sind sie aus wissenschaftlicher Sicht für soziodemografische und regionale Auswertungen sowie zur Abbildung der beruflichen Stellung in der Regel unabdingbar.

Grundsätzlich erfolgt die versichertenbezogene Zuordnung der Leistungsinanspruchnahme bei den Krankenkassen durch eine individuelle Versichertennummer. Für kassenexterne Auswertungen werden bei pseudonymisierten Daten in der Regel Identifikationskennziffern bereitgestellt, die unabhängig von der Versichertennummer personenbezogen eindeutig generiert werden[105]. Die originale Versichertennummer wird somit für interne Auswertungszecke und Auswertungen Dritter durch die Krankenkasse anonymisiert. Dieses Pseudonym dient dabei als Primärschlüssel, um die Informationen aus den einzelnen Leitungsbereichen systematisch miteinander verknüpfen zu können.

In den meisten Datawarehouses werden Stammdaten nach Mitgliedern und Familienversicherten getrennt dargestellt. Als Mitglieder werden diejenigen Versicherten bezeichnet, die Versicherungsvertragsnehmer sind und somit auch Versicherungsbeiträge entrichten. In Deutschland gilt für die Krankenversicherung eine Versicherungspflicht (siehe § 5 SGB V). Für alle Arbeitnehmer, deren Jahresarbeitsentgelt unterhalb der Versicherungspflichtgrenze von derzeit 56.250 € (Stand: 1. Januar 2016) liegt, so-

---

104 Grobe und Ihle 2005
105 Grobe und Ihle 2005

wie für weitere Personenkreise gilt die verpflichtende Mitgliedschaft der gesetzlichen Krankenversicherung. Darüber hinaus kann unter bestimmten Voraussetzungen auch eine freiwillige GKV-Mitgliedschaft erworben werden.

Familienversicherte sind Personen, die bei einem Mitglied mitversichert sind. In Deutschland können Ehegatten, Lebenspartner, Kinder von Mitgliedern sowie Kinder von familienversicherten Kindern beitragsfrei familienversichert sein (§ 10 SGB V). Dies gilt jedoch nur, wenn der Familienversicherte nicht hauptberuflich selbstständig oder versicherungsfrei nach § 6 SGB V ist oder wenn dieser kein monatliches regelmäßiges Einkommen bezieht.

Grundsätzlich liegen den Krankenkassen Informationen zum Vor- und Nachnamen ihrer Versicherten vor. Diese Informationen sind bei wissenschaftlichen Studien häufig nicht relevant, können jedoch beim Datenlinkage eine Rolle spielen. Wenn mit diesen Informationen gearbeitet wird, ist zu beachten, dass sich der Nachname aufgrund von Heirat ändern kann. Bei ungewöhnlichen Namen kann es darüber hinaus zu Erfassungsfehlern kommen. Als weitere persönliche Informationen sind bei den Krankenkassen Angaben zum Wohnort, der Postleitzahl sowie der genauen Anschrift inklusive Telefonnummer gespeichert. Diese Informationen werden häufig jedoch nicht im Sinne einer Historie vorgehalten, sondern meist ist nur der aktuelle Wohnort dokumentiert[106]. Aus Datenschutzgründen können diese persönlichen Daten lediglich mit ausdrücklicher Genehmigung oder mit vorheriger Zustimmung der Betroffenen weitergegeben werden[107]. Dies erfordert allerdings spezielle Genehmigungen und ein besonderes Datenschutzkonzept (siehe Kapitel 4.2). Die Telefonnummer steht darüber hinaus auch bei kasseninternen Auswertungen häufig nicht zur Verfügung, da sie bei der Krankenkasse nicht hinterlegt werden muss und zudem oftmals nicht in öffentlich zugänglichen Verzeichnissen genannt wird[108].

Die Postleitzahl wird bei der Krankenkasse erfasst, jedoch in der Regel bei kassenexternen Auswertungen nicht in vollem Umfang zur Verfügung gestellt, um Rückschlüsse auf Einzelpersonen zu verhindern. Vielmehr dienen entweder die ersten drei Ziffern des Postleitzahlengebietes oder die sogenannte Kreiskennziffer dazu, eine, zumindest grobe, regionale Zuordnung zu ermöglichen (siehe Kapitel 4.4.2). Sofern aus Datenschutzgrün-

---

106 Grobe und Ihle 2005
107 Grobe und Ihle 2005
108 Grobe und Ihle 2005

den nur auf die dreistellige Postleitzahl zurückgegriffen werden kann, sollte bei Bedarf eine kasseninterne Zuordnung von Versicherten zu detaillierten räumlichen Gliederungen erfolgen[109]. Die ersten beiden Ziffern der Kreiskennziffer geben das Bundesland an. Die Ziffern 01-09 wurden den alten Bundesländern von Nord nach Süd zugeordnet, dem Saarland die 10 und Berlin die 11. Anschließend wurden die neuen Bundesländer in alphabetischer Reihenfolge nummeriert (12-16). Die Bundesländer Hamburg (02), Bremen (04) und Berlin (11) sind nicht in Landkreise unterteilt, da sie sogenannte kreisfreie Städte sind[110]. In Deutschland existieren derzeit 402 Landkreise und kreisfreie Städte (Stand: 31. Dezember 2011), wobei sich in der Vergangenheit einige Änderungen durch Gebietsreformen gerade in den neuen Ländern ergeben haben[111]. Auf Basis entsprechender Überleitungstabellen lassen sich auch andere regionale Zuordnungen, beispielsweise nach Gemeinden oder Bundesländern, sowie Versorgungsgebieten der Kassenärztlichen Vereinigungen herstellen[112]. Eine genauere Darstellung der Grenzen und Möglichkeiten erfolgt in Kapitel 4.4.2.

Aus datenschutzrechtlichen Gründen steht oftmals lediglich das Geburtsjahr und nicht das tagesgenaue Geburtsdatum des Versicherten für wissenschaftliche Untersuchungen zur Verfügung. Grundsätzlich handelt es sich beim Geburtsdatum um eines der wenigen unveränderlichen Merkmale im engeren Sinne. In einzelnen Subgruppen, wie beispielsweise bei Migranten aus bestimmten Kulturkreisen, häufen sich jedoch bestimmte Geburtstage wie z. B. der Erste eines Monats bzw. eines Jahres[113]. Gründe hierfür sind die mitunter unzureichenden Meldeverhältnisse in ländlichen Regionen.

Auch beim Geschlecht handelt es sich in der Regel um ein unveränderliches Merkmal. In Einzelfällen kann es hier jedoch zu Veränderungen im Zeitablauf aufgrund einer Geschlechtsumwandlung kommen[114]. Bei Familienversicherten können gelegentliche Fehlerfassungen nicht ausgeschlossen werden[115].

109 Grobe und Ihle 2005
110 Statistisches Bundesamt 2012
111 Bundesinstitut für Bau-, Stadt- und Raumforschung (BBSR) 2011a
112 Grobe und Ihle 2005
113 Grobe und Ihle 2005
114 Grobe und Ihle 2005
115 Grobe und Ihle 2005

Um Versicherungsintervalle und mögliche Wechsel des Versicherungsstatus zu erfassen, ist das Wissen um die Versichertenzeiten notwendig. Anhand der Versichertenzeiten wird ersichtlich, in welchen Zeiträumen überhaupt mit einer Erfassung der Inanspruchnahme gesundheitsbezogener Leistungen zu rechnen ist. Die Dokumentation der Versichertenzeiten bildet die Grundlage für jegliche populations- bzw. nennerbezogenen Auswertungen[116].

Der Beendigungsgrund des Versicherungsvertrages ist z. B. für Überlebenszeitanalysen eine wichtige Variable. So kann diese die Ausprägung »Tod« annehmen und Aufschluss geben, ob der Versicherte im Berichtszeitraum verstorben ist und damit für Mortalitätsanalysen wichtige Informationen liefern. Die Todesursachen werden jedoch nicht dokumentiert (siehe Kapitel 8). Außerdem kann bei Familienversicherten in manchen Fällen der Austrittsgrund »Tod« codiert sein, obwohl ausschließlich das zugehörige Mitglied verstorben ist[117].

Für die Familienversicherten werden regelmäßig weniger Variablen erfasst als für die Mitglieder[118]. Nur für die Mitglieder existieren Daten zur Beitragshöhe und gegebenenfalls zum ausgeübten Beruf, zur Ausbildung sowie zum Arbeitgeber. Der Versicherungsstatus gibt Auskunft, ob es sich um ein Mitglied der GKV handelt oder um einen Familienversicherten. Eine weitere Variable, der sogenannte Familienschlüssel, gibt für Familienversicherte an, in welchem Verhältnis der Familienversicherte zum originären Mitglied steht und kann unter anderem die Ausprägung Ehegatte oder Kind annehmen. Dies ermöglicht die Zuordnung zum jeweiligen Hauptversicherten, womit gewisse Informationen, beispielsweise zur finanziellen Situation, auch für Familienversicherte indirekt verfügbar sind[119]. Auch die Zuordnung gewisser familiärer Erkrankungen oder das Alter der Eltern bei Geburt des Kindes ist möglich, sobald eine Zuordnung zu einem Mitglied durchführbar ist über das das Kind familienversichert ist. Bei Kindern erfolgt die (Mit-)Versicherung bei verheirateten Paaren häufig über das Elternteil mit dem höheren (beitragsrelevanten) Einkommen. Für diesen Elternteil liegen der Krankenkasse üblicherweise dann auch alle regulären abrechnungsrelevanten Informationen vor. Eine familienbezogene Zusammenfassung von Versicherten scheitert jedoch immer

116 Grobe und Ihle 2005
117 Grobe und Ihle 2005
118 Grobe und Ihle 2005
119 Grobe und Ihle 2005

dann, wenn beide Ehepartner berufstätig und bei unterschiedlichen Krankenkassen versichert sind, da Informationen zum anderen Elternteil so nicht verfügbar sind[120]. Daher lassen sich beispielsweise Informationen zum Haushaltseinkommen nicht generell aus den Routinedaten der Krankenkassen ableiten.

Die Personengruppe bzw. Beitragsgruppe gibt an, ob es sich bei dem Versicherten um einen Angestellten/Arbeiter, Selbstständigen, Arbeitslosen, Sozialhilfeempfänger, Studenten/Fachschüler, Rentner/Pensionär, Aussiedler, Flüchtling etc. handelt. Da sich der Krankenkassenbeitrag nach dem sozialversicherungspflichtigen Einkommen und nicht nach dem Gesamteinkommen richtet, ist diese Variable ein wichtiger Indikator für den sozialen Status des Versicherten.

Eine detailliertere Aufgliederung über Ausbildungsstatus und ausgeübten Beruf bietet der sogenannte Tätigkeitsschlüssel. Dieser wird bei den Mitgliedern vom Arbeitgeber an die Krankenkasse gemeldet und enthält Informationen zum Schulabschluss, zum sozialen Status und zur ausgeübten Tätigkeit des Versicherten. Dieser Tätigkeitsschlüssel wurde mit Wirkung zum 1. Dezember 2011 aktualisiert, da sich in den vergangenen Jahren sowohl in der Berufs- und Beschäftigungslandschaft als auch der Ausbildungsstruktur Veränderungen ergeben haben[121].

Die Angaben zu Beitragsgruppen und beruflichen Tätigkeiten können bei einer Betrachtung längerer Zeiträume sehr komplex und unübersichtlich sein, da sich die Merkmale in Einzelfällen ausgesprochen häufig verändern können[122]. Bei Daten zu Berufsintervallen wurden beispielsweise über einen Zeitraum von 15 Jahren in Einzelfällen mehr als 1.000 Statuswechsel berichtet[123]. Zudem können zu einem Zeitpunkt personenbezogen auch mehre Versicherungszustände, beispielsweise bei Mehrfachbeschäftigungen, relevant sein[124].

In der nachstehenden Tabelle 3 sind ausgewählte, für wissenschaftliche Zwecke wichtige Stammdaten aufgeführt.

---

120 Grobe et al. 2013
121 Damm et al. 2012
122 Grobe und Ihle 2005
123 Grobe und Ihle 2005
124 Grobe und Ihle 2005

*Tabelle 3: Variablenbeschreibung der Stammdaten*

| Variable | Mögliche Ausprägungen | Erläuterung |
|---|---|---|
| **Identifikations-nummer** | Ziffernfolge oder Buchstaben-/ Zahlenkombination | Anonymisierte Versicherten-ID; dient als Primärschlüssel und zur personenbezogenen Zuordnung der Leistungen |
| **Name und Vorname** | Buchstabenkombination | Name und Vorname des Versicherten |
| **Staatsangehörigkeit** | Zumeist dreistelliger Zahlenschlüssel | Angabe über die Nationalität |
| **Wohnort und Anschrift** | Straße, Straßennummer, Ort, Postleitzahl etc. | Wohnort und Anschrift des Versicherten |
| **Familienstand** | Ledig, verheiratet, verwitwet | Angabe über den Familienstatus |
| **Geburtstag** | TT.MM.JJJJ | Geburtstag des Mitglieds bzw. Familienversicherten |
| **Geschlecht** | Männlich/weiblich | Geschlecht des Mitglieds bzw. Familienversicherten |
| **Kreiskennziffer** | Fünfstellige Ziffernfolge | Kreis, in dem der Versicherte wohnt; die ersten beiden Ziffern kennzeichnen das Bundesland |
| **Beginn und Ende des Versicherungsstatus** | TT.MM.JJJJ | Datum der Versicherungsvertragslaufzeiten bzw. -status; bei laufenden Verträgen kann das Enddatum auf einen artifiziellen Wert, z. B. den 01.01.9999, gesetzt sein |
| **Beendigungsgrund eines Versicherungsverhältnisses** | Tod, Krankenkassenwechsel | Grund für die Beendigung des Versicherungsverhältnisses bzw. das Ausscheiden eines Versicherten aus der gesetzlichen Krankenversicherung bzw. der jeweiligen Krankenkasse |
| **Familienversicherungsschlüssel** | Ehegatte, Kind, Lebenspartner, Pflegekind, Kind des Kindes | Stellung/Beziehung zum Mitglied |
| **Tätigkeitsschlüssel** | Neunstellige Ziffernfolge | Der Tätigkeitsschlüssel gibt Auskunft über den letzten Schulabschluss, höchsten Ausbildungsabschluss und die ausgeübte Tätigkeit |

| Variable | Mögliche Ausprägungen | Erläuterung |
| --- | --- | --- |
| **Versicherungs-status** | Mitglied, familienversichert | Codierung, ob es sich um ein Mitglied oder um einen Familienversicherten handelt |
| **Personengruppe/ Beitragsgruppe** | Angestellte/Arbeiter, Selbstständiger, Arbeitsloser, Sozialhilfeempfänger, Student/Fachschüler, Rentner/Pensionär, Aussiedler, Flüchtling etc., Sonstige | Angabe über die Personen- bzw. Beitragsgruppe des Versicherten |
| **Arbeitgeber-nummer** | Numerischer Ausdruck | Eindeutige Kennung des Arbeitgebers |
| **Branche** | Land- und Forstwirtschaft, Baugewerbe, Dienstleistungen, Energieversorgung etc. | Branchenzuordnung des Arbeitgebers |
| **Befreiung von Zuzahlungen nach § 62 SGB V** | ja/nein | Versicherte müssen bis zu einer bestimmten Höhe die Zuzahlung selbst tragen; in § 62 SGB V wird diese Belastungsgrenze genauer erläutert |

Quelle: Eigene Darstellung in Anlehnung an Grobe und Ihle 2005, Vauth 2010, Zeidler und Braun 2012, Reinhold et al. 2011a, GKV-Datenaustausch.

### 4.3.2 Ambulante Versorgung

Häufig stellt der ambulant-ärztliche Sektor den ersten Kontakt des Versicherten mit dem Gesundheitssystem dar. Grundsätzlich rechnet nicht jeder einzelne Arzt oder jede einzelne Praxisgemeinschaft mit den jeweiligen gesetzlichen Krankenkassen ab, sondern dieser Abrechnungsprozess vollzieht sich über die zuständige KV. Die Abrechnung und der damit verbundene Datentransfer erfolgt heute in der Regel EDV-gestützt[125]. Die Abrechnungsunterlagen der kassenärztlichen Leistungserbringer werden am Quartalsende (viermal jährlich) der zuständigen KV vorgelegt. Die KV prüft die übermittelten Daten und zahlt das Honorar aus[126]. Dieser Austausch der ambulanten Leistungs- und Diagnosedaten ist seit dem Inkraft-

125 Kerek-Bodden et al. 2005
126 Kerek-Bodden et al. 2005

treten des GKV-Modernisierungsgesetzes im Jahr 2004 gesetzlich vorgeschrieben und in § 295 SGB V geregelt[127, 128].

In Deutschland existieren 17 KVen; jeweils eine KV je Bundesland, lediglich Nordrhein-Westfalen (NRW) gliedert sich in zwei unterschiedliche KVen (KV Nordrhein und KV Westfalen-Lippe). Die gesetzliche Grundlage für das Bestehen von zwei Kassenärztlichen Vereinigungen in NRW findet sich im § 77 des SGB V. Im Abs. 1 Satz 2 stand bis zum 1. Januar 2012: »Soweit in einem Land mehrere Kassenärztliche Vereinigungen mit weniger als 10.000 Mitgliedern bestehen, werden diese zusammengelegt.« Im Umkehrschluss bedeutet dies, dass die KV Westfalen-Lippe mit rund 13.000 Mitgliedern sowie die KV Nordrhein mit rund 18.500 Mitgliedern weiterhin eigenständig sein können und die Kassenärzte eine »eigene« Verwaltung unterhalten dürfen. Zum 1. Januar 2012 wurde der Satz 2 aus dem SGB V gestrichen, da dort die Mitglieder-Verhältnisse eindeutig und klar geregelt sind; insofern war der Satz 2 dann überflüssig.

Die Vertragsärzte rechnen auf Basis des Einheitlichen Bewertungsmaßstabes (EBM) ihre erbrachten Leistungen ab. Seit Einführung eines neuen EBM, Anfang des Jahres 2009, erfolgt die Bewertung dieser erbrachten Leistungen in Euro-Beträgen. Vor dem Januar 2009 erfolgte diese ausschließlich über sogenannte EBM-Punkte[129]. Für eine monetäre Bewertung kann die Punktzahl, mit der die jeweilige Leistung abgerechnet wurde, mit einem Orientierungspunktwert multipliziert werden[130]. Für 2009 hatte der Erweiterte Bewertungsausschuss diesen Orientierungspunktwert mit 3,5001 Cent und für 2010, 2011 und 2012 mit 3,5048 Cent festgelegt, 2013 stieg dieser auf 3,5363 Cent. Zum 4. Quartal 2013 wurden der Orientierungswert und der kalkulatorische Punktwert auf 10 Cent angehoben. Im Gegenzug dazu sanken die Punktzahlen je Leistung proportional, sodass die Erhöhung des Punktwerts kostenneutral blieb. Mit diesem Punktwert, der für alle Kassenarten und Fachgruppen bundesweit einheitlich ist, werden fast alle ambulant-ärztlichen Leistungen vergütet. Der Orientierungspunktwert für das Jahr 2016 beträgt 10,4361 Cent[131]. Die Gebührenordnung bzw. der einheitliche Bewertungsmaßstab wird nach § 87 SGB V fortlaufend durch den Bewertungsausschuss weiterentwickelt. Bei der Er-

127 Vauth 2010
128 GKV-Modernisierungsgesetz (GMG) 2003
129 Institut des Bewertungsausschusses
130 Prenzler et al. 2010
131 KV Berlin

mittlung der Kosten im ambulanten Sektor sind weiterhin die arztgruppenspezifischen Regelleistungsvolumina zu berücksichtigen, welche die maximale Höhe der Honorare der Ärzte einschränken[132, 133].

Zum Bereich der explizit in Eurobeträgen abgerechneten Kosten zählen Sachkosten wie Verbrauchsmaterialen (z. B. Briefmarken für Arztbriefe) und extrabudgetäre Leistungen. Die ambulanten Leistungen werden, wie bereits erwähnt, anhand der EBM-Ziffern und der jeweiligen Punkte abgerechnet. Die Punktesummen sind jeweils in einer separaten Variable aufgeführt und sind das Produkt der Punkte multipliziert mit dem Faktor, d. h. der Anzahl an abgerechneten Leistungen.

Ambulante Abrechnungs- und Diagnosedaten bieten detaillierte Informationen zur Art und Anzahl der in Anspruch genommenen Leistungen (EBM-Gebührenziffern), dem Datum der Leistungsinanspruchnahme, pseudonymisierte Informationen zum behandelnden Arzt (Facharztgruppe), ICD-Diagnosen, Quartal der Diagnosestellung und eine Spezifikation der Diagnosesicherheit sowie Überweisungsfälle (§ 295 SGB V). Die Zusatzkennzeichen für die Diagnosesicherheit sind laut den ambulanten Kodierrichtlinien (AKR) zwingend erforderlich. Die Ausprägungen können laut Kassenärztliche Vereinigung-Datentransfer (KVDT) wie folgt codiert werden: G: gesicherte Diagnose, V: Verdacht auf, A: ausgeschlossene Diagnose, Z: symptomloser Zustand[134]. Eine Behandlungsdiagnose erhält das Zusatzkennzeichen »G«, wenn der Arzt sie nach den gültigen medizinisch-wissenschaftlichen Grundsätzen sichern konnte. So lange eine Behandlungsdiagnose weder gesichert noch ausgeschlossen werden kann, erhält der ICD-Code das Zusatzkennzeichen »V«. Das »A« steht für ausgeschlossene Diagnose und ist definiert als »Diagnose, für die es primär einen Verdacht gab, die aber ausgeschlossenen wird«. Eine Behandlungsdiagnose erhält das Zusatzkennzeichen »Z«, wenn die betreffende Diagnose nicht mehr besteht und auch keine krankheitsspezifische Diagnostik und/oder Therapie mehr erfolgt. Der Zustand nach dieser Diagnose hat eine Leistungserbringung verursacht, die zu einer Codierung führt (z. B. die Gabe von ASS nach einer abgeschlossenen Schlaganfallbehandlung). Die Zusatzkennzeichnung soll den medizinischen Entscheidungsprozess bei einer Diagnosefindung abbilden. Eine gesicherte Diagnose zu verschlüsseln, ist insbesondere bei einem Erstkontakt des Patienten oft nicht

---

132 Kassenärztliche Bundesvereinigung (KBV) 2016b
133 Kassenärztliche Bundesvereinigung (KBV) 2016a
134 Kassenärztliche Bundesvereinigung (KBV) 2011b

möglich, da die Abklärung und Diagnostik von Beschwerden längere Zeit in Anspruch nimmt[135]. Auch nach austherapierter Krankheit können noch Leistungen erbracht werden. Ein Beispiel hierfür ist eine präventive Dauermedikation bei Patienten nach einem Herzinfarkt, um einem erneuten Infarkt abzuwenden bzw. diesem vorzubeugen. Um diesen Leistungen eine Diagnose zuordnen zu können, werden diese als »Zustand nach« einer Erkrankung oder Operation codiert. Die Abgrenzung zwischen der Wahl einer gesicherten Diagnose und einer Verdachtsdiagnose ist fließend. Letztendlich obliegt es dem Arzt, diese Einteilung vorzunehmen. Auch bei noch ausstehenden Befunden oder beim Warten auf eine spezifische Therapie sind Verdachtsdiagnosen anzugeben[136]. Zusätzlich zu der Diagnosesicherheit kann als Ergänzung bei paarigen Organen und Körperteilen eine Angabe der Seitenlokalisation (links (L), rechts (R), beidseitig (B)) sinnvoll sein[137]. Diese Angabe wird als eigenständige Variable im ambulanten Datensatz gesondert übermittelt.

Die Diagnosen werden nach der gesetzlich vorgeschriebenen Klassifikation für Krankheiten und verwandte Gesundheitsprobleme nach ICD-10-GM verschlüsselt. Diese gliedert sich in eine dreistellige allgemeine Systematik, die vierte Stelle stellt eine ausführlichere Systematik dar und gelegentlich wird auch die fünfstellige Codierung als Verfeinerung verwendet (DIMDI). Diese Systematik wird gleichwertig sowohl im ambulanten als auch im stationären Versorgungsbereich angewendet.

Der Abrechnung über die KVen ist der Umstand geschuldet, dass eine spezifische Diagnose lediglich einmal pro Quartal an die Krankenkasse übermittelt wird. Die Leistungen, die in der Regel mittels EBM abgerechnet werden können, werden hingegen tagesgenau erfasst. Daher erscheinen in den ambulanten Daten sowohl ein tagesgenaues Datum für die erbrachten Leistungen als auch eine Quartalsangabe, die wiederum der ICD-10-Diagnose zugeordnet ist. Die tagesgenaue Abrechnung der EBM kann genutzt werden, um approximativ die Anzahl der Arztkontakte zu ermitteln. Aufgrund der Grundpauschale kann es jedoch hierbei zu einer Unterschätzung der tatsächlichen Arztkontakte eines Versicherten kommen, da nicht bei jedem Arzt-Patienten-Kontakt eine Leistung abgerechnet wird bzw. werden kann.

---

135 Kassenärztliche Bundesvereinigung (KBV) 2011a
136 Deutsches Ärzteblatt 2011
137 Kassenärztliche Bundesvereinigung (KBV) 2011a

Die KV-Behandlernummer, auch lebenslange Arztnummer (LANR) genannt, ist eine neunstellige Kennzeichnung für jeden Vertragsarzt. Die ersten sechs der insgesamt neun Stellen gelten »lebenslang« für die gesamte vertragsärztliche Tätigkeit. Sie sind KV-übergreifend, unabhängig vom Status, der Zugehörigkeit zu Berufsausübungsgemeinschaften und dem Tätigkeitsort[138]. An siebter Stelle ist eine Prüfziffer eingebaut, die aus den vorangehenden sechs Stellen berechnet wird. Die achte und neunte Ziffer gibt die Facharztrichtung an, womit es möglich ist, Subgruppenanalysen bezüglich unterschiedlicher Facharztgruppen durchzuführen. Gelegentlich wird die Facharztgruppe auch als separate Variable übermittelt. Sowohl die Arztnummer als auch die Systematik des Arztgruppenschlüssels legt die KBV fest (siehe Anlage 2 der Richtlinie der Kassenärztlichen Bundesvereinigung nach § 75 Abs. 7 SGB V zur Vergabe der Arzt- und Betriebsstättennummern). Diese LANR wurde erst im zweiten Quartal 2009 eingeführt, da die vorangegangene Arztnummernsystematik die Untergliederung der Facharztrichtungen nicht differenziert genug abbilden konnte. Dies ist bei Analysen, die diesen Zeitraum inkludieren, zu beachten, da es andernfalls zu nicht vergleichbaren Facharztgruppenzuteilungen kommen könnte.

Tabelle 4 gibt einen Überblick über die relevanten Variablen des ambulanten Leistungssektors.

*Tabelle 4: Variablenbeschreibung der ambulanten Versorgung*

| **Variable** | **Mögliche Ausprägungen** | **Erläuterung** |
|---|---|---|
| **Identifikationsnummer** | Ziffernfolge oder Buchstaben-/ Zahlenkombination | Anonymisierte Versicherten-ID; dient als Primärschlüssel und zur personenbezogenen Zuordnung der Leistungen |
| **Beginn der Leistungserbringung** | TT.MM.JJJJ | Behandlungsbeginn einer Arztleistung |
| **Ende der Leistungserbringung** | TT.MM.JJJJ | Behandlungsende einer Arztleistung |
| **Quartal (Jahr)** | Zahlenkombination: teilweise sind Quartal und Jahr durch ein »Q« voneinander abgegrenzt | Quartal und Jahr der Diagnosestellung |

138 Kassenärztliche Bundesvereinigung (KBV) 2008

| Variable | Mögliche Ausprägungen | Erläuterung |
|---|---|---|
| **Diagnose(n)** | Drei- bis fünfstellige alphanumerische Systematik (z. B. I5014) | ICD-10-Diagnose |
| **Diagnosesicherheit** | V, G, A oder Z | ICD-Diagnosesicherheit z. B. V = Verdacht, G = Gesichert, A = Ausschluss oder Z = »Zustand nach«-Diagnose |
| **Arztnummer** | Numerischer Ausdruck | Anonymisierte Arztnummer (Vorgängerversion der Arztnummernsystematik gültig bis 2009) |
| **KV-Behandlernummer** | Numerischer Ausdruck | Neunstellige KV-Behandlernummer. Gültig ab dem 2. Quartal 2009 |
| **Facharztgruppe** | Zweitstellige Nummer | Facharztgruppe |
| **Gebührenordnungsziffer(n)/ Leistungsziffern (EBM)** | Numerischer Ausdruck | Gebührenordnungsziffer nach EBM (z. B. 05230) |
| **Euro-EBM** | EBM in € | Orientierungswert für Honorarhöhe in Euro |
| **Punktzahl (gemäß EBM)** | Numerische Ziffer | Abgerechnete EBM-Punkte (z. B. 345) |
| **Anzahl Leistungen (je Einzelzeile)** | Numerischer Ausdruck | Anzahl (z. B. 1) |
| **Kosten** | Euro-Betrag | Extrabudgetäre Leistungen/ Sachkosten aus Perspektive der Krankenkasse in € |
| **OPS-Ziffern** | Numerischer Ausdruck | Klassifikation bei ambulanten Operationen |
| **Zuzahlungen** | Euro-Betrag | z. B. Praxisgebühr |
| **Art der Inanspruchnahme** | Original-, Sekundär-, Not- oder Vertretungsfall | Klassifikation eines Behandlungsfalls |
| **Interne Fallnummer** | Numerischer Ausdruck | Interne Fallnummer zur Verknüpfung der einzelnen Tabellen (Leistungs- und Diagnosetabellen werden häufig separat verwaltet) |

Quelle: Eigene Darstellung in Anlehnung an § 295 SGB V, Vauth 2010, Zeidler und Braun 2012, GKV-Datenaustausch.

### 4.3.3 Stationäre Versorgung

Seit dem Jahr 2004 basiert die Vergütung der voll- und teilstationären Leistungen auf einem Fallpauschalensystem, den sogenannten Diagnosis Related Groups (DRGs) (§ 17b KHG)[139]. Die Zuordnung zu einer diagnosebezogenen Fallgruppe erfolgt dabei vorrangig durch die Hauptdiagnose des Behandlungsfalles. Die Hauptdiagnose ist die ausschlaggebende ICD-10-codierte Indikation für den stationären Aufenthalt des Patienten. Zusätzlich fließen individuelle Patientendaten, wie z. B. Alter, Geschlecht, das Gewicht bei Neugeborenen sowie Fallcharakteristika wie Komplikationen und anhand OPS codierte Operationen und Prozeduren in die Zuordnung zu einer DRG ein[140]. Die von den Krankenhäusern an die Krankenkassen übermittelten stationären Abrechnungsdaten umfassen weiterhin Informationen zum Aufnahme- und Entlassungsdatum (exaktes Datum verfügbar) sowie Art der stationären Behandlung (siehe Tabelle 5). So kann das Krankenhaus in medizinisch geeigneten Fällen auch vor- und nachstationäre Behandlung durchführen, welche in den meisten Fällen ohne Unterkunft und Verpflegung einhergehen (§ 115a SGB V). Die Übermittlung der Daten ist in § 301 SGB V geregelt.

Laut den deutschen Codierrichtlinien wird die Hauptdiagnose definiert als die Diagnose, »die hauptsächlich für die Veranlassung des stationären Krankenhausaufenthaltes der Patientin/des Patienten verantwortlich ist« und ist entsprechend ICD-10-GM zu codieren[141]. »Als relevante Nebendiagnose (Komorbidität und Komplikation) gelten Krankheiten oder Beschwerden, die entweder gleichzeitig mit der Hauptdiagnose bestehen oder sich während des Krankenhausaufenthalts entwickeln«[142]. Diagnostische bzw. therapeutische Maßnahmen (Verfahren und/oder Prozeduren) oder ein erhöhter Pflege- und/oder Überwachungsaufwand sind die Voraussetzungen für eine mögliche Codierung dieser Nebendiagnosen. Die Nebendiagnosen stehen gleichwertig nebeneinander, sodass hier keine Hierarchie abgeleitet werden kann.

Im stationären Bereich wird neben Haupt- und Nebendiagnosen auch zwischen Einweisungs-, Aufnahme- und Entlassungsdiagnosen unterschieden. Die Einweisungsdiagnose zählt zu den Kannangaben nach § 301

---

139 KHG 2013

140 DIMDI 2014b; Grobe 2005

141 Gesundheitsberichtserstattung des Bundes (gbe-Bund) 2012

142 Gesundheitsberichtserstattung des Bundes (gbe-Bund) 2012

und wird beispielsweise vom niedergelassenen einweisenden Arzt mittels ICD-Codierung mitgeteilt. Kommt ein Patient ohne Einweisung in ein Krankenhaus, wird die Einweisungsdiagnose per Definition nicht codiert. Nach § 39 SGB V entscheidet dann der Krankenhausarzt bei der Aufnahme über die Notwendigkeit einer stationären Behandlung. Wenn zum einen keine Einweisungsdiagnose vorliegt oder die Notwendigkeit besteht, diese zu ändern, wird nach einer ersten Einschätzung die Aufnahmediagnose dokumentiert. Die Entlassungsdiagnose entspricht dann der Hauptdiagnose nach dem Krankenhausaufenthalt; das heißt auch nach ausführlicher Untersuchung durch das Krankenhaus. Daher ist die Entlassungsdiagnose in der Regel auch die valideste und kann aufgrund der zahlreichen diagnostischen Maßnahmen während des Krankenhausaufenthalts erheblich von der Einweisungsdiagnose bzw. der Aufnahmediagnose abweichen.

Grundsätzlich sind durch die pauschalierte Abrechnung über die DRGs keine Daten zum Arzneimittelverbrauch während des Krankenhausaufenthalts verfügbar (siehe Kapitel 8). Dennoch können ausgewählte Arzneimittel, beispielsweise recht hochpreisige Arzneimittel wie TNF-α-Hemmer, über die OPS codiert werden.

Anders als beispielsweise bei der Rehabilitation existiert häufig keine eigene Variable für die Dauer des jeweiligen Krankenhausaufenthalts (siehe Abschnitt 4.3.7). Die Behandlungsdauer kann jedoch manuell mittels Aufnahme- und Entlassungsdatum wie folgt berechnet werden[143]:

$$Aufenthalts\text{-}/Behandlungsdauer = Entlassungsdatum - Aufnahmedatum + 1$$

Kritisch zu diskutieren ist, welche Arten von stationären Behandlungen (voll-, teil-, vor- und nachstationäre Behandlung) in die Analyse einzubeziehen sind. Häufig fallen bei vor- und nachstationären Aufenthalten keine Kosten an, da diese mit der nachfolgenden bzw. vorangegangenen Krankenhausbehandlung abgegolten werden. Des Weiteren fallen häufig bei diesen Vor- und Nachuntersuchungen keine ganzen Krankenhaustage an und die tatsächlichen Krankenhaustage würden somit überschätzt werden. Aus diesem Grund wird empfohlen, lediglich voll- und teilstationäre Aufenthalte in die Berechnung von durchschnittlichen Liegezeiten und Krankenhaustagen zu berücksichtigen.

143 Grobe 2005

Tabelle 5 gibt einen Überblick über die relevanten Variablen des stationären Leistungssektors.

*Tabelle 5: Variablenbeschreibung der stationären Versorgung*

| Variable | Mögliche Ausprägungen | Erläuterung |
|---|---|---|
| **Identifikations-nummer** | Ziffernfolge oder Buchstaben-/Zahlen-kombination | Anonymisierte Versicherten-ID; dient als Primärschlüssel und zur personenbezogenen Zuordnung der Leistungen |
| **Tag der Aufnahme** | TT.MM.JJJJ | Aufnahmedatum |
| **Tag der Entlassung** | TT.MM.JJJJ | Entlassungsdatum |
| **Einweisungsdiagnose** | Drei- bis fünfstellige alphanumerische Systematik | ICD-10-Diagnosen |
| **Aufnahmediagnose** | Drei- bis fünfstellige alphanumerische Systematik | ICD-10-Diagnosen |
| **Hauptdiagnose (bei Entlassung)** | Drei- bis fünfstellige alphanumerische Systematik | ICD-10-Diagnosen |
| **Hauptdiagnose eines Krankenhausfalls** | Drei- bis fünfstellige alphanumerische Systematik | ICD-10-Diagnosen |
| **Nebendiagnosen** | Drei- bis fünfstellige alphanumerische Systematik | Weitere abrechnungsrelevante Diagnosen und Komplikationen; Sternchendiagnosen werden häufig in den Nebendiagnosen codiert |
| **OPS** | Fünfstellige Nummer | OPS-Schlüssel: Im KHS-Fall wird der Hauptoperationsschlüssel gespeichert |
| **Operationsdatum** | TT.MM.JJJJ | Tag der Operation |
| **DRG** | Drei- bis fünfstellige alphanumerische Systematik | Abgerechnete DRG |
| **Kosten DRG-Betrag** | Euro-Betrag | Kosten aus Perspektive der Krankenversicherung in € |
| **ICD Typ** | Aufnahme-, Entlassungs-Haupt- oder Nebendiagnose | Herkunft der Diagnose |
| **Aufnahmegrund** | Z. B. Notfall | Grund der Aufnahme |
| **Entlassungsgrund** | Reguläre Entlassung, Entlassung auf Patientenwunsch, Verlegung, Tod des Patienten | Grund der Entlassung |

| Variable | Mögliche Ausprägungen | Erläuterung |
|---|---|---|
| **Art der stationären Behandlung** | Vollstationär, teilstationär, vorstationär, nachstationär, ambulante OP im KH, Sonstige | Art der stationären Behandlung |
| **Beatmungsstunden** | Numerischer Ausdruck in Stunden | Dauer einer künstlichen Beatmung in Stunden |
| **Aufnehmende Fachabteilung** | Innere Medizin etc. | Codierung der Fachabteilung, welche den Patienten aufnimmt |
| **Entlassende Fachabteilung** | Kardiologie etc. | Codierung der Fachabteilung, welche den Patienten entlässt |
| **IK-Nummer des Krankenhauses** | Zehnstellige Nummer | Anonymisierte Identifikationsnummer der Institution (ergänzt durch die Art der Institution und regionale Zuordnung) |

Quelle: Eigene Darstellung in Anlehnung an § 301 SGB V; Vauth 2010, Zeidler und Braun 2012, Grobe 2005, Müller-Bergfort und Fritze 2007, GKV-Datenaustausch.

### 4.3.4 Arzneimitteldaten

Die Apotheken rechnen nicht unmittelbar mit den Krankenkassen ab, sondern können für die elektronische Übermittlung der Daten die Unterstützung von Rechenzentren in Anspruch nehmen. In § 300 SGB V werden die Apotheken verpflichtet, die Verordnungsblätter oder die elektronischen Verordnungsdatensätze an die Krankenkassen weiterzuleiten. Diese enthalten Informationen zur Facharztgruppe des verordnenden Arztes, zum Ausstellungsdatum der Verordnung und zum Abgabedatum des Präparates sowie zur siebenstelligen Pharmazentralnummer (PZN). Die PZN in Kombination mit dem Anatomisch-Therapeutisch-Chemischen (ATC) Klassifikationssystem ermöglicht die Ergänzung weiterer relevanter Informationen wie z. B. Packungsgröße, Darreichungsform, definierte Tagesdosis (engl.: Defined Daily Dose, DDD), Hersteller sowie Handelsnamen (§ 300 SGB V)[144, 145]. Zu beachten ist, dass es sich bei den DDD um eine rechnerische Größe handelt und diese nicht mit der therapeutischen bzw. empfohlenen Dosis (Dose of Supply) zu verwechseln ist[146]. Die tatsäch-

144 Vauth 2010
145 LAUER-FISCHER GmbH
146 Gesundheitsberichtsertattung des Bundes (gbe-Bund)

lich verordnete Tagesdosis entspricht daher nicht zwingend der DDD. Des Weiteren existiert in den Arzneimitteldaten eine Kennzeichnung für Hilfsmittel. Hilfsmittel können auch von der Apotheke abgegeben werden und treten dadurch gelegentlich in den Arzneimitteldaten auf. Die Variable »Hilfsmittelkennzeichen« kann diese identifizieren und zu einer besseren Trennung von Arznei- und Hilfsmitteln beitragen. Der Weg eines Arzneimittels von der Verordnung durch den Arzt auf dem Rezeptblatt bis zur Vergütung verläuft bundeseinheitlich und bei allen Krankenkassen gleich[147]. Anzuführen ist, dass unterschiedliche Rezeptarten existieren, die mit unterschiedlichen Rezeptfarben (rosa, blau, gelb, grün) gekennzeichnet sind. Das häufigste und für die gesetzlichen Krankenkassen relevanteste Rezept ist das rosafarbene Kassenrezept (siehe Abbildung 7). Bei diesem Rezept erstatten die gesetzlichen Krankenkassen die anfallenden Kosten, somit sind die enthaltenen Informationen in den GKV-Routinedaten ersichtlich. Des Weiteren können in der Verordnungspraxis auch ein blaues Privatrezept sowie ein gelbes Rezept für Betäubungsmittel ausgestellt werden. Die Kosten für das blaue Rezept werden vom Patienten selbst getragen und sind somit nicht in den Routinedaten sichtbar. Da bei die Verordnung von starken Schmerzmitteln oder Betäubungsmitteln strenge Auflagen und Reglementierungen gelten, werden diese auf einem speziellen gelben Rezept verordnet und haben eine geringere Gültigkeitsdauer (näheres zu Rezeptgültigkeiten der einzelnen Rezeptfarben siehe Abschnitt 7.2 Datenauffälligkeiten). Das grüne Rezept stellt eine Arztempfehlung für nicht-verschreibungspflichtige Arzneimittel (engl.: Over the Counter (OTC)) dar. Die Kosten dieser OTC-Präparate sind ebenfalls überwiegend nicht in den Routinedaten dokumentiert, da der Patient selbst die Kosten übernimmt und die Krankenkassen diese Präparate nur in Ausnahmefällen zahlen. Diese Art von Rezept hat sich als Merkhilfe für Patienten etabliert und soll das Arzt-Patienten-Verhältnis stärken[148].

In den Arzneimitteldaten der Krankenkassen sind lediglich Informationen zu verschreibungspflichtigen Arzneimitteln enthalten. Nichtapothekenpflichtige Arzneimittel ohne Rezept, d. h. privat in der Apotheke erworbene Arzneimittel, die sogenannten OTC-Arzneimittel, werden meist nicht erfasst. Weiterhin sind in den GKV-Routinedaten die Verordnungen zulasten der privaten Krankenversicherung sowie in Krankenhäusern ab-

147 Nink et al. 2005
148 HNO Nachrichten 2010

*Abbildung 7: Rezeptblatt*

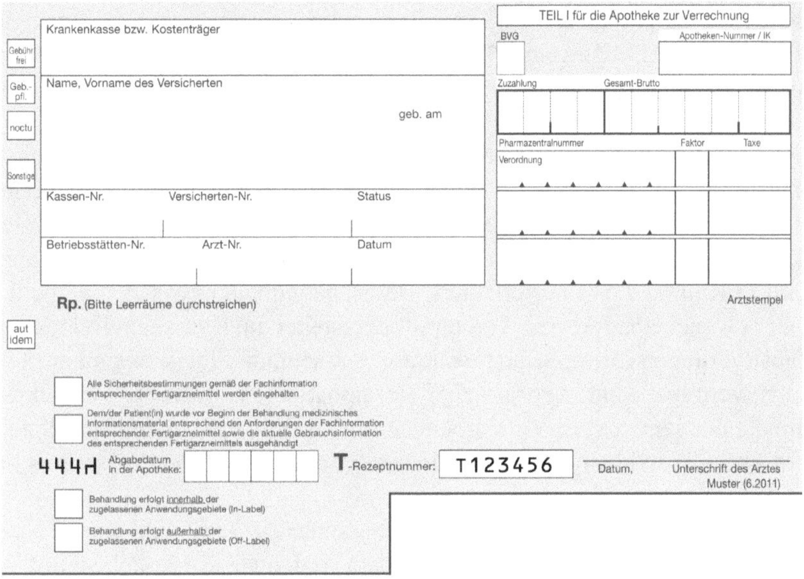
Gebühr frei
Geb.-pfl.
noctu
Sonstige
Krankenkasse bzw. Kostenträger
Name, Vorname des Versicherten
geb. am
Kassen-Nr. Versicherten-Nr. Status
Betriebsstätten-Nr. Arzt-Nr. Datum
TEIL I für die Apotheke zur Verrechnung
BVG
Apotheken-Nummer / IK
Zuzahlung Gesamt-Brutto
Pharmazentralnummer Faktor Taxe
Verordnung
Rp. (Bitte Leerräume durchstreichen)
Arztstempel
aut idem
Alle Sicherheitsbestimmungen gemäß der Fachinformation entsprechender Fertigarzneimittel werden eingehalten
Dem/der Patient(in) wurde vor Beginn der Behandlung medizinisches Informationsmaterial entsprechend den Anforderungen der Fachinformation entsprechender Fertigarzneimittel sowie die aktuelle Gebrauchsinformation des entsprechenden Fertigarzneimittels ausgehändigt
444H Abgabedatum in der Apotheke:
T-Rezeptnummer: T123456
Datum, Unterschrift des Arztes
Muster (6.2011)
Behandlung erfolgt innerhalb der zugelassenen Anwendungsgebiete (In-Label)
Behandlung erfolgt außerhalb der zugelassenen Anwendungsgebiete (Off-Label)

Quelle: Bundesinstitut für Arzneimittel und Medizinprodukte; Kassenärztliche Bundesvereinigung (KBV), Kaufmännische Krankenkasse (KKH).

gegebene Arzneimittel, sofern diese nicht über eine OPS codiert werden können, nicht dokumentiert.

Eine sinnvolle Ergänzung der Arzneimittelabrechnungsdaten bilden der GKV-Arzneimittelindex des WIdO[149] sowie die LAUER-Taxe[150]. Diese beiden Datenbanken können herangezogen werden, wenn einzelne Informationen nicht vollständig bzw. fehlerhaft übermittelt wurden. So können beispielsweise anhand der PZN der dazugehörige ATC-Code, die Packungsgröße und Dosierung sowie die Darreichungsform über die LAUER-Taxe ermittelt und fehlende Informationen in der Routinedatenbank ergänzt werden. Über die LAUER-Taxe können auch weitere Hintergrundinformationen generiert werden; so ist beispielsweise der Beipackzettel mit allen wichtigen Patienteninformationen dort individuell für jede PZN hinterlegt.

149 Wissenschaftliches Institut der AOK (WIdO)
150 LAUER-FISCHER GmbH

In den Arzneimitteldaten der gesetzlichen Krankenkassen sind auch Informationen zu den entstandenen Kosten zu finden. Bei Kostenanalysen ist jedoch darauf zu achten, welche Art von Kosten die Krankenkasse übermittelt hat. Sogenannte Bruttokosten des Arzneimittels spiegeln den Apothekenabgabepreis wider. Diese berücksichtigen allerdings keine Rabatte oder Zuzahlungen der Versicherten. Für eine Kostenermittlung aus der Perspektive der Krankenkassen müssten diese Komponenten allerdings noch abgezogen werden, um sogenannte Nettokosten zu kalkulieren[151]. Aus wettbewerbsstrategischen Gründen erhalten Forscher meist lediglich die Bruttokosten. Wie mit Zuzahlungen umgegangen werden kann, wird in Kapitel 7.5 näher erläutert. Bei Rabatten kann zwischen einheitlichen Zwangsrabatten der Arzneimittelhersteller und kassenindividuellen Rabattverträgen differenziert werden. Kassenindividuelle Arzneimittel-Rabattverträge sind vertragliche Vereinbarungen zwischen einzelnen Krankenkassen bzw. deren Verbänden und einzelnen Arzneimittelherstellern über die exklusive Abgabe einzelner Arzneimittel des Herstellers an die Versicherten.

Eine Neuerung ergibt sich seit dem 1. Januar 2013. So sind alle PZN ab diesem Zeitpunkt (Abgabedatum ab dem 1. Januar 2013) achtstellig zu formatieren und nicht wie vorher lediglich siebenstellig (GKV-Datenaustausch (b); GKV-Datenaustausch (f)). Bei Auswertungen vor und nach diesem Datum ist diese Änderung zu beachten. Des Weiteren können veraltete PZN neu vergeben werden. Bei langen Untersuchungszeiträumen könnte dies eine Herausforderung bei der Analyse darstellen und PZN-Doppelungen zur Folge haben.

Detaillierte Analysen von Verordnungsprofilen sind auf Basis der Arzneimitteldaten sowie durch die Verknüpfung von Verordnungs- und Leistungsdaten aus anderen Leistungsbereichen möglich. So können beispielsweise indikationsspezifische Medikationsmuster aus dem Alltagsgeschehen untersucht werden (siehe Kapitel 4.4.5).

Einen Überblick über die relevanten Variablen im Arzneimittelbereich gibt nachfolgend Tabelle 6.

---

151 Prenzler et al. 2010

*Tabelle 6: Variablenbeschreibung der Arzneimitteldaten*

| Variable | Mögliche Ausprägungen | Erläuterung |
|---|---|---|
| **Identifikationsnummer** | Ziffernfolge oder Buchstaben-/ Zahlenkombination | Anonymisierte Versicherten-ID; dient als Primärschlüssel und zur personenbezogenen Zuordnung der Leistungen |
| **ATC-Codierung** | Alphanumerische Systematik | Code nach ATC-Klassifikation (z. B. N05AA01) |
| **PZN** | Ehemals siebenstellige, seit dem 1. Januar 2013 achtstellige numerische Systematik | Offizielle Pharmazentralnummer |
| **Datum der Ausstellung** | TT.MM.JJJJ | Datum der Verordnungsblatt-Ausstellung |
| **Datum der Abgabe** | TT.MM.JJJJ | Datum der Verordnungsblatt-Abgabe bei der Apotheke |
| **Anzahl** | Numerischer Ausdruck | Verordnete Menge je Einzelzeile (in der Regel entspricht dies der Anzahl der Packungen) |
| **Bruttokosten** | Euro-Betrag | Kosten in € (Apothekenabgabepreis) |
| **Nettokosten** | Euro-Betrag | Kosten aus Perspektive der Krankenversicherung in € |
| **DDD** | Einheit (g/mg/mcg/mcm) und Darreichungsform (nasal, oral, subkutan) oder Tage | Defined Daily Doses, definierte Tagesdosis bei Arzneimitteln |
| **Hilfsmittelkennzeichen** | ja/nein | Angabe, ob es sich um ein Hilfsmittel handelt |
| **Zuzahlungen** | Euro-Betrag | Höhe der Zuzahlungen des Patienten |

Quelle: Eigene Darstellung in Anlehnung an § 300 SGB V; Grobe und Ihle 2005, Vauth 2010, Zeidler und Braun 2012, GKV-Datenaustausch.

### 4.3.5 Heil- und Hilfsmitteldaten

Heil- und Hilfsmittel fallen unter die Abrechnung sonstiger Leistungserbringer, die in § 302 SGB V geregelt sind. In § 302 SGB V Abs. 1 wird der Leistungserbringer verpflichtet, den Krankenkassen die erbrachten Leistungen per elektronischer Datenübertragung oder auf einem Datenträger zu melden. Hierbei müssen folgende Informationen grundsätzlich geliefert werden: Art, Menge und Preis der Leistung sowie Datum der Verordnung des Arztes, Tag der Leistungserbringung bzw. -bereitstellung sowie die Arztnummer. Diese Informationen finden sich einheitlich auf dem Verordnungsblatt, das der Versicherte von dem verordnenden Arzt erhält[152]. Neben den gelieferten Variablen existiert häufig – ähnlich wie bei den ambulanten Daten – eine Verknüpfungsvariable, die es ermöglicht mehrere Tabellen bzw. Datenblätter miteinander zu verknüpfen. Zum Tragen kommt diese Variable, wenn beispielsweise Leistungs- und Verschreibungsdaten separat verwaltet werden.

Häufig werden Heil- und Hilfsmittel in einem gemeinsamen Datawarehouse geführt und auch gebündelt an den jeweiligen Forscher übermittelt. Dennoch bestehen erhebliche Unterschiede in der Form der Leistungserbringung und im Abrechnungsprozess zwischen den beiden Leistungsarten. So werden Heilmittel durch Therapeuten und meist in mehreren Sitzungen abgegeben. Hilfsmittel hingegen werden von der Apotheke oder vom Sanitätsfachhandel ausgehändigt. Diese Heterogenität ist auch aus methodischer Sicht zu beachten. So sind beispielsweise die Heilmittelpositionsnummern fünfstellig und die Hilfsmittelpositionsnummern zehnstellig, was bei gemeinsamen Auswertungen Beachtung finden muss. Des Weiteren ist es möglich, dass Hilfsmittel, die nicht im GKV-Hilfsmittelverzeichnis aufgeführt sind, von den gesetzlichen Krankenkassen übernommen wurden, hierfür sind dann keine bzw. ausschließlich Sonderhilfsmittelpositionsnummern verfügbar. Das GKV-Hilfsmittelverzeichnis dient lediglich als eine Orientierungs- und Auslegungshilfe. Anzumerken ist weiterhin, dass Hilfsmittel nicht budgetrelevant für den behandelnden Arzt sind und es keine Richtgrößen, d. h. Geldwerte der Hilfsmittel, die ein Arzt pro Quartal und Patient verordnen kann, gibt[153].

Der Abrechnungsweg von Heilmitteln kann wie folgt beschrieben werden: von den jeweiligen Leistungserbringern (Physiotherapeut, Masseur o. Ä.) wird das Verordnungsblatt als Abrechnungsbeleg – entweder unmittelbar oder über ein entsprechendes Abrechnungszentrum – an die jeweilige Krankenkasse weitergeleitet. Bei Inanspruchnahme des Heilmittels fügt der Leistungserbringer weitere Informationen, wie das Institutionskennzeichen, die Kosten des Heilmittels und Zuzahlungen des Versicherten, hin-

152 Schröder et al. 2005
153 REHADAT – Hilfsmittelportal

zu[154]. Alle diese Variablen können auch in den Heil- und Hilfsmitteldaten der GKV wiedergefunden werden. Siehe hierzu nachfolgend Tabelle 7:

*Tabelle 7: Variablenbeschreibung der Heil- und Hilfsmitteldaten*

| Variable | Mögliche Ausprägungen | Erläuterung |
|---|---|---|
| **Identifikations-nummer** | Ziffernfolge oder Buchstaben-/ Zahlenkombination | Anonymisierte Versicherten-ID; dient als Primärschlüssel und zur personenbezogenen Zuordnung der Leistungen |
| **Datum der Verordnung** | TT.MM.JJJJ | Datum der Verordnungsausstellung |
| **Datum der Abgabe/ Erbringung** | TT.MM.JJJJ | Datum der Leistungserbringung bei Heilmitteln und Rezepteinlösung bei Hilfsmitteln |
| **Positionsnummer** | Numerischer Ausdruck z. B. 5-stellige Heilmittelpositionsnummer oder 10-stellige Hilfsmittelpositionsnummer | Art des Heil-/Hilfsmittels |
| **Anzahl** | Numerischer Ausdruck | Menge je Einzelzeile |
| **Kosten** | Euro-Betrag | Kosten aus Perspektive der Krankenversicherung in € (Nettokosten) |
| **Arzt-/Behandler-nummer** | Numerischer Ausdruck | Arztnummer und KV-Behandlernummer werden in einer Variablen zusammengefasst |
| **Kennzeichen Hilfsmittel** | Z. B. Neulieferung, Reparatur, Wiedereinsatz, Miete, Nachlieferung, Zurichtung, Abgabe eines von der Verordnung abweichenden, höherwertigen Hilfsmittels etc. | Hilfsmittelerbringer haben bei der maschinellen Abrechnung über den Datenträgeraustausch nach § 302 SGB V das Feld "Kennzeichen Hilfsmittel" auszufüllen, wenn ein bestimmter Sachverhalt für die Leistungserbringung zutrifft. Dieses Kennzeichen ist für das jeweilige Hilfsmittel dem Vertrag zu entnehmen |
| **Verknüpfungs-variable** | Numerischer Ausdruck | Verordnungs-ID zum Verknüpfen der Tabellen |

Quelle: Eigene Darstellung in Anlehnung an §§ 92, 124, 139, 302 SGB V; Grobe und Ihle 2005, Vauth 2010 sowie Zeidler und Braun 2012.

154 Schröder et al. 2005

### 4.3.6 Arbeitsunfähigkeitsdaten und Krankengeld

Die Krankenkassen erhalten Informationen über die Arbeitsunfähigkeit (AU) des Versicherten auf Grundlage des Entgeltfortzahlungsgesetzes[155]. Die vom behandelnden Arzt ausgestellte AU-Bescheinigung wird umgehend an die Krankenkasse weitergeleitet und enthält Informationen über den Befund und die voraussichtliche Krankheitsdauer (§ 295 Abs. 1, Nr. 1 SGB V). Die Inhalte und Form der AU-Daten sind explizit nicht per Gesetz geregelt. Jedoch existieren Musterformulare, die überwiegend verwendet werden[156].

Die Arbeitsunfähigkeitsdaten sind ein wichtiger Indikator für fehlzeitenbedingte Produktivitätsausfälle oder können beispielsweise für Untersuchungen des betrieblichen Gesundheitsmanagements genutzt werden. Sie beinhalten das Anfangs- und Enddatum der Krankschreibung, die Anzahl an Krankengeldtagen sowie die Höhe des gezahlten Krankentagegeldes. Zu beachten ist jedoch, dass nicht für alle Personen Arbeitsunfähigkeiten gemeldet werden müssen. Hierzu zählen Freiberufler und Selbständige, Schüler, Studenten, Rentner sowie Arbeitslose. Auch eine Kurzzeitarbeitsunfähigkeit bis zu einer Dauer von drei Tagen muss nicht zwangsläufig gemeldet werden, da manche Arbeitgeber bei Krankheit von weniger als drei Tagen keine Bescheinigung verlangen[157] (siehe ebenfalls Kapitel 8).

In der Versorgungsrealität werden häufig für einen Fall viele unterschiedliche AU-Diagnosen codiert. Diese stehen gleichwertig nebeneinander, sodass nicht ersichtlich ist, welche Diagnose oder Diagnosekombination primär zur AU geführt hat. Die Erstellung einer Hierarchie ist hierbei nicht möglich. Des Weiteren ist selten ein genaues Datum der Krankengeldzahlung vorhanden. Eine Zuordnung zu Zeiträumen, wenn das Krankengeld über mehrere Monate gezahlt wird, ist daher mit Herausforderungen verbunden.

Tabelle 8 gibt einen Überblick über die relevanten Variablen in den Daten zur Arbeitsunfähigkeit und zum Krankengeld.

155 EntgFG 2012
156 Bödeker 2005
157 Bödeker 2005

*Tabelle 8: Variablenbeschreibung der Arbeitsunfähigkeitsdaten und des Krankengeldes*

| Variable | Mögliche Ausprägungen | Erläuterung |
|---|---|---|
| **Identifikations-nummer** | Ziffernfolge oder Buchstaben-/Zahlen-kombination | Anonymisierte Versicherten-ID; dient als Primärschlüssel und zur personenbezogenen Zuordnung der Leistungen |
| **Beginn Arbeits-unfähigkeit** | TT.MM.JJJJ | Anfangsdatum der Arbeitsunfähigkeit |
| **Ende Arbeitsun-fähigkeit** | TT.MM.JJJJ | Enddatum der Arbeitsunfähigkeit |
| **Anzahl Arbeits-unfähigkeitstage** | Numerischer Ausdruck (in Tagen) | Länge der Arbeitsunfähigkeit in Tagen |
| **Diagnosen** | Drei- bis fünfstellige alphanumerische Systematik (z. B. M5419) | ICD-10-Diagnose |
| **Beginn Krankengeld** | TT.MM.JJJJ | Anfangsdatum der Krankengeldzahlung |
| **Ende Krankengeld** | TT.MM.JJJJ | Enddatum der Krankengeld-zahlung |
| **Krankengeldtage** | Numerischer Ausdruck (AU-Tage z. B. 2) | Tage des Krankengeldbezugs |
| **Betrag Krankengeld** | Geldbetrag in € | Kosten aus Perspektive der Krankenversicherung in € |
| **Facharztgruppe** | Alphanumerischer Ausdruck (z. B. G06 Innere Medizin) | Facharztgruppe des jeweiligen behandelnden Arztes |
| **KV-Behandler-nummer** | Numerischer Ausdruck | Lebenslange Arztnummer |

Quelle: Eigene Darstellung in Anlehnung an § 300 SGB V, Grobe und Ihle 2005, Vauth 2010 sowie Zeidler und Braun 2012.

### 4.3.7 Rehabilitation

Die medizinische Rehabilitation verfolgt das Ziel, durch frühzeitige Einleitung der gebotenen Maßnahmen Behinderungen einschließlich chronischer Krankheiten abzuwenden, zu beseitigen, zu mindern, auszugleichen oder eine Verschlimmerung zu verhüten. Darüber hinaus ist das Ziel der medizinischen Rehabilitation, Einschränkungen der Erwerbsfähigkeit und Pflegebedürftigkeit zu vermeiden, zu überwinden, zu mindern, eine Verschlimmerung zu verhüten sowie den vorzeitigen Bezug von laufenden

Sozialleistungen zu vermeiden oder laufende Sozialleistungen zu mindern (SGB IX § 26 Abs. 1 Nr. 1 und Nr. 2)[158].

Die Leistungen zur medizinischen Rehabilitation werden in Deutschland durch verschiedene Sozialleistungsträger finanziert. Zu den sogenannten Rehabilitationsträgern zählen insbesondere die gesetzlichen Krankenkassen, die gesetzliche Rentenversicherung und die gesetzliche Unfallversicherung. Die Gliederung des Systems der Rehabilitation ist historisch gewachsen. Die Zuständigkeit der verschiedenen Kostenträger ist nach dem sogenannten Prinzip der Risikozuordnung geregelt[159]. Gemäß diesem Prinzip ist derjenige Sozialleistungsträger für die Finanzierung einer Rehabilitationsmaßnahme zuständig, der das finanzielle Risiko eines Scheiterns der Rehabilitationsleistung zu tragen hätte. Denn gerade dieser Träger hat ein besonderes Interesse daran, eine Rehabilitationsmaßnahme erfolgreich abzuschließen, um weitere Leistungsansprüche zu vermeiden. Die gesetzliche Krankenversicherung ist nach diesem Prinzip vor allem für Kinder und Jugendliche, nicht berufstätige Erwachsene und Rentner der zuständige Leistungsträger. Die Abrechnung der entstandenen Kosten erfolgt in der Regel direkt zwischen der Krankenversicherung und der Rehabilitationsklinik. Die Höhe der Erstattungsbeträge wird dabei häufig individuell zwischen der Krankenkasse und der Rehabilitationsklinik verhandelt.

Die gesetzliche Krankenversicherung verfügt nur bei Rehabilitationsmaßnahmen über detaillierte Informationen, für deren Finanzierung sie auch zuständig ist. Bei Rehabilitationsmaßnahmen, die beispielsweise durch die Rentenversicherung finanziert werden, kann die Krankenkasse hingegen in der Regel auf keine oder nur sehr eingeschränkte Abrechnungsinformationen zurückgreifen (siehe auch Kapitel 8). Nach Antragseingang klären die Leistungsträger untereinander die Zuständigkeit ab. Ist der zuerst angesprochene Leistungsträger nicht zuständig, leitet dieser den Antrag innerhalb einer Frist von 14 Tagen an den Zuständigen weiter. Sofern der Erstantrag über die Krankenkasse gestellt wurde, liegen dort zumindest die Antragsinformationen vor, auch wenn die Leistung letztendlich über einen anderen Kostenträger finanziert wird. Der zuständige Kostenträger ist in diesen Fällen über die Variable »Kostenträger der Rehabilitationsmaßnahme« dokumentiert. Weitere Informationen, wie beispiels-

158 SGB IX 2012
159 Tiedt 1996

weise die Art und Dauer der Rehabilitation sowie die damit verbundenen Kosten, sind in diesen Fällen in der Regel nicht dokumentiert.

Bei der Art der Rehabilitation kann zwischen der Anschlussrehabilitation und der weiterführenden Rehabilitation unterschieden werden. Die Anschlussrehabilitation wird in Form von Heilverfahren in Rehabilitationsfachkliniken durchgeführt, die unmittelbar an eine Krankenhausbehandlung anschließen oder zumindest in einem engen zeitlichen Zusammenhang stehen (maximal 14 Tage nach der Entlassung). In der Systematik der Rentenversicherung wird dieses Verfahren auch als Anschlussheilbehandlung (AHB) bezeichnet. Die AHB wurde entwickelt, um bei akuten Erkrankungen oder Gesundheitsstörungen einen möglichst nahtlosen Übergang vom Akutkrankenhaus in die Rehabilitation zu gewährleisten. Die weiterführende Rehabilitation wird in Form von Heilverfahren bei Patienten mit chronischen Erkrankungen durchgeführt. Die gesetzliche Krankenversicherung zielt dabei auf die Verbesserung der Lebensqualität chronisch Kranker oder die Vermeidung von Pflegebedürftigkeit nach dem Grundsatz »Rehabilitation vor Pflege« ab[160].

Sowohl die Anschlussrehabilitation als auch die weiterführende Rehabilitation können als ambulante oder stationäre Rehabilitationsmaßnahmen durchgeführt werden. Der Unterschied der ambulanten zur stationären Rehabilitation liegt dabei ausschließlich in der täglichen Rückkehr des Patienten in sein häusliches Umfeld, in der Wohnortnähe der Maßnahme und in der damit gegebenen Nutzung lokaler Ressourcen. Der Anteil ambulanter Rehabilitation ist in den letzten Jahren stark gewachsen. Bei GKV-Routinedatenstudien sollten daher in der Regel auch ambulante Rehabilitationen einbezogen werden.

Darüber hinaus liegen für ambulante als auch für stationäre Rehabilitationsmaßnahmen, die durch die gesetzliche Krankenversicherung finanziert wurden, in den Abrechnungsdaten Informationen zur Diagnose, Aufenthaltsdauer sowie den entstandenen Kosten vor. Bei ambulanten Rehabilitationen sollte zur Bestimmung der Rehabilitationsdauer auf die Variable »Anzahl Tage der Rehabilitation« zurückgegriffen werden, da die Differenz zwischen Beginn und Ende der Rehabilitation aufgrund von Unterbrechungen und flexiblen Behandlungsalgorithmen nicht zwangsläufig der tatsächlichen Rehabilitationsdauer entsprechen muss.

---

160 Gutenbrunner und Glaesener 2007

Einen Überblick über die relevanten Variablen in den Rehabilitationsdaten gibt nachfolgend Tabelle 9.

*Tabelle 9: Variablenbeschreibung der Rehabilitationsdaten*

| Variable | Mögliche Ausprägungen | Erläuterung |
|---|---|---|
| **Identifikationsnummer** | Ziffernfolge oder Buchstaben-/ Zahlenkombination | Anonymisierte Versicherten-ID; dient als Primärschlüssel und zur personenbezogenen Zuordnung der Leistungen |
| **Beginn der Rehabilitation** | TT.MM.JJJJ | Datum des Rehabilitationsbeginns |
| **Ende der Rehabilitation** | TT.MM.JJJJ | Datum des Rehabilitationsendes |
| **Anzahl Tage der Rehabilitation** | Numerischer Ausdruck | Dauer der Rehabilitation in Tagen |
| **Diagnose** | Drei- bis fünfstellige alphanumerische Systematik | ICD-10-Diagnose |
| **Art der Rehabilitation** | AR: Anschlussrehabilitation<br>WR: Weiterführende Rehabilitation<br>SR: Stationäre Rehabilitation<br>AR: Ambulante Rehabilitation | Rehabilitationssetting |
| **Kosten** | Euro-Betrag | Kosten aus Perspektive der Krankenversicherung in € |
| **Kostenträger der Rehabilitation** | Krankenkasse, BFA: Bundesversicherungsanstalt für Angestellte, Rentenkasse, Unfallversicherung | Kostenträger |
| **Kurgangskategorie** | Ein- bis zweistelliger Code (z. B. 24 = Ambulante kardiologische Rehabilitation) | Spezifizierung der Rehabilitation |
| **IK-Nummer der Rehabilitationsklinik** | Neunstellige Nummer | Identifikationsnummer der Institution |
| **Arzt-/Behandlernummer** | Numerischer Ausdruck | Arztnummer und KV-Behandlernummer des einweisenden Arztes |

Quelle: Eigene Darstellung in Anlehnung an § 301 (4) SGB V; Grobe und Ihle 2005, Vauth 2010, Zeidler und Braun 2012, GKV-Datenaustausch.

### 4.3.8 Disease-Management-Programme

Im Rahmen der Disease-Management-Programme (DMP) werden detaillierte Daten für chronisch kranke Patienten erhoben und dokumentiert. Grundsätzlich ist die Teilnahme eines Patienten an diesen Programmen freiwillig. Ärzte müssen ihre Teilnahme gegenüber der KV erklären und nach einer Prüfung der Strukturvoraussetzungen die Teilnahme nochmals bestätigen. Eine (elektronische) Teilnahmeerklärung und die Erstdokumentation werden gemeinsam vom Arzt und Patienten ausgefüllt. Die erhobenen Daten werden vollständig sowohl der jeweiligen Krankenkassen als auch der KV übermittelt.

Diese strukturierten Behandlungsprogramme liefern ergänzende und weiterführende Daten zu den eingeschriebenen Versicherten wie z. B. Körpergröße, Gewicht und Raucherstatus. Forschungseinrichtungen sind nach § 137f SGB V befugt, als externe Sachverständige diese Programme zu evaluieren. Dennoch zeigt sich, dass die Daten derzeit noch unzureichend gepflegt sind[161]. Dies könnte daran liegen, dass zunächst die Dokumentation lediglich in Papierform vorlag und erst im späteren Verlauf auf die elektronische Datenverarbeitung umgestellt wurde. Da nicht alle Patienten in diesen Programmen eingeschrieben sind, können die ergänzenden Informationen lediglich für die teilnehmende Subgruppe des Versicherungsbestandes genutzt werden.

Tabelle 10 gibt einen Überblick über die relevanten Variablen in den Daten zu den Disease-Management-Programmen.

*Tabelle 10: Variablenbeschreibung der Daten der Disease-Management-Programme*

| Variable | Mögliche Ausprägungen | Erläuterung |
|---|---|---|
| **Identifikationsnummer** | Ziffernfolge oder Buchstaben-/ Zahlenkombination | Anonymisierte Versicherten-ID; dient als Primärschlüssel und zur personenbezogenen Zuordnung der Leistungen |
| **Beginndatum der DMP-Teilnahme** | TT.MM.JJJJ | Datum des DMP-Teilnahmebeginns |
| **Enddatum der DMP-Teilnahme** | TT.MM.JJJJ | Datum des DMP-Teilnahmeendes |

161 Horenkamp-Sonntag und Linder 2012

| Variable | Mögliche Ausprägungen | Erläuterung |
|---|---|---|
| **Art des DM-Programms** | Brustkrebs, Diabetes mellitus Typ II, Koronare Herzkrankheit (KHK), Diabetes mellitus Typ I, Chronisch obstruktive Atemwegserkrankungen (COPD), Asthma bronchiale | Indikation des DM-Programms |
| **Körpergewicht des Versicherten** | Numerischer Ausdruck in kg | Körpergewicht des Versicherten |
| **Körpergröße des Versicherten** | Numerischer Ausdruck, Größe in cm | Körpergröße des Versicherten |
| **Raucherstaus** | J = Ja, N = Nein | Raucherstaus des Versicherten |
| **ACE-Hemmer** | J = Ja, N = Nein, K = Kontraindikation, NK = Nein und Kontraindikation | Angaben zur Einnahme von ACE-Hemmern |
| **Betablocker** | J = Ja, N = Nein, K = Kontraindikation, NK = Nein und Kontraindikation | Angaben zur Einnahme von Betablockern |
| **HMG-CoA-Reduktase-Hemmer** | J = Ja, N = Nein, K = Kontraindikation, NK = Nein und Kontraindikation | Angaben zur Einnahme von HMG-CoA-Reduktase-Hemmern |
| **Thrombozytenaggregationshemmer** | J = Ja, N = Nein, K = Kontraindikation, NK = Nein und Kontraindikation | Angaben zur Einnahme von Thrombozytenaggregationshemmern |
| **Modulteilnahme – Chronische Herzinsuffizienz** | J = Ja, N = Nein | Modulteilnahme des Versicherten – Chronische Herzinsuffizienz |
| **Serum-Kreatinin** | Serumkreatinin in mg/dl | Angaben zum Serumkreatinin-Gehalt im Urin |
| **Serum-Elektrolyte** | B = Bestimmt, N = Nicht bestimmt, leer = keine Informationen im Dokumentationsdatensatz übermittelt (nur bei gleichzeitiger Teilnahme am Modul Herzinsuffizienz ist diese Angabe verpflichtend) | Laborparameter; gibt Auskunft über die Konzentrationen von Elektrolyten im Blut wider |
| **Serum-KR_mol** | Serumkreatinin in µmol/l | Serumkreatinin ist ein Laborparameter, der zur groben Abschätzung der Nierenfunktion bestimmt wird |

Quelle: Eigene Darstellung in Anlehnung an Reinhold et al. 2011a.

### 4.3.9 Daten der Institutsambulanzen

Psychiatrische Fachkrankenhäuser sowie psychiatrische Abteilungen an Allgemeinkrankenhäusern sind gemäß § 118 SGB V zur Einrichtung psychiatrischer Institutsambulanzen (PIA) ermächtigt. Versicherte, die wegen Art, Schwere oder Dauer ihrer Erkrankung oder wegen zu großer Entfernung zu geeigneten Fachärzten auf eine ambulante psychiatrische oder psychotherapeutische Behandlung angewiesen sind, können diese in einer PIA in Anspruch nehmen. Die PIA-Behandlung ist bei chronischen oder chronisch rezidivierenden psychischen Krankheiten indiziert, zu denen insbesondere Schizophrenien, affektive Störungen und schwere Persönlichkeitsstörungen sowie Suchtkrankheiten mit Komorbidität und gerontopsychiatrische Krankheiten gehören[162]. Der Patientenzugang erfolgt durch die Überweisung einer psychiatrischen Abteilung oder eines niedergelassenen Vertragsarztes. Das Leistungsspektrum der PIA umfasst das gesamte Spektrum psychiatrisch-psychotherapeutischer Diagnostik und Therapie. In Deutschland besteht eine fast flächendeckende Versorgung mit PIA[163].

Die Leistungen der PIA werden gemäß § 120 SGB V unmittelbar von den Krankenkassen vergütet. Die Vergütung erfolgt außerhalb des vertragsärztlichen Gesamtbudgets, wobei drei unterschiedliche Vergütungsmodelle zum Einsatz kommen können[164]. Dabei sind sowohl Quartalspauschalen, eine Vergütung nach besonderen Komplexleistungen als auch eine Vergütung nach EBM möglich. Für Versicherte, die in pauschaliert vergüteten PIA behandelt werden, liegen in den Routinedaten der Krankenkassen häufig keine detaillierten Informationen zu der PIA-Behandlung vor. In diesen Fällen sind weder ICD-Diagnosen noch Informationen zu den im Detail erbrachten Leistungen dokumentiert. Es können lediglich Informationen zu eingegangenen Rechnungen sowie das Buchungsdatum extrahiert werden (siehe Kapitel 8). Diese Informationen können jedoch zumindest einen Hinweis darauf geben, wie viele Versicherte durch PIA behandelt wurden und zu welchen Kosten diese Behandlung geführt hat.

Neben den PIA existieren im deutschen Gesundheitssystem eine Reihe weiterer Ambulanzen. Als Beispiel können geriatrische Institutsambulanzen, die zu einer strukturierten und koordinierten ambulanten geriatrischen

162 Melchinger 2008
163 Melchinger 2008
164 Melchinger 2008

Versorgung von Versicherten ermächtigt sind, genannt werden (§ 118a SGB V). Bei Studien, die Krankheitsbilder beinhalten, die in Institutsambulanzen behandelt werden können, sollte mit dem Dateneigner die Datenverfügbarkeit abgestimmt werden. Potenzielle Informationsdefizite sind bei der Studienplanung zu berücksichtigen.

Tabelle 11 gibt einen Überblick über die relevanten Variablen in den Daten zu den Institutsambulanzen.

*Tabelle 11: Variablenbeschreibung der Institutsambulanzen*

| **Variable** | **Mögliche Ausprägungen** | **Erläuterung** |
|---|---|---|
| **Identifikations-nummer** | Ziffernfolge oder Buchstaben-/Zahlen-kombination | Anonymisierte Versicherten-ID; dient als Primärschlüssel und zur personenbezogenen Zuordnung der Leistungen |
| **Buchungsdatum** | TT.MM.JJJJ | Datum der Rechnung |
| **Buchungsbetrag** | Kosten in € | Kosten aus Perspektive der Krankenversicherung in € |

Quelle: Eigene Darstellung.

| **Allgemeine Empfehlungen zu den Datenkategorien** |
|---|
| • Bei der Studienplanung sollten alle relevanten Variablen definiert und die Verfügbarkeit mit der Krankenkasse abgestimmt werden<br>• Der Prozess der Datenerhebung und -übermittlung muss bei der qualitativen Beurteilung der einzelnen Variablen berücksichtigt werden<br>• Die Aussagekraft und Validität der einzelnen Variablen muss gemeinsam mit der Krankenkasse im Hinblick auf die Forschungsfragen evaluiert und gesichert werden<br>• Die Ergänzung fehlender Information aus weiteren Datenquellen sollte geprüft werden<br>• Dem Grundsatz der Datensparsamkeit ist Rechnung zu tragen<br>• Die Limitationen der Variablen sind zu berücksichtigen (siehe Kapitel 8) |

## *4.4 Ausgewählte Studienformen*

Die Studiendesigns und Fragestellungen, die mit Routinedaten der gesetzlichen Krankenkassen durchgeführt und beantwortet werden können, sind sehr vielfältig. So wird diese Datenquelle zum Beispiel für die Versorgungsforschung[165] und als Input-Faktor für Modellierungsstudien[166] genutzt. Einige Studien wiederum sind rein epidemiologischer Natur und berechnen auf Basis von GKV-Routinedaten epidemiologische Maßzahlen wie Erkrankungsinzidenzen[167]. Andere Studien interessieren sich für den klinischen Verlauf von Erkrankungen und stellen beispielsweise Komplikationsraten in den Mittelpunkt. Bei Krankheitskostenstudien liegt der Fokus hingegen eher auf den Ressourcenverbräuchen und deren monetärer Bewertung[168]. Darüber hinaus existieren Studien, die sich mit der Analyse regionaler Unterschiede[169] oder der Leitlinienkonformität der Patientenbehandlung beschäftigen[170, 171]. Im Folgenden werden ausgewählte Analysemöglichkeiten vorgestellt und Stärken sowie Schwächen diskutiert. Ein Anspruch auf Vollständigkeit kann aufgrund der Vielfalt an Fragestellungen und möglichen Studiendesigns jedoch nicht erhoben werden.

### 4.4.1 Gesundheitsökonomische Evaluation

Der Bedarf an standardisierten gesundheitsökonomischen Bewertungen, die Informationen über die Kosten und Effekte medizinischer Verfahren bereitstellen, hat in den letzten Jahren in Deutschland stetig zugenommen. Großes Interesse besteht insbesondere an Informationen zum tatsächlichen ökonomischen Einfluss medizinscher Verfahren unter Realbedingungen im Versorgungsalltag. GKV-Routinedaten haben sich als eine sinnvolle Grundlage für gesundheitsökonomische Studien erwiesen[172]. Dies ist vor allem auf ihre originäre Zweckbestimmung zurückzuführen. Da GKV-Routinedaten für Abrechnungszwecke erhoben werden, umfassen sie nahezu alle Ressourcenverbräuche, die einen Erstattungsanspruch an die GKV beinhalten. Daher sind diese Daten besonders geeignet für ökonomische Analysen aus der Perspektive der GKV[173].

---

165 Schubert et al. 2008
166 Frey et al. 2014
167 Pigeot et al. 2006
168 Reinhold et al. 2011a; Brüggenjürgen und Willich 2006
169 Lange et al. 2015
170 Neubauer et al. 2016a
171 Neubauer et al. 2016b
172 Reinhold et al. 2011b; Zeidler und Braun 2012; Schreyögg und Stargardt 2012
173 Reinhold et al. 2011b

Die in gesundheitsökonomischen Studien zu berechnenden Kostenkomponenten lassen sich in direkte, indirekte und intangible Kosten unterscheiden[174]. Unter direkten Kosten werden Ressourcenverbräuche subsumiert, die für medizinische Leistungen in der Prävention, Diagnostik, Behandlung, Rehabilitation und Palliativmedizin (direkte medizinische Kosten) sowie für nicht-medizinische Leistungen (direkte nicht-medizinische Kosten), wie beispielsweise Kosten für Krankentransporte, aufgewendet werden. Sofern die direkten Kostenkomponenten einen Erstattungsanspruch an die GKV besitzen, lassen sie sich in der Regel umfassend durch GKV-Routinedatenanalysen abbilden. Dies gilt beispielsweise für die Kosten stationärer Krankenhausaufenthalte oder die Verordnung erstattungsfähiger Arzneimittel. Direkte Kosten von Leistungen, die durch andere Kostenträger, wie beispielsweise von der Rentenversicherung verwaltete Rehabilitationsmaßnahmen, finanziert werden, lassen sich hingegen auf dieser Datengrundlage nicht abbilden[175]. Gleiches gilt für Leistungen wie beispielsweise individuelle Gesundheitsleistungen (IGeL), die durch die Patienten privat finanziert werden.

Neben den direkten Kosten einer Leistung können auch indirekte Wirkungen bei ökonomischen Studien berücksichtigt werden. Indirekte Kosten erfassen den volkswirtschaftlichen Produktionsverlust aufgrund von krankheitsbedingter Abwesenheit vom Arbeitsplatz, Invalidität oder vorzeitigem Tod. Auf Basis von GKV-Routinedaten lassen sich Informationen aus den Arbeitsunfähigkeitsdaten zur approximativen Berechnung indirekter Kosten heranziehen. Durch eine entsprechende Bewertung können Fehlzeiten, z. B. mittels Humankapitalansatz (für weiterführende Informationen siehe[176]), in indirekte Kosten überführt werden[177]. Zur Berechnung von Produktivitätsverlusten wird gemäß den aktuellen deutschen Empfehlungen zur gesundheitsökonomischen Evaluation die folgende Formel vorgeschlagen[178]:

$$\mathit{Indirekte\ Kosten} = \mathit{Arbeitsunfähigkeitstage} \cdot \frac{\mathit{Arbeitnehmerentgelt\ in\ Deutschland\ pro\ Jahr}}{\mathit{Arbeitnehmer} \cdot 365\ \mathit{Tage}}$$

174 Greiner und Damm 2012
175 Holle et al. 2005
176 Greiner und Damm 2012
177 Reinhold et al. 2011b
178 Greiner und Damm 2012; Graf von der Schulenburg, J.-M. et al. 2007

Die Arbeitsunfähigkeitstage können direkt den Arbeitsunfähigkeitsdaten der Krankenkassen diagnosebezogen entnommen werden. Zur monetären Bewertung der entstandenen Produktivitätsverluste wird das durchschnittliche Arbeitnehmerentgelt herangezogen, das den offiziellen Statistiken des Statistischen Bundesamts entnommen werden kann.

Als dritte Kostenkomponente können intangible Kosten genannt werden, die Faktoren wie Schmerz, Freude oder physische Einschränkungen bezeichnen. Diese Effekte sind per Definition kaum einer monetären Berechnung zu unterziehen und können daher nicht mit GKV-Routinedaten abgebildet werden. Zur Berechnung intangibler Kosten müssen daher andere Datenquellen, beispielsweise Informationen aus Patientenbefragungen, genutzt werden[179].

Die Zurechnung von Kosten auf bestimmte Leistungen hängt von der Perspektive der Untersuchung ab. Neben der Krankenkassenperspektive können hier insbesondere die gesellschaftliche Perspektive, die eine Bewertung aus Sicht der gesamten Volkswirtschaft umfasst, die Perspektive der Leistungserbringer (Ärzte, Krankenhäuser etc.) und die Patientenperspektive genannt werden. Da die Perspektive der Krankenkasse im Wesentlichen direkte Kosten enthält, die sich mit GKV-Routinedaten besonders gut berechnen lassen, bietet sich diese Datenquelle insbesondere für Studien aus der Kostenträgerperspektive an. Sofern indirekte Kosten anhand der Arbeitsunfähigkeitsinformationen berechnet werden, lassen sich die dokumentierten Daten jedoch auch auf die gesellschaftliche Ebene extrapolieren. Auch die Abbildung der Patientenperspektive ist möglich, da anhand der GKV-Routinedaten teilweise z. B. auf die Höhe der Patientenzuzahlungen geschlossen werden kann. Anhand der Informationen aus den Leistungssektoren lässt sich darüber hinaus die Perspektive einzelner Leistungserbringer abbilden[180].

Bei gesundheitsökonomischen Analysen kann zwischen verschiedenen Studienformen unterschieden werden[181]. Dabei wird zwischen Studien mit vergleichendem und ohne vergleichenden Charakter differenziert. Zu den nicht vergleichenden Studientypen zählen Kostenanalysen und Krankheitskostenanalysen. Bei Kostenanalysen werden die mit einer Intervention verbundenen Ressourcenverbräuche einer monetären Bewertung unterzogen. In Krankheitskostenanalysen werden hingegen die Kosten von Er-

179 Greiner und Damm 2012
180 Prenzler et al. 2010
181 Schöffski 2012

krankungen und Ereignissen sowie die Einflussfaktoren der Kosten einzelner Erkrankungen untersucht. Diese Analysen können Informationen bereitstellen, wie stark eine Volkswirtschaft durch bestimmte Krankheiten und deren Folgen belastet wird. Krankheitskostenanalysen dienen somit als Instrument zur Entscheidungsfindung für die Politik, da eine größenmäßige Schätzung der ökonomischen Konsequenzen verschiedenerer Krankheiten die Grundlage rationaler Allokationsprozesse und Prioritätensetzung darstellt[182]. Sowohl Kostenanalysen als auch Krankheitskostenanalysen sind in der Regel auf Basis von GKV-Routinedaten durchführbar[183]. Dabei lassen sich sowohl Querschnittsanalysen (Prävalenzansatz) als auch Längsschnitt- oder Longitudinalanalysen (Inzidenzansatz) umsetzen.

Bei den vergleichenden Studien kann zwischen Kosten-Kosten-, Kosten-Nutzen-, Kosten-Wirksamkeits- und Kosten-Nutzwert-Analysen unterschieden werden (Abbildung 8). Die Wahl der Analyseform hängt vom Untersuchungsgegenstand und dem Zweck der Studie ab.

*Abbildung 8: Systematik gesundheitsökonomischer Evaluationen*

| **vergleichend** | | | | **nicht vergleichend** | |
|---|---|---|---|---|---|
| Kosten-Kosten-Analyse | Kosten-Nutzen-Analyse | Kosten-Wirksamkeits-Analyse | Kosten-Nutzwert-Analyse | Kosten-Analyse | Krankheits-kosten-Analyse |

Quelle: Eigene Darstellung in Anlehnung an Schöffski 2012.

Für die gesundheitsökonomische Evaluation werden häufig vergleichende Studiendesigns eingesetzt. Die einfachste Form stellen Kosten-Kosten-Analysen dar. Hierbei handelt es sich im Prinzip um zwei separate Kosten-Analysen von zwei oder mehr alternativen Maßnahmen mit dem Ziel, die kostengünstigste Alternative zu ermitteln. Dieser Methode liegt die Annahme zugrunde, dass die beiden Maßnahmen zu einem identischen Behandlungsergebnis bzw. Outcome führen. Unter dieser Voraussetzung kann die Beurteilung der Vorteilhaftigkeit auf einen reinen Kostenvergleich reduziert werden. Die Situation der gleichen Wirksamkeit ist im Gesundheitswesen jedoch selten gegeben; als praktisches Beispiel können Generika genannt werden, die in der Regel wirkungsgleich wie das Origi-

182 Reis 2005
183 Reinhold et al. 2011b; Zeidler und Braun 2012

nalpräparat sind[184]. Sofern eine gleiche Wirksamkeit sichergestellt werden kann, eignen sich GKV-Routinedaten hervorragend für Kosten-Kosten-Analysen. So haben beispielsweise Zeidler et al. mit diesem Studiendesign einen Kostenvergleich der ambulanten und stationären Rehabilitation durchgeführt[185]. Dieses Verfahren war möglich, da eine äquivalente Wirksamkeit der ambulanten und stationären Rehabilitation bereits in mehreren Studien nachgewiesen werden konnte.

Die klassische Form von ökonomischen Evaluationen, insbesondere in Bereichen außerhalb des Gesundheitswesens, ist die Kosten-Nutzen-Analyse[186]. Bei diesem Verfahren werden sämtliche Kosten und Nutzen der zu evaluierenden Maßnahmen in Geldeinheiten bewertet. Die gesundheitsökonomische Bewertung von Arzneimitteln kann mit einer Kosten-Nutzen-Analyse beispielsweise erfolgen, indem aus den GKV-Routinedaten zunächst die relevante Zielpopulation identifiziert wird. Dies kann anhand bestimmter Diagnosen sowie weiteren Patienteneigenschaften, wie z. B. Geschlecht, Alter und Region, erfolgen[187] (siehe Kapitel 5). Anschließend kann auf Basis von ATC-Codes oder der Pharmazentralnummer eine bestimmte Medikamentengruppe oder ein konkretes Medikament identifiziert werden. Häufig wird bei gesundheitsökonomischen Analysen auch eine geeignete Kontrollgruppe identifiziert, die das zu untersuchende Medikament nicht eingenommen hat. Die möglichen monetären Nutzeneffekte ergeben sich bei Kosten-Nutzen-Analysen dann durch einen Vergleich der Kosten mit der Vergleichsgruppe. Die monetären Nutzeneffekte werden dabei mit den unterschiedlichen Kostenaufwendungen verrechnet, die zur Realisierung der Intervention erforderlich sind. Kosten-Nutzen-Analysen sind jedoch in Deutschland umstritten, da die Nutzenkomponenten auch intangible Effekte beinhalten, deren Bewertung in Geldeinheiten mit großen Herausforderungen verbunden ist[188]. Auch wenn in den letzten Jahren substanzielle methodische Weiterentwicklungen auf dem Gebiet der monetären Bewertung von Nutzenkomponenten verzeichnet werden konnten, sind GKV-Routinedaten ohne die Ergänzung von Primärdaten nur selten für Kosten-Nutzen-Analysen geeignet.

---

184 Greiner und Damm 2012
185 Zeidler et al. 2008b; Zeidler et al. 2008a
186 Greiner und Damm 2012
187 Reinhold et al. 2011b
188 Greiner und Damm 2012

Kann keine monetäre Bewertung der möglichen mit einer Therapie verbundenen Nutzeneffekte vorgenommen werden, können die Therapieeffekte in Form naturalistischer Parameter gemessen werden. Dabei kommen sogenannte Kosten-Wirksamkeits-Analysen zum Einsatz, welche die nicht unmittelbar in monetäre Einheiten bewertbaren Effekte in naheliegenden natürlichen Einheiten messen. Auf Basis von GKV-Routinedaten können mit diesem Verfahren beispielsweise folgende Outcomes erfasst und berechnet werden[189]:

- Anhand von ICD-10-Codes
  - Kosten pro vermiedenem Event
  - Kosten pro vermiedenem Rezidiv
  - Kosten pro vermiedener Neuerkrankung
- Anhand der Information »Austrittsgrund: Tod«
- Kosten pro vermiedenem Todesfall (gerettetem Menschenleben)
  - Anhand Arzt-/Klinikkontakten
- Kosten pro vermiedenem Krankenhausaufenthalt
- Kosten pro vermiedenem Arztkontakt

Aufgrund der unzureichenden Dokumentation naturalistischer Parameter wie z. B. in Form medizinischer Messwerte (Blutdruckwerte, Tumorstadien, Daten zur Lebensqualität etc.) ist das Potenzial für die Durchführung von Kosten-Wirksamkeits-Analysen auf Basis von GKV-Routinedaten jedoch ebenfalls eingeschränkt[190] (siehe auch Kapitel 8). Dies gilt auch für Kosten-Nutzwert-Analysen, welche die Effekte auf die Lebensqualität und die Lebenserwartung des Patienten anhand standardisierter Nutzwerte, wie beispielsweise mittels des QALY-Konzepts, erfassen. QALY-Werte lassen sich nicht auf Basis von GKV-Routinedaten berechnen, sodass eine Durchführbarkeit nur über die Ergänzung von Primärdaten durch ein Datenlinkage (Kapitel 4.1.3), insbesondere aus Versichertenbefragungen, erreicht werden kann. Die Vor- und Nachteile von Primär- und Sekundärdaten werden durch Schreyögg und Stargardt systematisch gegenübergestellt sowie konkrete Beispiele für routinedatenbasierte ökonomische Studien gegeben (Tabelle 12)[191]. Diese Systematik kann als Entscheidungshilfe bei der Auswahl der Datengrundlage dienen.

---

189 Reinhold et al. 2011b

190 Reinhold et al. 2011b

191 Schreyögg und Stargardt 2012

*Tabelle 12: Charakteristika von Primärdaten versus GKV-Routinedaten für die gesundheitsökonomische Evaluation*

| Vergleichs-kriterium | Primärdaten | GKV-Routinedaten |
|---|---|---|
| **Informationen zu Komorbiditäten** | Umfangreiche Kontrolle über klinische Informationen und ICD-Codes möglich; bietet Vorteile bei vielen Indikationen (zum Beispiel TNM-Stage bei Krebs) | Kontrolle für Komorbiditäten über ICD-Codes, Prozeduren und ATC-Codes; klinische Informationen können ggf. aus anderen Quellen hinzugefügt werden |
| **Informationen zu Kosten/Studien-perspektive** | Ermöglicht prinzipiell Leistungserbringer- und Zahlerperspektive sowie gesellschaftliche Perspektive | Ermöglicht die Krankenkassenperspektive (Zahlerperspektive); für andere Perspektiven können ggf. Informationen aus anderen Quellen hinzugefügt werden |
| **Informationen zu Outcomes** | Wirksamkeit ist auch mit klinischen Maßen bestimmbar; Nutzwerte und ggf. Nutzen bestimmbar | Nur Wirksamkeit bestimmbar; mögliche Parameter: insbesondere poststationäre Mortalität, Wiedereinweisungen, poststationäre Infektionen; klinische Outcomeparameter, Nutzwerte und Nutzen können ggf. aus anderen Quellen hinzugefügt werden |
| **Longitudinale Perspektive/ Follow-up** | Follow-up aufgrund der hohen Kosten zeitlich beschränkt und Patienten oft nicht erreichbar | Patienten können über Jahre verfolgt werden; Kassenwechsel kann zu Lost-to-follow-up führen |
| **Homogenität der Interventions- und Kontroll-gruppe** | In der Regel wird eine hohe Homogenität erreicht | Tendenziell geringe Homogenität, kann aber durch Matching-Methoden oder andere Verfahren verbessert werden, das heißt Ex-post-Bildung von Personen mit gleichen Merkmalsausprägungen |
| **Selektionseffekte** | Durch (doppeltblinde) Randomisierung können Selektionseffekte vermieden werden | Auftreten von Selektionseffekten; kann durch Matching-Methoden minimiert (aber nicht eliminiert) werden |
| **Homogenität des Untersuchungs-umfeldes** | Kann kontrolliert werden | Kaum direkt kontrollierbar |

| **Vergleichskriterium** | **Primärdaten** | **GKV-Routinedaten** |
|---|---|---|
| **Stichprobengröße** | Eher kleine Stichproben; dadurch teilweise Probleme bei Anwendung statistischer Modelle; zu geringe Stichprobengröße kann Wirkung von Randomisierung beeinträchtigen (Simpsons-Paradoxon) | Große Stichproben; dadurch erweiterte Möglichkeiten zur Anwendung komplexerer statistischer Modelle |
| **Reaktivität der Studienteilnehmer** | Bias durch Reaktivität kann nicht ausgeschlossen werden (zum Beispiel durch Befragung vor und nach der Intervention – Reaktivität durch doppelte Befragung) | Stellt kein Problem dar |
| **Generalisierbarkeit** | Kleine, hoch selektierte Studienpopulation, die in einem künstlichen Untersuchungsumfeld behandelt wird, führt zu eingeschränkter Generalisierbarkeit der Ergebnisse (Efficacy) | Repräsentativität der Studienpopulation für die Gesamtbevölkerung beziehungsweise für die insgesamt zu versorgende Population ist gegeben oder kann erreicht werden; reflektiert Versorgungrealität (Effectiveness) |

Quelle: Eigene Darstellung in Anlehnung an Schreyögg und Stargardt 2012.

Bei allen vergleichenden Analyseformen, unabhängig davon, welche Methode konkret gewählt wurde, besteht die Gefahr eines Selektionsbias. Dies bedeutet, dass es aufgrund von Patienteneigenschaften, wie dem Vorliegen und der Schwere einer Erkrankung, zu einem Selektionseffekt bestimmter Patienten zu bestimmten Therapiemaßnahmen kommen kann[192]. Dies kann zu stark verzerrten Ergebnissen und entsprechenden Fehlinterpretationen führen. Bei Beobachtungsstudien, welche die beabsichtigten Effekte von therapeutischen Maßnahmen untersuchen, kann es sogar zu besonders stark ausgeprägtem Confounding kommen (sogenanntem Confounding by indication). Bei Untersuchungen von unerwarteten und unbeabsichtigten Effekten ist hingegen mit einem deutlich niedrigeren Potenzial für Verzerrungen durch Confounding zu rechnen.

Unabhängig von der gewählten Methode ist daher bei vergleichenden Studien die Vergleichbarkeit der zu evaluierenden Patientengruppen sicherzustellen. Einen guten Überblick über mögliche vergleichende Studi-

192 Reinhold et al. 2011b

endesigns bieten Zeidler und Braun (2012)[193]. Eine Lösung kann in der Verwendung entsprechender Adjustierungsmethoden, beispielsweise einem Kontrollgruppendesign, liegen. Die Versicherten der Kontrollgruppe sollten sich von der Interventionsgruppe möglichst in allen relevanten Eigenschaften nicht unterscheiden; dies kann beispielsweise durch ein Matching nach Risikofaktoren (wie beispielsweise Propensity Score Matching) sichergestellt werden. Der Propensity Score ist definiert als die Wahrscheinlichkeit, bei gegebenen Kovariaten einer der Vergleichsgruppen zugehörig zu sein. In den vergangenen Jahren werden auch Verfahren wie das Entropy Balancing zunehmend zur Evaluation von Versorgungsprogrammen genutzt[194]. Im Gegensatz zum Propensity Score Matching erreicht das Entropy Balancing ein höheres Gleichgewicht der Kovariablen, verwirft keine Individuen und vermeidet die manuelle Überprüfung der Modellspezifikation. Matching-Verfahren beinhalten viele heterogene Methoden[195]. Die Wahl des geeignetsten Matching-Verfahrens sowie einer Beschreibung der Matching-Gütekriterien hängt von der konkreten Forschungsfrage ab. Hierzu kann folgende tiefergehende Literatur herangezogen werden:

- Matching Grundlagen[196]
- Exaktes Matching[197]
- Propensity Score Matching[198]
- Matching-Gütekriterien[199]
- Optimal-Matching[200]
- Entropy Balancing[201]

Allgemein ist jedoch zu berücksichtigen, dass die Möglichkeiten zur statistischen Adjustierung bei GKV-Routinedaten eingeschränkt sind, da nur eine begrenzte Anzahl patientenrelevanter Parameter vorliegt. Zur möglichst effektiven Nutzung aller durch GKV-Routinedaten abgebildeten Confounder-Informationen wird die Bildung von sogenannten high-di-

193 Zeidler und Braun 2012
194 Achelrod et al. 2016
195 Zeidler und Braun 2012
196 Weiß 2005
197 Stuart 2010
198 Patorno et al. 2013
199 Austin 2011
200 Abbott und Tsay 2000
201 Hainmueller 2012

mensional Propensity Scores vorgeschlagen[202]. Bei diesem Verfahren werden nicht nur die durch den Wissenschaftler als relevant angesehenen Confounder berücksichtigt, sondern es wird mit einem empirischen Vorgehen automatisch nach weiteren wichtigen Confoundern gesucht. Jedoch kann selbst bei einer maximal effizienten Ausnutzung der vorhandenen Informationen weiterhin ein Risiko für Verzerrungen bestehen, da nicht zwangsläufig alle Confounder in den GKV-Routinedaten erfasst sein müssen. Eine Möglichkeit, den Einfluss von ungemessenen Confoundern zu evaluieren, kann in der Nutzung von Sensitivitätsanalysen liegen[203]. So könnte berechnet werden, wie stark ein hypothetisch ungemessenes Confounding sein müsste, um das beobachtete Studienergebnis zu erklären. Unter Kenntnis dieser Information ließe sich abschätzen, ob das Vorliegen eines solchen bislang unbekannten Confounders überhaupt realistisch erscheint.

Gesundheitsökonomische Analysen werden häufig in Form von Modellierungsstudien praktisch umgesetzt. Um qualitativ hochwertige Entscheidungsmodelle zu entwickeln, sind eine Reihe von Inputvariablen, die sowohl die Kosten als auch den Nutzen unterschiedlicher Gesundheitstechnologien systematisch beschreiben, erforderlich. In diesem Zusammenhang stellen Patientenflussanalysen eine vermutlich in Zukunft an Bedeutung gewinnende Analyseform dar[204]. Ziel dieser Analyse ist die Abbildung der Patientenwege durch das Versorgungssystem. Dabei wird eine vorab definierte Patientengruppe hinsichtlich der in Anspruch genommenen Ressourcen analysiert. Die Ableitung von Wahrscheinlichkeiten kann in Kombination mit den Daten einer Kostenanalyse als Grundlage für die Erstellung gesundheitsökonomischer Stochastikmodelle, wie beispielsweise Entscheidungsbaumanalysen oder Markov-Modellen, dienen. Beispielsweise haben Frey et al. die Kosteneffektivität verschiedener Antipsychotika zur Behandlung von Schizophrenien anhand eines Markov-Modells evaluiert, das mit Inputfaktoren aus GKV-Routinedaten spezifiziert worden ist[205].

Obwohl die Qualität der GKV-Routinedaten für ökonomische Analysen in den Hauptkostenbereichen recht gut ist, wird diese Datenquelle für gesundheitsökonomische Evaluationen in Deutschland noch relativ selten

---

202 Reinhold et al. 2011b
203 Reinhold et al. 2011b
204 Reinhold et al. 2011b
205 Frey et al. 2014

eingesetzt[206]. Dies liegt zum einen daran, dass vielen Forschern die Breite und Tiefe der bei den größeren Krankenkassen liegenden Datenbestände noch nicht bekannt ist. Zum anderen werden für die Erstattungsentscheidungen IQWiG primär Ergebnisse aus randomisierten klinischen Studien herangezogen. Aktuell werden GKV-Routinedaten daher vornehmlich für Krankheitskostenanalysen, Kosten-Kosten-Analysen und Kosten-Wirksamkeits-Analysen verwendet[207]. Aufgrund der offensichtlichen Potenziale ist jedoch in Zukunft insgesamt ein vermehrter Einsatz dieser Datenquelle im Rahmen von ökonomischen Studien zu erwarten.

### Methoden zur Berechnung indikationsspezifischer Ressourcenverbräuche

Unabhängig von der Wahl des generellen Studiendesigns ist bei jeder ökonomischen Studie zu entscheiden, wie die relevanten Kosten anhand der GKV-Routinedaten konkret berechnet werden sollen. Eine besondere methodische Herausforderung ergibt sich bei der Kalkulation indikationsspezifischer Ressourcenverbräuche, d. h. bei der Identifikation derjenigen Kosten, die auf die Zielerkrankung sowie die damit zusammenhängenden Komorbiditäten zurückzuführen sind. Die alleinige Betrachtung der Gesamtkosten würde zu einer Überschätzung der Behandlungskosten führen, da in den GKV-Routinedaten weitgehend alle Ressourcenverbräuche eines Patienten, unabhängig von der in einer Studie zu untersuchenden Zielerkrankung, erfasst sind. Um eine Überschätzung der Kosten zu vermeiden, sind daher bei gesundheitsökonomischen Studien in der Regel indikationsspezifische Kosten anzugeben. Die Kosten der Zielerkrankung sind also sorgfältig von den Kosten anderer Erkrankungen abzugrenzen. In der Gesundheitsökonomie existieren verschiedene Methoden zur Identifikation der indikationsspezifischen Ressourcenverbräuche[208, 209]. In den folgenden Abschnitten werden diese unterschiedlichen Methoden dargestellt.

206 Schreyögg und Stargardt 2012
207 Schreyögg und Stargardt 2012
208 Zeidler et al. 2013
209 Zeidler 2016

## Expertengestützte Methode

Bei der expertengestützten Methode werden die gesamten Leistungsausgaben um diejenigen Kosten gemindert, die nicht der Zielerkrankung zugeordnet werden können[210, 211]. Hierzu werden anhand standardisierter Klassifikationsinstrumente, wie z. B. der ICD-Klassifikation, der ATC-Klassifikation oder dem EBM, alle Leistungen identifiziert, die mit der Zielerkrankung in Zusammenhang stehen. Für die Identifikation relevanter Leistungen muss entsprechendes Expertenwissen zur Verfügung stehen, da nur eine vollständige Identifikation aller relevanten Leistungen eine valide Kalkulation der Behandlungskosten ermöglicht. Daher kann die Einbeziehung eines Mediziners oder Abrechnungsexperten bei vielen Analysen sinnvoll sein. Im Anschluss an die expertengestützte Definition relevanter Leistungen werden die Kosten dieser spezifischen Abrechnungsvorgänge ermittelt und der Zielerkrankung zugeordnet. Welche Leistungen im Einzelfall konkret einer Erkrankung zugeteilt werden müssen, kann nur im Hinblick auf die jeweilige Forschungsfrage und Zielindikation entschieden werden. Im Folgenden können daher nur Beispiele für mögliche methodische Herangehensweisen gegeben und die generellen Vor- und Nachteile der eingesetzten Methoden diskutiert werden.

Zeidler et al. haben die expertengestützte Methode für die Kalkulation der Kosten der Aufmerksamkeitsdefizit-/Hyperaktivitätsstörung (ADHS) genutzt[212, 213]. Für die Kalkulation der Krankheitskosten wurden Krankenhaus- und Rehabilitationsaufenthalte, ambulante Versorgungsdaten, Arznei- und Heilmitteldaten sowie Arbeitsunfähigkeitsdaten berücksichtigt. Dabei wurden alle Krankenhausaufenthalte, Rehabilitationsmaßnahmen und Krankengeldzahlungen als ADHS-spezifisch definiert, die auf die Diagnose F90.- (Hyperkinetische Störungen) zurückzuführen sind[214, 215]. Bei stationären Krankenhausaufenthalten wurden hierfür sowohl Haupt- als auch Nebendiagnosen berücksichtigt. Bei Rehabilitationsmaßnahmen liegt eine eindeutige Diagnose vor und bei Krankengeldzahlungen wurde für jeden Bezugszeitraum geprüft, ob mindestens eine ADHS-Diagnose in

210 Zeidler et al. 2013
211 Zeidler 2016
212 Zeidler et al. 2013
213 Zeidler 2016
214 Zeidler et al. 2013
215 Zeidler 2016

den Arbeitsunfähigkeitsdaten vorlag. Zur Identifikation der ambulanten Ressourcenverbräuche wurde ein zweistufiges Verfahren eingesetzt, da eine direkte Verknüpfung zwischen Diagnosen und einzelnen ambulanten Leistungen (EBM-Ziffern) aufgrund der quartalsweisen Diagnosedokumentation nicht möglich war. Daher wurde zunächst für jeden Patienten individuell geprüft, ob in dem jeweiligen Quartal eine gesicherte ADHS-Diagnose vorgelegen hat. War dies der Fall, wurden alle EBM-Ziffern als indikationsspezifisch definiert, die auf ausgewählte Gebührenordnungspositionen von spezifischen Fachärzten (Kinder- und Jugendpsychiater, Psychiater) zurückzuführen waren. Da für andere Leistungsbereiche in der Regel keine ICD-Diagnosen vorliegen, wurden weitere Klassifikationsinstrumente zur Selektion der indikationsspezifischen Kosten genutzt. Indikationsspezifische Arzneimittel wurden anhand der ATC-Klassifikation und Heilmittel anhand des Heilmittelpositionsnummernverzeichnisses identifiziert. Diesem Verfahren liegt die Annahme zugrunde, dass die Leistungen ausschließlich zur Behandlung der Zielerkrankung sowie der damit zusammenhängenden Komorbiditäten eingesetzt wurden.

Die expertengestützte Methode besitzt den Vorteil, dass die krankheitsrelevanten Leistungen eindeutig durch medizin-theoretische Vorüberlegungen und Expertenbefragungen strukturiert werden können. Außerdem kann dem Grundsatz der Datensparsamkeit am besten Rechnung getragen werden, da keine Daten von Kontrollgruppenpatienten erforderlich sind, sondern nur Daten für die Patienten mit der Zielerkrankung extrahiert werden müssen. Ein Nachteil dieser Methode ergibt sich aus der Tatsache, dass beispielsweise in den Arznei-, Heil- und Hilfsmitteldaten keine Diagnosen gespeichert sind. Daher kann keine Aussage darüber getroffen werden, ob die betrachteten Leistungen tatsächlich ausschließlich zur Behandlung der Zielerkrankung und der damit assoziierten Komorbiditäten eingesetzt wurden oder ob eine davon unabhängige Erkrankung behandelt werden sollte. Zur Verfeinerung der Identifikationsmethode ist jedoch bei Leistungen, zu denen keine explizite Diagnosedokumentation vorliegt, eine Verknüpfung mit ambulanten und/oder stationären Diagnosen denkbar. So könnten spezifische Arzneimittel oder Heilmittel nur dann einer Zielerkrankung zugeordnet werden, wenn in einem bestimmten Zeitraum vor der Verordnung eine entsprechende ambulante oder stationäre Diagnose vorgelegen hat. Auch eine Berücksichtigung der Fachgruppe des verordnenden Arztes wäre zur weiteren Spezifizierung denkbar.

Bei Leistungsbereichen, in denen ICD-Diagnosen verfügbar sind, entstehen immer dann Unschärfen, wenn mehrere Diagnosen gleichwertig nebeneinander stehen. Dies gilt insbesondere für ambulante Diagnosen und Arbeitsunfähigkeitsdiagnosen, bei denen eine Leistung häufig nicht eindeutig einem einzelnen Diagnoseschlüssel zugeordnet werden kann. Im Bereich der ambulant-ärztlichen Leistungen wird diese Limitation durch die quartalsweise Diagnosecodierung, die keine eindeutige Verknüpfung mit den tagesgenau erfassten Leistungsdaten erlaubt, zusätzlich verschärft. Auch im Krankenhausbereich existieren Herausforderungen bei der Zuordnung von Diagnosen. So stellt sich beispielsweise die Frage, ob nur Haupt- oder auch Nebendiagnosen der Zielerkrankung zugeordnet werden. In der Literatur finden sich sowohl Studien, die sich ausschließlich auf Primärdiagnosen stützen, als auch Studien, die zusätzlich Sekundärdiagnosen einbeziehen (für eine systematische Übersicht siehe[216, 217]). Wesentliche Nachteile dieser Methode sind daher mögliche Unschärfen bei der Kausalität einzelner Leistungen (eine Herausforderung, die sich auch mit den im Folgenden vorgestellten Methoden nicht vollständig lösen lässt) sowie die eingeschränkte Abbildbarkeit von Komorbiditäten. Außerdem können bei komplexen Krankheitsbildern, die durch viele unterschiedliche Leistungen behandelt werden können, die Definition relevanter Leistungen und die Kostenkalkulation sehr aufwendig oder gar unmöglich sein.

Die Zuschlüsselung von Komorbiditäten ist mit der expertengestützten Methode bei komplexen Krankheitsbildern kaum möglich. Daher werden bei nur wenigen Studien, die auf diesem Verfahren basieren, Komorbiditäten abgebildet. Hier kann sich ein Kontrollgruppenvergleich anbieten, der im Idealfall die Kosten von den mit der Zielerkrankung assoziierten Komorbiditäten genau zu dem Anteil abbildet, in dem sie den normalen Anteil in der nicht an der Zielerkrankung leidenden Durchschnittsbevölkerung übersteigen.

### Kontrollgruppenvergleich

Beim Kontrollgruppenansatz werden die gesamten Leistungsausgaben von Patienten, die an der Zielerkrankung leiden, mit denen einer geeigneten Kontrollgruppe ohne diese Zielerkrankung verglichen. Die indikationsspezifischen Kosten ergeben sich bei diesem inkrementellen Ansatz rechne-

216 Zeidler et al. 2013; Zeidler 2016; Zeidler et al. 2013
217 Schreyögg und Stargardt 2012

risch aus der Differenz der jeweiligen Gesamtkosten[218]. Beim Kontrollgruppenansatz werden unterschiedliche Matching-Verhältnisse eingesetzt. Das bedeutet, dass den einzelnen Patienten mit der Zielerkrankung eine zu definierende Anzahl an Kontrollgruppenpartnern zugeordnet werden kann. Üblich ist hier ein 1:1- oder 1:3-Matching[219, 220], d. h. jedem Patienten mit der Zielerkrankung stehen im Verhältnis 1 bzw. 3 Kontrollgruppenmitglieder gegenüber. Teilweise wird auch ein 1:2- oder 1:5-Matching sowie eine deutlich größere Kontrollgruppe verwendet. Als übliche Matchingvariablen werden beispielsweise das Alter, Geschlecht, die Versicherungsart, der Wohnort, der Erwerbsstatus, die ethnische Zugehörigkeit, Vorjahreskosten, Komorbiditätsscores oder ausgewählte Komorbiditäten verwendet. Eine internationale Übersicht und ein konkretes Beispiel zu den krankheitsspezifischen Kosten der ADHS findet sich bei Zeidler et al.[221, 222].

Ein zentraler Vorteil des Kontrollgruppenvergleichs ist die Möglichkeit, Komorbiditäten automatisch zu erfassen und abzubilden. Dies ist darauf zurückzuführen, dass die inkrementellen Kosten alle Kosten der Komorbiditäten sowie Komplikationen der untersuchten Zielkrankheit mit einschließen[223]. Ist die geeignete Kontrollgruppe erst einmal definiert und extrahiert, kann der Aufwand der Kostenkalkulation als sehr überschaubar bezeichnet werden, da nur noch das Inkrement zwischen den Gesamtkosten der Zielpopulation und der Kontrollgruppe berechnet werden muss. Ein Nachteil des Kontrollgruppenansatzes liegt jedoch in dem schwierigen Zugang zu einer Kontrollgruppe, da diese in der Regel durch die Krankenkasse identifiziert und extrahiert werden muss. Aufgrund der begrenzten personellen Kapazitäten ist daher die Extraktion einer Kontrollgruppe nicht immer möglich, da das Matching aus Datenschutzgründen bei der Krankenkasse durchgeführt wird und dort entsprechende Kapazitäten eingeplant werden müssen. Darüber hinaus ist der Grundsatz der Datensparsamkeit zu beachten (§ 3a BDSG). Außerdem sind unter Umständen nicht alle für eine exakte Adjustierung erforderlichen Variablen in GKV-Routinedaten erfasst. Zur Vermeidung von Verzerrungen ist jedoch die Berücksichtigung aller kritischen Unterschiede zwischen der Zielpopulation und

218 Holle et al. 2005
219 Zeidler et al. 2013
220 Zeidler 2016
221 Zeidler et al. 2013
222 Zeidler 2016
223 Holle et al. 2005

der Kontrollgruppe zwingend erforderlich. Als weitere Einschränkung des Kontrollgruppenvergleichs ist seine begrenzte Eignung für kleine Stichproben und seltene Krankheiten zu nennen, da für valide Ergebnisse eine ausreichend große Stichprobe zur Verfügung stehen muss.

## Regressionsverfahren

Als weiteres Verfahren zur Identifikation indikationsspezifischer Ressourcenverbräuche können Regressionsmethoden eingesetzt werden. Bei einer Regression wird der Zusammenhang zwischen einer abhängigen Variable (hier: Kosten) und einer oder mehreren unabhängigen Variablen (hier: Indikatorvariable mit den Ausprägungen »an der Zielerkrankung erkrankt« und »nicht an der Zielerkrankung erkrankt«) ermittelt. Neben einer ausreichenden Anzahl von Versicherten, die an der Zielerkrankung leiden, ist daher auch immer ein Datensatz mit Patienten erforderlich, welche die Erkrankung nicht haben. Mit diesem Verfahren können diejenigen Kosten, die auf die Zielerkrankung zurückzuführen sind, unter Berücksichtigung aller relevanten Einflussfaktoren, wie z. B. Alter, Geschlecht und Komorbiditäten, berechnet werden. Bei der Nutzung von Regressionsverfahren kommen häufig Generalisierte Lineare Modelle (GLM) zum Einsatz[224, 225]. Diese werden teilweise in ein zweistufiges Verfahren integriert, um den spezifischen Limitationen von Kostendaten gerecht zu werden (schiefe Verteilung, Nullkostenfälle sowie Verletzung der Homoskedastizitätsannahme). Dabei wird zunächst auf Basis einer logistischen Regression ermittelt, welche Personen Kosten größer null haben. Anschließend wird dann die eigentliche Regression zur Ermittlung der indikationsspezifischen Ressourcenverbräuche durchgeführt. Mit der GLM-Regression können klassische, oben genannte Limitationen der Methode der kleinsten Quadrate (OLS) vermieden werden, die aufgrund der spezifischen Eigenschaften von Kostendaten auch nach einer Transformation (z. B. mittels Smearing-Estimation) zu nicht effizienten Schätzern führen kann. Als Herausforderung kann jedoch bei GLM-Regressionen die Ermittlung einer angemessenen Link-Funktion genannt werden.

---

224 Zeidler et al. 2013
225 Zeidler 2016

Weitere Verfahren

Weder der Kontrollgruppenvergleich noch die Regressionsverfahren können den Einfluss von Ungleichheiten bei unbeobachtbaren Variablen adjustieren[226, 227]. Hierfür muss mit Instrumenten-Variablen oder einem Differenz-von-Differenzen-Ansatz gearbeitet werden. Darüber hinaus wird der Vorher-Nachher-Vergleich, auch als Prä-/Post-Vergleich bezeichnet, bei GKV-Routinedatenanalysen eingesetzt. Bei diesem Verfahren stellt die Zielpopulation ihre eigene Kontrollgruppe dar, und die Kosten vor und nach dem erstmaligen Auftreten der Zielerkrankung werden gemessen sowie verglichen. Der Vorteil dieses Studiendesigns liegt in dem vergleichsweise geringen Kalkulationsaufwand, der leichten Verständlichkeit der Ergebnisse sowie der Datensparsamkeit. Als Nachteil dieses Verfahrens kann die Kritik genannt werden, dass jeweils vor und nach den Messungen verschiedene zeitbezogene Effekte und Veränderungen, welche die Outcomevariable beeinflussen, auftreten können. Als Beispiel kann das fortschreitende Alter der beobachteten Personen im Zeitverlauf genannt werden. Außerdem ist bei diesem Verfahren eine Begrenzung auf inzidente Fälle erforderlich, was nicht bei jeder Krankheitskostenanalyse zielführend ist.

Als weiterer methodischer Ansatz zur Identifikation indikationsspezifischer Ressourcenverbräuche kann der Vergleich mit standardisierten Vergleichswerten genannt werden. So könnten dem Risikostrukturausgleich relevante Referenzwerte entnommen und mit den eigenen Daten verglichen werden. Diese Methode wurde beispielsweise durch Bowles et al. zur Berechnung der Kosten von angeborenen Neuralrohrdefekten genutzt[228]. Vorteilhaft an dieser Vorgehensweise ist die öffentliche Verfügbarkeit und Transparenz der Referenzwerte. Nachteile können sich jedoch durch methodische Veränderungen bei der Ermittlung der Referenzwerte im Zeitablauf sowie durch eine unzureichende Berücksichtigung regionaler und kassenspezifischer Besonderheiten ergeben.

In der Forschungspraxis werden sowohl die expertengestützte Methode als auch der Kontrollgruppenvergleich sowie Regressionsansätze regelmä-

226 Zeidler et al. 2013
227 Zeidler 2016
228 Bowles et al. 2014

ßig eingesetzt[229, 230]. Der Unterschied zwischen den Ergebnissen kann je nach der gewählten Methode erheblich sein. Bei vielen Studien werden daher auch die verschiedenen Methoden miteinander kombiniert.

So ist beispielsweise bei bestimmten Leistungen eine Kombination der expertengestützten Methode mit dem Kontrollgruppenansatz möglich. Im Rahmen eines zweistufigen Verfahrens könnten zunächst relevante Leistungen, z. B. alle zur Behandlung der Zielerkrankung eingesetzten Arzneimittel, ausgewählt und anschließend speziell für diese Leistungen die Differenz der Kosten zwischen der Zielpopulation und der Kontrollgruppe gebildet werden. Weiterhin kommen Matching- und Regressionsverfahren zusammen zum Einsatz, wobei zunächst z. B. mit einem exakten Matching eine Kontrollgruppe identifiziert wird, die im Anschluss mit einer Regressionsanalyse weitergehend zur Zielpopulation verglichen wird.

| **Empfehlungen** |
| --- |
| • Bei der Berechnung direkter Kostenkomponenten ist zu prüfen, ob ein Erstattungsanspruch gegenüber der GKV besteht<br>• Zur Approximation von indirekten Kosten sind geeignete Verfahren einzusetzen<br>• Die eingeschränkte Abbildbarkeit intangibler Kosten ist bei der Studienplanung zu berücksichtigen<br>• Die Studienperspektive ist eindeutig zu definieren<br>• Bei der Wahl der Studienform sind die Vor- und Nachteile von Primär- und Sekundärdaten im Hinblick auf die Abbildbarkeit der Zielgrößen zu prüfen<br>• Unabhängig von der gewählten Methode ist die Vergleichbarkeit der zu evaluierenden Patientengruppen sicherzustellen<br>• Bei krankheitsspezifischen Analysen sollten die indikationsspezifischen Kosten berechnet werden, um einer Überschätzung der Behandlungskosten zu vermeiden<br>• Für die Berechnung indikationsspezifischer Kosten sind geeignete Verfahren einzusetzen und deren Vor- und Nachteile im Kontext der Forschungsfrage abzuwiegen |

### 4.4.2 Regionale Auswertungen mit GKV-Routinedaten

GKV-Routinedaten bieten aufgrund ihrer umfangreichen Datenbasis auch die Möglichkeit von regionalen Auswertungen. Insbesondere aufgrund der häufig diskutierten Unterschiede in der Gesundheitsversorgung von städtischen und ländlichen Gebieten wird der Bedarf für derartige Analysen in Zukunft weiter zunehmen und an Relevanz gewinnen. So können bei-

229 Zeidler et al. 2013
230 Zeidler 2016

spielsweise Fragen zur regionalen Versorgungsqualität auf Grundlage von evidenzbasierten Versorgungleitlinien ermittelt oder die regionale Epidemiologie verglichen werden. Die GKV-Routinedaten können dabei insbesondere auch Hinweise auf Determinanten der Inanspruchnahme auf Angebotsebene geben, d. h. beispielsweise Indizien für angebotsinduzierte Nachfrage im stationären Sektor liefern. Dadurch ergeben sich Ansatzpunkte für eine gezielte Strukturentwicklung und zur Verringerung von Über-, Unter- und Fehlversorgung[231].

Für entsprechende Analysen existieren in den GKV-Routinedaten verschiedene Variablen, die für eine regionale Differenzierung genutzt werden können. Häufig stehen explizite Informationen zum Wohnort der Versicherten aus Datenschutzgründen allerdings nur in sehr grober Form (z. B. Bundesland) zur Verfügung (bezüglich der datenschutzrechtlichen Aspekte und Zugangswege vergleiche Kapitel 4.1 und 4.2). Grundlegende Auswertungen auf Bundeslandebene oder zwischen Ost- und Westdeutschland sind damit zwar möglich, detailliertere Betrachtungen allerdings regelmäßig nicht. Darüber hinaus sind Informationen zur Postleitzahl des Wohnortes der Versicherten aufgrund von datenschutzrechtlichen Bestimmungen beschnitten und häufig nur drei- oder vierstellig verfügbar (siehe Kapitel 4.3.1). Krankenkassen besitzen in ihren Daten allerdings sowohl für niedergelassene Ärzte und Krankenhäuser sowie Rehabilitationseinrichtungen als auch für Versicherte strukturierte Angaben zu ihrer individuellen Kreiskennziffer, anhand derer sie regional verortet werden können.

Die Kreiskennziffern teilen das Bundesgebiet zum aktuellen Zeitpunkt in 402 Landkreise (295) und kreisfreie Städte (107) ein. Für diese Ebene liegt weiterhin eine Reihe von Informationen (z. B. Bildung, Einkommen, Umwelt usw.) von Seiten des Bundesinstituts für Bau-, Stadt- und Raumforschung (BBSR) und des Statistischen Bundesamtes (Einwohnerdichte) vor[232]. In diesem Zusammenhang stellt sich die Frage, welche zusätzlichen Informationen mithilfe von Kreiskennziffern genutzt werden können. Möglich ist beispielsweise, dass Daten der KVen und/oder der KBV genutzt werden, um pro Kreis die Anzahl und Dichte von bestimmten Arztgruppen zu ermitteln (siehe Abbildung 9). Anschließend wäre es dann möglich, Aussagen über die spezifische Versorgungssituation im jeweili-

231 Swart 2005b
232 Bundesinstitut für Bau-, Stadt- und Raumforschung (BBSR) 2011a

*Abbildung 9: Regionale Verteilung Allgemeinärzte je 100.000 Einwohner 2013*

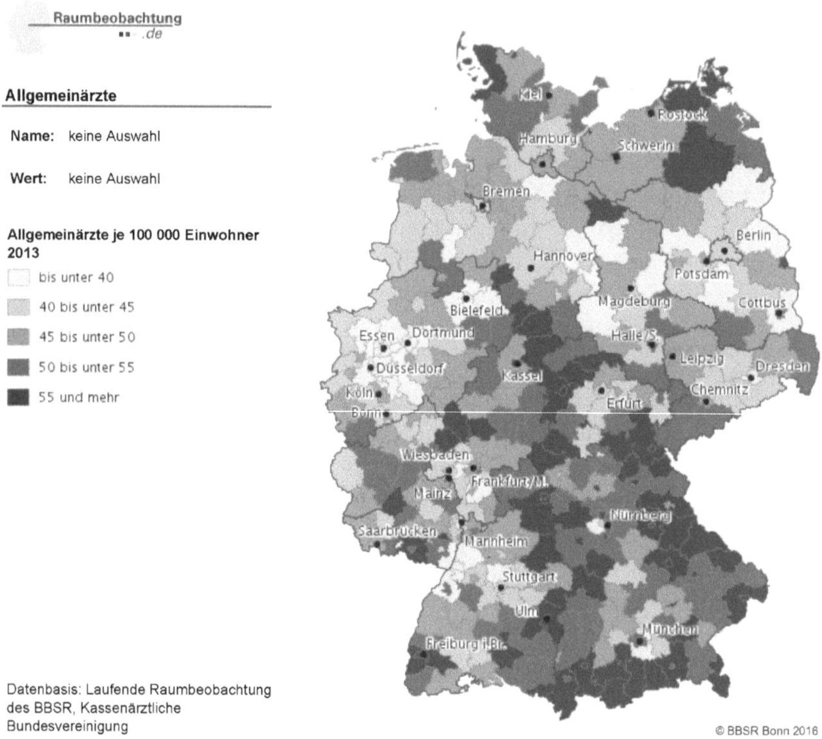


Quelle: Bundesinstitut für Bau-, Stadt- und Raumforschung (BBSR) 2016. Datenbasis: Laufende Raumbeobachtung des BBSR, Kassenärztliche Bundesvereinigung.

gen Kreis der Versicherten zu treffen. Häufig kann es auch sinnvoll sein, Kreiskennziffern weiter zu aggregieren, um diese besser für Analysezwecke nutzen zu können. Durch Aggregation lassen sich mithilfe von Informationen des BBSR z. B. Aussagen darüber treffen, ob es sich um ländliche oder städtische Kreise handelt. Detailliertere Abgrenzungen bietet der siedlungsstrukturelle Kreistyp, der Kreise anhand von dem Bevölkerungsanteil in Groß- und Mittelstädten und der Einwohnerdichte in die vier Gruppen (1) kreisfreie Großstädte, (2) städtische Kreise, (3) ländliche Kreise mit Verdichtungsansätzen und (4) dünn besiedelte ländliche Kreise untergliedert. Geeignet scheint auch die Systematik »Raumtypen 2010:

Lage« des BBSR[233]. Die Kreise werden hierbei anhand eines Zentralitäts-Indexes in Abhängigkeit von der Nähe zu Konzentrationen von Bevölkerung und Arbeitsplätzen, die sich durch ein Angebot an Beschäftigungsmöglichkeiten und Versorgungseinrichtungen auszeichnen, in die folgenden vier Lagetypen einteilt: (1) sehr peripher, (2) peripher, (3) zentral und (4) sehr zentral. Mithilfe der zuvor genannten Kategorisierungen wäre es denkbar, Versicherte anhand der jeweiligen regionalen Besonderheiten und der Nähe zu medizinischen Versorgungseinrichtungen zu untergliedern. Fragen zur regionalen Versorgungsqualität wären somit unter Umständen hochwertiger und spezifischer zu beantworten.

Zu berücksichtigen ist dabei, dass aufgrund von Kreisreformen in den letzten Jahren eine Reihe von Änderungen vorgenommen und Kreise z. B. zusammengelegt wurden. Bei Analysen mit Daten aus mehreren Jahren ist also besondere Sorgfalt geboten, um keine falschen Schlüsse zu ziehen. Auch beachtet werden muss, dass die individuelle Mobilität von Versicherten damit nicht berücksichtigt werden kann und die Kreiskennziffer anhand des Wohnortes der Versicherten festgelegt wird. Darüber hinaus scheinen Auswertungen mit einer regionalen Differenzierung nur dann wirklich sinnvoll, wenn eine ausreichend große Anzahl an Versicherten in verschiedenen Kreisen in den jeweiligen GKV-Routinedaten zur Verfügung steht.

Publizierte Artikel für regionale Analysen mit deutschen GKV-Routinedaten finden sich bisher nur vereinzelt. So zeigen Swart et al. wie kleinräumige Analysen im stationären Bereich anhand von 4-stelligen Postleitzahlen durchgeführt werden können[234]. Melchior et al. untersuchen hingegen mithilfe der Kreiskennziffern regionale Unterschiede in der Behandlung und Diagnostik von Depressionen[235]. Auch Lange et al. analysieren die Behandlungsqualität von Patienten mit chronisch-entzündlichen Darmerkrankungen unter Berücksichtigung von regionalen Besonderheiten unter Zuhilfenahme der Kreiskennziffer[236] Im Rahmen eines Methodenworkshops der AGENS wurden weiterhin verschiedene Projekte mit einem regionalen Fokus präsentiert[237]. Hierzu zählen Analysen zu Unterschieden in der Prävalenz und Pharmakotherapie von Multipler Sklerose und zur

233 Bundesinstitut für Bau-, Stadt- und Raumforschung (BBSR) 2011b
234 Swart et al. 2008
235 Melchior et al. 2014
236 Lange et al. 2015
237 ZI 2013

Feststellung regionaler Besonderheiten bei der Bedarfsplanung. Darüber hinaus werden methodische Aspekte der kleinräumigen Versorgungsforschung durch Swart diskutiert[238].

| **Empfehlungen** |
|---|
| • Datenschutzrechtliche Aspekte sind bei der Auswahl geeigneter Regionalisierungsparameter zu berücksichtigen<br>• Änderungen aufgrund von Kreisreformen sind insbesondere bei mehrjährigen Analysen zu prüfen<br>• Es ist zu prüfen, ob die Stichprobengröße in den jeweiligen Kreisen ausreichend ist, um valide Ergebnisse zu erhalten |

### 4.4.3 Ereigniszeitanalysen mit GKV-Routinedaten

Eine zentrale Zielgröße bei vielen medizinischen Fragestellungen ist die Zeit bis zum Auftreten eines bestimmten Ereignisses[239]. Bei klinischen Studien im onkologischen Bereich wird beispielsweise die Zeit von der Erstdiagnose bis zum Tod gemessen. Daher werden solche Analysen häufig als Überlebenszeitanalysen bezeichnet. Prinzipiell lässt sich mit diesen methodischen Ansätzen, wozu beispielsweise das Kaplan-Meier-Verfahren und die Cox-Regressionen gehören, auch die Zeit von der ersten Fraktur bis zu einer möglichen Folgefraktur oder die Zeit ab dem Behandlungsbeginn bis zum Therapieerfolg analysieren. Bei dem Kaplan-Meier-Verfahren wird die kumulierte Wahrscheinlichkeit für das Überleben im Zeitablauf gemessen. Mit dieser Methode kann die Mortalität beispielsweise verschiedener Arzneimittel untereinander verglichen werden (siehe Abbildung 10). Allgemeine methodische Aspekte der Überlebenszeitanalyse werden vertiefend durch Ziegler und Doblhammer (2009) diskutiert[240].

238 Swart 2005a
239 Zwiener et al. 2011
240 Ziegler und Doblhammer 2009

*Abbildung 10: Beispiel Kaplan-Meier-Schätzer*

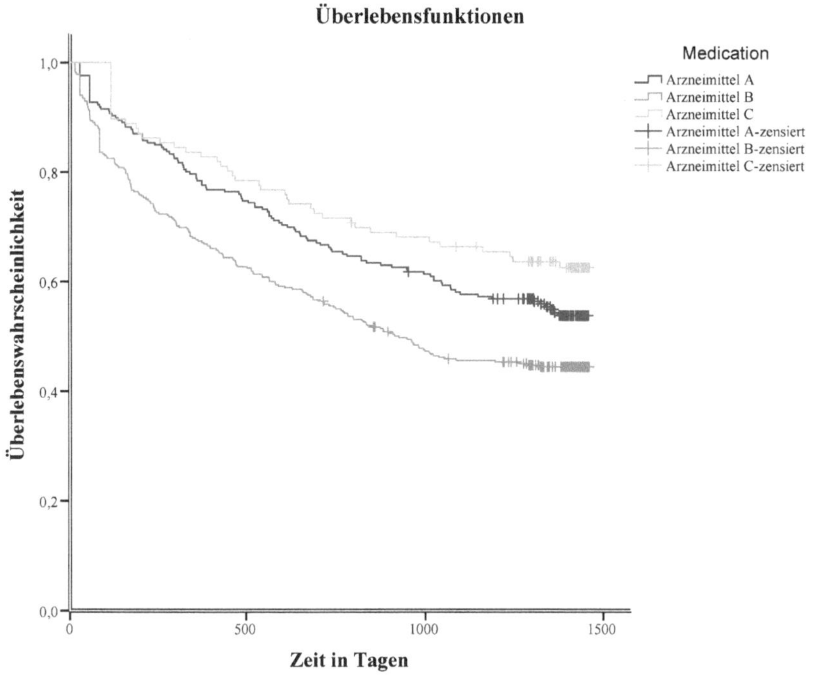


Quelle: Eigene Darstellung.

Im Rahmen von klinischen Studien beruhen diese Analysen in der Regel auf Primärdaten. Grundsätzlich können aber auch GKV-Routinedaten für sogenannte Ereigniszeitanalysen genutzt werden. Hierzu findet sich bereits eine Reihe von Beispielen in der Literatur. L'hoest und Marschall untersuchen z. B. mithilfe von Daten der Barmer GEK den Einfluss der Größe eines Transplantationszentrums auf die Überlebenszeiten von Patienten nach einer Transplantation[241]. Die Überlebensraten infolge von verschiedenen Rehabilitationsmaßnahmen im Alter vergleichen Meinck et al. mithilfe von GKV-Routinedaten der AOK[242]. Hendricks et al. evaluieren ein Case-Management-Programm für Patienten mit chronischer Herzinsuffizienz hinsichtlich Mortalität, Krankenhauseinweisungen und -kosten[243].

241 L'hoest und Marschall 2013
242 Meinck et al. 2014
243 Hendricks et al. 2014

In einer Studie von Neubauer et al. werden anhand dieser Methode unterschiedliche Dosierungsmuster und Persistenz-Raten von TNF-Blockern bei der Behandlung von Patienten mit Rheumatoider Arthritis untersucht[244]. Lange et al. analysieren die Überlebenswahrscheinlichkeit in Folge von verschiedenen Behandlungsmethoden bei Patienten mit osteoporosebedingten Wirbelkörperkompressionsfrakturen[245].

Zentrale Größen einer Ereigniszeitanalyse stellen regelmäßig die beiden relevanten Zeitpunkte – Anfangs- und Endzeitpunkt – dar. Anhand dieser beiden Zeitpunkte wird die individuelle ereignisfreie Zeitspanne ermittelt. Tritt das Ereignis im Untersuchungszeitraum nicht ein, werden die jeweiligen Beobachtungen als zensierte Daten mit in die Analysen aufgenommen. Prinzipiell sind aber auch Analysen möglich, bei denen ein Ereignis mehrmals auftreten kann, z. B. wiederkehrende Lungenentzündungen bei Kindern oder multiple rezidivierende Frakturen. Der Anfangszeitpunkt kann z. B. den Zeitpunkt einer Operation (OPS), den Zeitpunkt der Entlassung aus dem Krankenhaus oder einer ICD-Diagnose widerspiegeln. Der Zeitpunkt sollte dabei möglichst eindeutig und genau feststellbar sein. Diese Forderung gilt umso mehr, wenn die erwarteten Analysezeiträume sehr kurz sind, wie es z. B. bei Überlebenszeitanalysen von bestimmten onkologischen Erkrankungen der Fall ist. Probleme treten dann auf, wenn der Zeitpunkt nur sehr ungenau erfasst ist. Dies kann beispielsweise der Fall sein, wenn ein bestimmter Krankenhausaufenthalt als Startzeitpunkt gewählt wurde und zwischen Aufnahme- und Entlassungsdatum mehrere Wochen liegen. Noch problematischer sind ICD-Diagnosen aus dem ambulanten Sektor, da dort aufgrund der quartalsweisen Abrechnung standardmäßig kein konkretes Datum zugeordnet werden kann (Lösungsmöglichkeiten siehe Kapitel 4.4.6). Ähnliche Probleme können sich auch bei der Definition des Endzeitpunktes ergeben. Wie zuvor bereits erwähnt, kann jeder sinnvolle Zeitpunkt gewählt werden, der eindeutig und genau ist. Bei mortalitätsgestützten Überlebenszeitanalysen ist selbstverständlich der Zeitpunkt des Todes aus den Daten zu ermitteln. Dieser ist aufgrund der obligatorischen amtlichen Todesmeldung vollständig und valide in den GKV-Routinedaten erfasst[246]. Hierfür findet sich daher in der Regel eine separate Variable in den Daten. Zu beachten ist allerdings, dass teilweise auch das Ende des Versicherungszeitraums – was nicht gleichbedeutend

244 Neubauer et al. 2014
245 Lange et al. 2014
246 Wissenschaftliches Institut der AOK (WIdO) 2007

mit dem Versterben ist – in derselben Variablen verzeichnet ist und eine weitere Variable den jeweiligen Grund des Versicherungsendes codiert. Die GKV-Routinedaten enthalten jedoch keine Informationen über die Todesursache. Es ist daher häufig nur sehr schwer nachzuvollziehen, welche Erkrankungen oder Gründe einen Einfluss auf das Versterben hatten. Erste Ansätze zur indirekten Ermittlung von Todesursachen unter Zuhilfenahme der umfangreichen Informationen von Routinedaten der Krankenkassen existieren bereits, diese zielen allerdings auf Krankheiten mit einer hohen Letalität ab[247]. Prinzipiell besteht auch die Möglichkeit einer Verlinkung mit anderen Daten, z. B. aus Krebsregistern, um die Todesursachen zu klären. Derartige Verknüpfungen erfordern allerdings umfangreiche datenschutzrechtliche Abklärungen und Zugangsvoraussetzungen.

Im Rahmen von Überlebenszeitanalysen mit sehr kurzen Analysezeiträumen wird mitunter nicht die explizite Zeit bis zu einem Ereignis analysiert, sondern nur, ob das Ereignis (z. B. Tod) überhaupt eintritt. Im engeren Sinne sollte hierbei allerdings nicht mehr von »Überlebenszeit« gesprochen werden. Heller et al. untersuchen so beispielsweise das Sterblichkeitsrisiko von Neugeborenen mit sehr niedrigem Geburtsgewicht anhand von Krankenhausabrechnungsdaten und analysieren diese mittels einer logistischen Regression[248].

| **Empfehlungen** |
|---|
| • Bei Ereigniszeitanalysen müssen der Start- und Endzeitpunkt möglichst zweifelsfrei und genau definierbar sein<br>• Bei Überlebenszeitanalysen ist darauf zu achten, dass in der Regel kein Todesgrund in den Daten verzeichnet ist |

### 4.4.4 Die Bedeutung zensierter Daten

GKV-Routinedaten können beispielsweise durch Tod, Krankenkassenaustritt oder -wechsel und durch das Ende des Studienzeitraums zensiert sein. Die methodische Herausforderung hierbei liegt darin, dass nach solchen Ereignissen keine Möglichkeit der Nachbeobachtung einzelner Personen besteht[249]. Dies stellt eine rechtsseitige Zensierung dar, da die Versicherten nicht bis zum Ende des Studienzeitraums beobachtet werden können.

247 Ohlmeier et al. 2012
248 Heller et al. 2007
249 Grobe und Ihle 2005

*Abbildung 11: Mögliche Szenarien für zensierte Daten*

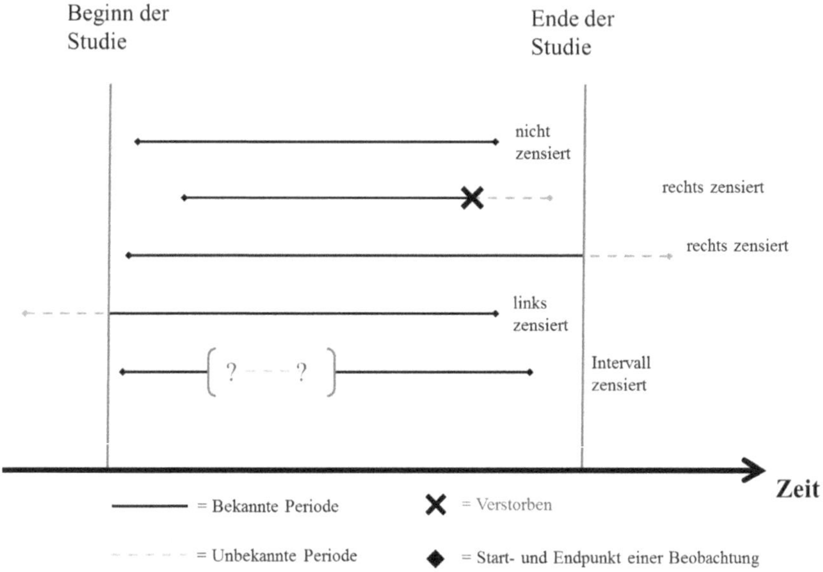


Quelle: Eigene Darstellung.

Dieser – in epidemiologischen Studien – sogenannte »Lost to follow up« muss bei der Auswertung berücksichtigt werden. Weiterhin existieren auch linksseitig zensierte Daten. Von linkszensierten Daten wird gesprochen, wenn das Ereignis zu einem unbekannten Zeitpunkt in der Vergangenheit eingetreten ist oder für die Versicherten keine Daten vorliegen, da sie erst neu in den Datensatz aufgenommen werden (z. B. Neugeborene und Neuversicherte). Zensierte Daten werden auch trunkiert, gestutzt oder (englisch) censored, truncated data genannt. Mögliche Szenarien für zensierte Daten sind in Abbildung 11 dargestellt.

Verglichen mit einer Primärdatenstudie existiert bei GKV-Routinedatenanalysen kaum die Möglichkeit, mittels entsprechender Studiendesigns diesen Effekten entgegenzuwirken. Dies gilt insbesondere für Längsschnittanalysen, die hierdurch verzerrt werden können.

Eine Möglichkeit, einer Zensierung, insbesondere bei Längsschnittanalysen, zumindest partiell entgegenzuwirken, ist es, nur diejenigen Patienten einzuschließen, die kontinuierlich innerhalb des Studienzeitraums bei der entsprechenden Krankenkasse versichert waren. Dieses in der Vergangenheit häufig verwendete Einschlusskriterium garantiert die zeitliche Konstanz der Versichertenzeiten und einen einheitlichen Beobachtungszeitraum. Nachteil dieser Vorgehensweise sind jedoch mögliche Verzerrungen durch den Ausschluss von Kassenwechslern oder Verstorbenen. Dies kann je nach Fragestellung zu einer Über- oder Unterschätzung bzw. Verzerrung der Ergebnisse führen. Kassenwechsler sind regelmäßig besonders junge und gesunde Versicherte, die beispielsweise überproportional häufig nur geringe Kosten für die Krankenversicherung verursachen[250]. Wird ein Teil dieser Versicherten aufgrund der Selektionskriterien aber ausgeschlossen, führt das zu einer Überschätzung der durchschnittlichen Kosten pro Versicherten. Diese Herausforderung gilt es daher bei der Gestaltung des Studiendesigns zu berücksichtigen.

Wissenschaftler verzichten daher immer häufiger auf das Einschlusskriterium einer durchgängigen Versicherung. Vielmehr wird zunehmend ein Ansatz verwendet, bei dem die Ergebnisse auf Basis von Versicherungszeiten bzw. Ereignishäufigkeiten je Versicherungsjahr ausgewiesen werden. Dieses aus der Epidemiologie stammende Vorgehen gleicht die Unterschiede in der Populationsgröße zu unterschiedlichen Zeitpunkten aus. So können zensierte Datensätze berücksichtigt werden und gehen nur zum Anteil ihrer Vollständigkeit mit in die Berechnungen ein. Dieses Vorgehen ist personenbezogenen Angaben vorzuziehen[251].

| **Empfehlungen** |
| --- |
| • Bei jeder Analyse sollte geprüft werden, ob eine Zensierung vorliegt<br>• Im Falle einer Zensierung sind entsprechende Methoden zur Vermeidung von Verzerrungen einzusetzen<br>• Alternativen zum klassischen Kriterium der durchgängigen Versicherung sind zu prüfen |

### 4.4.5 Compliance- und Persistence-Messung

Eine weitere Analysemöglichkeit unter Zuhilfenahme der GKV-Routinedaten ist die Analyse von Verschreibungsmustern im Arzneimittelbereich. Besonders relevant sind in diesem Zusammenhang Analysen, welche die Compliance der Patienten beschreiben. Unter »Compliance« wird im englischen Sprachgebrauch das konsequente Einhalten der ärztlichen Anwei-

250 Zok 2011
251 Grobe und Ihle 2005

sung verstanden[252]. Im deutschen Sprachgebrauch wird synonym der Begriff »Therapietreue« verwendet. Darüber hinaus wird häufig auch der Begriff »Adherence« genutzt. Über die genaue Abgrenzung zwischen den Begriffen Compliance und Adherence gibt es konträre Meinungen, häufig werden diese beiden Begriffe jedoch synonym eingesetzt[253]. Compliance beinhaltet nicht nur die Einnahme von Medikamenten, sondern auch Änderungen des Lebensstils und andere Maßnahmen. Die Auslegung der Arzt-Patienten-Beziehung ist hierbei von Bedeutung. Mit »Non-Compliance« wird ein abweichendes Verhalten des Patienten im Hinblick auf die therapeutischen Anweisungen des Arztes verstanden[254]. Grundsätzlich können laut Pirk und Schöffski bei einer Primärdatenerhebung folgende Abweichungen auftreten:

- Unterdosierung (eingenommene Menge ist niedriger als die therapeutisch empfohlene bzw. allgemein übliche Dosis),
- Überdosierung (eingenommene Menge ist höher als die therapeutisch empfohlene bzw. allgemein übliche Dosis),
- zu kurze Einnahmedauer,
- zu lange Einnahmedauer,
- nicht zeitgerechte Einnahme,
- bedarfsweise Einnahme (und nicht nach Verordnung),
- unregelmäßige Einnahme sowie
- vollständig unterlassene Einnahme.

Anhand der GKV-Routinedaten kann die Einnahme der Medikamente durch den Patienten nicht unmittelbar analysiert werden. Dennoch existieren methodische Vorgehensweisen, um mittels der Arzneimittelverschreibungen das Einnahmeverhalten approximativ zu erklären. In den ambulanten Arzneimittelverordnungen liegen genaue Informationen zu Wirkstoff, Packungsgröße und Datum der Rezeptausstellung sowie zur Rezepteinlösung vor. Mithilfe dieser Informationen können der Zeitraum der Einnahme sowie Lücken in der medikamentösen Behandlung untersucht werden.

Die Compliance wird häufig als Prozentzahl ausgedrückt und in Form der sogenannten »medication possession ratio« (MPR) berechnet. Dabei wird die Anzahl der verordneten Dosierungen in Relation zur geplanten Therapiedauer gesetzt. Die Anzahl der Tage einer Versorgung mit dem

252 Cramer et al. 2008
253 Cramer et al. 2008
254 Pirk und Schöffski 2012

Medikament errechnet sich dabei in der Regel anhand einer definierten Tagesdosis (DDD). Unter der Annahme, dass die verordneten Tagesdosen durch den Patienten auch tatsächlich in vollem Umfang eingenommen wurden, kann dann im Sinne der MPR die Anzahl der verordneten Dosierungen in Relation zur geplanten Therapiedauer approximiert werden. Hat ein Patient beispielsweise innerhalb eines einjährigen Therapiezeitraums insgesamt 250 DDD verordnet bekommen, so beträgt seine MPR 0,69 bzw. 69 %. Häufig wird von einer »guten« Compliance gesprochen, wenn im Beobachtungszeitraum mindestens 80 % der geplanten Dosierung eingenommen wurden. Abweichende Definitionen, wie beispielsweise 50 % oder 75 %, sind möglich[255]. Teilweise werden von den möglichen Therapietagen noch diejenigen Tage abgezogen, welche der Patient im Krankenhaus verbracht hat. Mit diesem Ansatz soll eine Unterschätzung der Compliance durch nicht abgebildete stationäre Verordnungen vermieden werden (siehe Kapitel 8 Limitationen). Unter Berücksichtigung der Krankenhausaufenthalte kann die Formel zur Berechnung der MPR für ein Therapiejahr anhand von DDD folgendermaßen aussehen:

$$MPR = \frac{\textit{Anzahl Tagesdosen der Zielmedikation (DDD)}}{\textit{365 Tage} - \textit{Anzahl Tage im Krankenhaus}}$$

Neben der Compliance wird bei Arzneimittelstudien häufig auch die Persistence analysiert. Die Persistence ist definiert als die Dauer zwischen dem Therapiebeginn und dem Abbruch der Therapie mit einer Zielmedikation[256]. Der Beobachtungszeitraum wird dabei in der Regel eindeutig definiert, sodass für jeden Patienten individuell ermittelt werden kann, ob es innerhalb dieser Periode zu einem Abbruch oder einer Unterbrechung der Therapie gekommen ist und wie viele Tage der Patient mit dem Medikament versorgt worden ist. So kann beispielsweise auf der Grundlage eines Indexereignisses (Verschreibung der ersten Medikation oder erste Dokumentation einer Indikation) mithilfe der DDD berechnet werden, wie lange die jeweilige Verschreibung dem Patienten zur Einnahme hypothetisch zur Verfügung steht. Ein Medikamentenabbruch kann dann als das

255 Cramer et al. 2008
256 Cramer et al. 2008

erste Auftreten einer Lücke von mehr als einer vorab definierten Anzahl an Tagen bezeichnet werden. Das heißt, wenn zwischen Abgabedatum addiert mit der tagesbezogenen, theoretischen Einnahmedauer und der Folgeverschreibung eine Lücke von mehr als der vorab definierten Anzahl an Tagen vorliegt, wird von einem Abbruch gesprochen. Die Definition der zulässigen Lücke zwischen aufeinanderfolgenden Verordnungen hängt von den Dosierungsvorgaben des Medikamentes und dem konkreten Krankheitsbild ab. In einem Review von Krack et al. werden routinedatenbasierte Methoden der Dosierungsanalyse von TNF-α-Blockern anhand von GKV-Routinedaten für Rheuma-Patienten verglichen und diskutiert. Es zeigte sich, dass kein einheitliches Studiendesign und eine große Vielfalt der angewandten Methoden existiert[257]. Je nach Indikation und Fragestellung ist daher individuell über die Länge der zulässigen Lücke bzw. Medikamentenabstinenz zu diskutieren. Darüber hinaus sollten Sensitivitätsanalysen bezüglich der Variation der zulässigen Lücke durchgeführt werden, um den Effekt unterschiedlicher Lückendefinitionen analysieren zu können. Auch die Berücksichtigung von stationären Krankenhausaufenthalten ist analog zur Compliance-Berechnung möglich.

Da es sich bei den DDD um hypothetische mittlere Tagesdosen handelt, kann die empfohlene oder verschriebene Dosis des jeweiligen Arztes von dieser Systematik abweichend ausfallen. Welche ärztliche Intention einer Leistungsverordnung zugrunde lag bzw. wie die konkrete Applikation durch den Patienten erfolgte, geht aus den GKV-Routinedaten nicht hervor[258]. Des Weiteren könnte auch die Änderung in der Therapie aufgrund von Nebenwirkungen ein Grund für einen Abbruch sein. Die Gründe für einen Therapieabbruch oder eine Therapieunterbrechung lassen sich mit GKV-Routinedaten häufig nicht abbilden.

Sowohl für die Berechnung der Compliance als auch der Persistence existieren viele unterschiedliche Methoden, welche sich konzeptionell in spezifischen Details unterscheiden. Frey und Stargardt haben zehn unterschiedliche Methoden systematisch verglichen und deren Prognosequalität in Hinblick auf die Hospitalisierung von Schizophreniepatienten analysiert[259]. Eine umfassende Analyse von insgesamt 216 unterschiedlichen

257 Krack et al. 2016
258 Zeidler und Braun 2012
259 Frey und Stargardt 2012

Studiendesigns zur Bestimmung von Non-Adherence bei Typ 2 Diabetes Mellitus findet sich bei Wilke et al.[260]

| **Empfehlungen** |
|---|
| • Es ist bei der Studienkonzeption zu beachten, dass die Bestimmung von Compliance bzw. Persistence mit GKV-Routinedaten nur approximativ möglich ist<br>• Je nach Indikationsgebiet und Applikationsform sind geeignete Methoden einzusetzen und Sensitivitätsanalysen durchzuführen<br>• Es müssen bei der Interpretation der Ergebnisse die vielfältigen Gründe für Therapieabbrüche oder Dosierungsänderungen berücksichtigt werden, welche sich jedoch nur begrenzt aus GKV-Routinedaten kausal ableiten lassen |

### 4.4.6 Überprüfbarkeit von Leitlinienempfehlungen

Leitlinien spiegeln die aktuelle wissenschaftliche sowie medizinische Evidenz wider und spielen in der Medizin eine zentrale Rolle. Sie sollen den behandelnden Ärzten Handlungsempfehlungen geben und bieten auch bei der juristischen Beurteilung von Komplikationen nach einer medizinischen Behandlung eine Orientierung. Zu unterscheiden sind unterschiedliche Klassifikationen von Leitlinien, die abhängig von dem methodischen Vorgehen und Evidenzgrad sind (siehe Tabelle 13). Durch die Potenziale zur Abbildung des Versorgungsalltages ist die Analyse der Leitlinienadhärenz in den letzten Jahren zunehmend zu einem Anwendungsgebiet von GKV-Routinedatenanalysen geworden.

260 Wilke et al. 2013

*Tabelle 13: Stufenklassifikation nach dem AWMF-Regelwerk. Methodischer Hintergrund von Leitlinien: S-Klassifikation*

| **Klassifizierung der Leitlinie** | | **Kurzbeschreibung** | **Methodisches Vorgehen** |
|---|---|---|---|
| **S1** | | Handlungsempfehlung von Expertengruppen | Eine repräsentativ zusammengesetzte Expertengruppe der wissenschaftlichen medizinischen Fachgesellschaft erarbeitet im **informellen Konsens** eine Empfehlung, die vom Vorstand der Fachgesellschaft verabschiedet wird. |
| **S2** | e | Evidenzbasierte Leitlinie | Eine **systematische Recherche**, Auswahl und Bewertung wissenschaftlicher Belege (»Evidenz«) zu den relevanten klinischen Fragestellungen. |
| | k | Konsensbasierte Leitlinie | Eine **strukturierte Konsensfindung** der Leitliniengruppe. Die Leitliniengruppe ist dabei **repräsentativ** für den Adressatenkreis. |
| **S3** | | Evidenz- und konsensbasierte Leitlinie | Eine systematische evidenzbasierte (S2e) und strukturierte Konsensfindung (S2k) zu den relevanten klinischen Fragestellungen. |

Quelle: Eigene Darstellung in Anlehnung an Arbeitsgemeinschaft der Wissenschaftlichen Medizinischen Fachgesellschaften e.V. (AWMF).

Um die Leitlinienkonformität zu überprüfen, müssen jedoch unterschiedliche Voraussetzungen bezüglich der GKV-Routinedaten, des Indikationsgebiets und der Leitlinien erfüllt sein. So können manche Empfehlungen gut und umfassend abgebildet werden und andere lediglich unter gewissen Annahmen oder Limitationen. Leitlinienempfehlungen, die gar nicht über GKV-Routinedaten abbildbar sind, existieren ebenfalls[261].

In Bezug auf die Datengrundlage ist zu beachten, dass die Indikation mittels ICD-10-Codierung abbildbar sein muss, da sonst die Identifizierung der Zielpopulation anhand der GKV-Routinedaten schwierig oder sogar unmöglich ist. Die zu untersuchenden Leitlinienempfehlungen müssen mittels EBM-Ziffern, ATC- und/oder OPS-Codes sowie ICD-10-Codierung abbildbar und speziell für das Indikationsgebiet beschrieben sein. Da in den GKV-Routinedaten regelmäßig keine klinischen Parameter erfasst sind, sollten die zu überprüfenden Handlungsempfehlungen darüber hi-

261 Neubauer et al. 2016b

naus nicht auf entsprechenden Informationen, beispielsweise zu Laborwerten, basieren.

Eine hohe Inzidenz der Erkrankung sowie eine gewisse Größe der kooperierenden Krankenkasse ermöglicht eine ausreichend große Stichprobe, um die breite Versorgungspraxis mithilfe von GKV-Routinedaten abzubilden. Konkrete zeitliche und mengenmäßige Angaben wie z. B. »jährlich« sind erforderlich, um die Empfehlungen mithilfe der GKV-Routinedaten abbilden zu können. Angaben wie »regelmäßig« oder »stabile Patienten« sind häufig zu unpräzise und nicht ausreichend definiert, um sie mit GKV-Routinedaten systematisch abzubilden.

Auch der Schweregrad der Erkrankung sollte idealerweise als Unterkategorie oder mittels eigener ICD-10-Codierung abbildbar sein. Diese Forderung ist jedoch nur in seltenen Fällen erfüllt. So lassen sich Informationen zum Schweregrad von Diabetes und Herzinsuffizienz in der ICD-10-Systematik finden[262]. Bei vielen Krankheitsbildern fehlen allerdings solche Systematiken, die sich mithilfe von GKV-Routinedaten analysieren lassen. Weiterhin ist die Ermittlung der Anzahl an Arztbesuchen sowie die Reihenfolge unterschiedlicher Arztbesuche (z. B. Sequenzen von Hausarzt- und Facharztbesuchen) innerhalb eines Quartals lediglich unter bestimmten Annahmen möglich. Eine mögliche Vorgehensweise hierfür ist die Verknüpfung aller vorliegenden ambulanten Leistungsdaten (ambulante Abrechnungs- und Diagnosedaten, Arzneimittel, AU-Bescheinigungen etc.). Grund hierfür ist, dass in diesen Leistungssektoren datumsgenaue Angaben zu finden sind, die dann dem jeweiligen Arztbesuch zugeschlüsselt werden können. Aber selbst dann können unter Umständen nicht alle Besuche erfasst sein, da mehrere Konsultationen unter einer Grundpauschale abgerechnet werden können.

Die Pharmakotherapie lässt sich mithilfe der GKV-Routinedaten sehr gut abbilden, da die ATC-Codes, die PZN und weitere relevante Informationen meist vollständig in den GKV-Routinedaten vorliegen. Auch Kontraindikationen können durch eine ICD-10-Codierung in den ambulanten und stationären Diagnosedaten häufig aufgedeckt und abgebildet werden. Die Medikationsmuster sollten, wenn möglich, abhängig vom Schwergrad sowie von Kontraindikationen formuliert und mithilfe entsprechender ATC-Klassifikationssysteme darstellbar sein. Dosierungsempfehlungen pro Körpergewicht können nur annahmebasiert approximiert werden.

---

262 Eberhard 2013

Impfschutzempfehlungen in den Leitlinien können nur teilweise abgebildet werden, da KV-spezifische Sonderziffern für Impfungen existieren. Um Impfschutzempfehlungen zu überprüfen, müssen zudem die Impfintervalle in der Leitlinie explizit angegeben werden.

Für Subgruppenanalysen sollten die Empfehlungen der Leitlinie nach unterschiedlichen Patientengruppen (Ausprägung der Krankheit, Kinder/Erwachsene etc.) unterteilt sein. Familienversicherte, z. B. Kinder oder Ehepartner, können in den GKV-Routinedaten dem Mitglied zugeschlüsselt werden. Voraussetzung ist jedoch, dass beide bei derselben Krankenkasse versichert sind. Da andere Familienbeziehungen außerhalb der Familienversicherung nicht abbildbar sind, kann auch die familiäre Disposition nicht nachvollzogen werden. Auch Vorerkrankungen sind nur teilweise erkennbar, da die GKV-Routinedaten meist lediglich für einen Zeitraum von fünf Jahren zugänglich sind. Dennoch kann ein Indexereignis oder eine sogenannte Baseline-Periode definiert werden, um zu analysieren, welche weiteren Erkrankungen vor dem Indexereignis oder in der Baseline vorlagen (siehe Kapitel 5).

Nicht darstellbar sind beispielsweise krankheitsspezifische Präventionsangebote. Ziel dieser Maßnahmen ist es, die ausgewählte Erkrankung gar nicht erst auftreten zu lassen. Somit existiert auch keine ICD-10-Diagnose für den Aufgriff und die Identifikation der Studienpopulation. Auch die Kommunikation zwischen Arzt und Patient sowie die Beratung, die häufig eine große Bedeutung in den Leitlinien einnimmt, ist anhand von GKV-Routinedaten nicht abbildbar. Ähnliches gilt für die Mitarbeit des Patienten. Die Empfehlung eines Arztes, z. B. mehr Sport zu treiben, besitzt keine spezifische Abrechnungsziffer und ist somit auch nicht analysierbar. Gleiches gilt für Empfehlungen zur Ernährung und zum Gewicht der Versicherten. Die DMP-Dokumentation schließt diese Lücke etwas, da hier teilweise patientenindividuelle Merkmale (z. B. Raucherstatus und Gewicht) erfasst werden; dennoch sind diese derzeit noch regelmäßig unzureichend dokumentiert und die Nutzbarkeit von DMP-Informationen für wissenschaftliche Forschungsprojekte ist daher im Hinblick auf die Validität fraglich. Daher sind Empfehlungen, z. B. in Bezug auf eine Ernährungsumstellung oder körperliches Training, in GKV-Routinedatenstudien häufig nicht darstellbar.

Bislang existieren nur wenige Studien, die sich mit der Überprüfung der Anwendung und Anwendbarkeit von Leitlinien in der Versorgungspraxis auseinandergesetzt haben. So untersuchten Swart und Willer die Arthrose-Leitlinien verschiedener Fachgesellschaften. Sie stellten fest, dass soweit die untersuchten Leitlinien sich anhand von GKV-Routinedaten operationalisieren lassen, ihnen weitgehend gefolgt wird. Dennoch sahen sie Herausforderungen in der Nutzung von Routinedaten der Krankenkassen zur Überprüfung von Leitlinienempfehlungen, da wesentliche Elemente der Leitlinien nicht abgebildet werden konnten, die Beobachtungszeiträume häufig kurz waren oder die Validität der Abrechnungsdaten partiell für die Beantwortung der Fragestellung unzureichend war[263]. Laux et al. betrachteten die Qualitätsindikatoren der Nationalen Versorgungsleitlinie (NVL) für chronische Herzinsuffizienz; andere Empfehlungen fanden in ihrer Studie keine Berücksichtigung[264]. Auch sie sahen Herausforderungen in der Abbildbarkeit der Leitlinienkonformität, da für fünf von den insgesamt neun Indikatoren notwendige Informationen in den GKV-Routinedaten nicht enthalten waren[265]. Lange et al. verwendeten Leitlinien als Referenzpunkt, um eine optimale Gesundheitsversorgung für Patienten mit chronisch entzündlichen Darmerkrankungen zu definieren[266]. In einem Beitrag von Eberhard werden diagnostische und therapeutische Aspekte einer leitliniengerechten Versorgung von Patienten mit arterieller Hypertonie überprüft. Die Studie kommt zu dem Ergebnis, dass der Anteil leitlinienadäquat behandelter Patienten pauschal nicht mit GKV-Routinedaten ermittelt werden kann[267].

**Empfehlungen**

- Vorab muss geprüft werden, ob sich die Leitlinienempfehlungen anhand von GKV-Routinedaten valide operationalisieren lassen
  - Konkrete zeitliche und mengenmäßige Angaben sind erforderlich, um die Empfehlungen mithilfe der GKV-Routinedaten abbilden zu können
  - Alle Empfehlungen sollten mit Klassifikationssystemen (ICD, EBM, OPS, ATC etc.) abbildbar sein
  - »Weiche« Faktoren, beispielsweise die Arzt-Patienten-Kommunikation, sind häufig nicht ermittelbar
  - Krankheitsspezifische Präventionsangebote sind nicht darstellbar
- Es muss berücksichtigt werden, dass in der Regel für eine umfassende Überprüfung von Empfehlungen unterschiedliche Schweregrade abbildbar sein müssen

---

263 Swart und Willer 2012
264 Laux et al. 2011; BÄK und KBV 2012
265 Laux et al. 2011
266 Lange et al. 2015
267 Eberhard 2013

### 4.4.7 Komorbiditäten Indizes

Für viele Fragestellungen empfiehlt es sich, die Komorbiditäten der Studienpopulation abzubilden. Mit Komorbiditäten sind Begleiterkrankungen gemeint, die neben der Index- bzw. Haupterkrankung bei einem Patienten diagnostiziert werden[268, 269]. Diese Begleiterkrankungen können beispielsweise die Kosten, Mortalität, Krankheitsverläufe oder andere patientenbezogene Faktoren beeinflussen. Im Folgenden werden Methoden und anerkannte Indizes vorgestellt, die diese Komorbiditäten und somit die individuelle Krankheitslast für jeden Patienten anhand von GKV-Routinedaten quantifizierbar machen und so beispielsweise in Regressionsanalysen als unabhängige Variable mit einfließen können. Dies ist wichtig, um den Einfluss relevanter Komorbiditäten auf die Outcomeparameter zu ermitteln.

In der Routinedatenforschung haben sich verschiedene Instrumente etabliert. Die zwei prominentesten Methoden sind der erstmals 1987 publizierte Charlson Comorbidities Index (CCI)[270] sowie der Elixhauser Comorbidity Score[271]. Die Instrumente fußen methodisch allesamt auf einer Diagnosedokumentation mittels ICD-Codierung, sodass diese gut anhand GKV-Routinedaten anwendbar sind. Die historische Entwicklung und die jeweiligen Modifikationen dieser Indizes werden im Folgenden dargestellt sowie methodische Fragen zur Anwendung, Berechnung und Berücksichtigung von Komorbiditätsscores diskutiert.

#### Charlson Comorbidity Index (CCI)

Der Charlson Comorbidity Index basiert auf Krankenhausaufzeichnungen von 559 Patienten, die innerhalb eines Monats in einem New Yorker Krankenhaus behandelt und ein Jahr nachverfolgt wurden. Beobachtet wurde das Versterben innerhalb des Nachbeobachtungszeitraumes. Als Zielparameter wurden die überlebten Monate gewählt. Das Versterben während des stationären Aufenthalts wurde dabei mit berücksichtigt. Aus den betrachteten 30 Komorbiditätsdiagnosen wurden 19 als relevant iden-

---

268 Feinstein 1970
269 Valderas et al. 2009
270 Charlson et al. 1987
271 van Walraven et al. 2009

tifiziert, da diese einen signifikanten Einfluss auf die Mortalität hatten. Diese Indikationen erhielten jeweils Gewichte von 1,2,3 oder 6 (siehe Tabelle 14). Durch die Summierung dieser Gewichte wird dann der Index berechnet. Seine Spanne liegt zwischen 0 und maximal 37. Da das Alter einen relevanten Einfluss auf die Mortalität hat, wird in manchen Studien eine Altersanpassung vorgeschlagen. So soll ab einem Alter von 40 Jahren jeweils ein Punkt je angefangener Lebensdekade hinzugezählt werden (ab 50 Jahre +1 Punkt, ab 60 Jahre +2 Punkte usw.)[272].

*Tabelle 14: Gewichtung und Indikationen des Charlson Index*

| **Zugewiesene Gewichte für Erkrankungen** | **Relevante Erkrankungen** |
|---|---|
| **1** | Myokardinfarkt<br>Kongestive Herzinsuffizienz<br>Periphere Gefäßerkrankung<br>Zerebrovaskuläre Erkrankung<br>Demenz<br>Chronische Lungenerkrankung<br>Bindegewebserkrankung<br>Ulkuserkrankung/Geschwür<br>Leichte Lebererkrankung<br>Diabetes mellitus |
| **2** | Hemiplegie/Halbseitenlähmung<br>Mittelschwere bis schwere Nierenerkrankung<br>Diabetes mellitus mit Endorgansschaden<br>Tumor<br>Leukämie<br>Lymphom |
| **3** | Mittelschwere bis schwere Lebererkrankung |
| **6** | Metastasierter, solider Tumor<br>AIDS |

Quelle: Eigene Darstellung in Anlehnung an Charlson et al. Charlson et al. 1987.

Nach der Einführung der ICD-Klassifikation wurde 1992 eine Überführung der relevanten Erkrankungen in die ICD-9-Systematik von Deyo vorgenommen[273]. Häufig wurden ganze Diagnoseklassen bzw. mehrere ICD-Codes einer Indikation zugeordnet. Bei der Überarbeitung wurden die ehemaligen 19 Charlson Komorbiditäten, durch die Zusammenfassung der In-

272 Charlson et al. 1994
273 Deyo et al. 1992

dikationen »jeglicher Tumor« und »Leukämie« sowie »Lymphom« zu einer Kategorie, auf lediglich 17 Diagnosen reduziert. Die Altersanpassung durch zusätzliche Punkte findet keine Anwendung mehr. Die Überführung der ICD-9-Systematik in die ICD-10-Systematik setzten Quan et al. in einer eigenständigen Studie um[274], sodass diese auch mit der aktuellsten alphanumerischen Systematik anwendbar ist. Als Grundlage wurde der Deyo-Charlson Comorbidity Index und ergänzend auch kanadische Daten gewählt. Ein vorgefertigtes SAS-Skript für die Berechnung des Charlson Comorbidity Index stellt die Universität von Manitoba bereit[275].

Im Jahr 2011 wurde von Quan et al. ein Update des Charlson-Index auf Basis jüngerer Daten vorgestellt[276]. Begründet wurde diese Anpassung aufgrund längerer Überlebenswahrscheinlichkeiten auch mit Begleiterkrankungen durch den medizinischen Fortschritt. In der Neufassung wurde ausgehend von der ICD-10-Version des Komorbiditätenscores von Quan et al.[277] und der Modifikation von Deyo et al. eine Differenzierung der Schweregrade bei unterschiedlichen Indikationen vorgenommen. Hierzu zählten Tumordiagnosen (metastasierender Tumor vs. sonstige maligne Tumoren), Leberkrankheiten (leichte/milde vs. moderate oder schwere Lebererkrankung) und der Zuckerkrankheit (Diabetes mit vs. ohne chronische Komplikationen). Bei der Gewichtungsberechnung wurde – wie im Original – die 1-Jahres-Mortalität einer Testpopulation aller Charlson-Komorbiditäten berücksichtigt[278] und für diese die Hazard Ratios berechnet. Die bereits bekannten Charlson-Komorbiditäten wurden basierend auf kanadischen administrativen Daten von 55.929 Erwachsenen (älter als 18 Jahren) mit einer Krankenhausbehandlung getestet. Als Ergebnis enthält der neue Score lediglich 12 Komorbiditäten, da fünf mit Null gewichtet werden und somit aus dem Score entfallen. Von den restlichen 12 Komorbiditäten werden drei (Diabetes mit chronischen Komplikationen, Nierenerkrankungen, AIDS/HIV) niedriger und vier (Herzinsuffizienz, Demenz, leichte Lebererkrankung, moderate oder schwere Lebererkrankung) höher gewichtet, die übrigen fünf bleiben identisch. Eine Übersicht findet sich in Tabelle 15.

---

274 Quan et al. 2005
275 University of Manitoba
276 Quan et al. 2011
277 Quan et al. 2005
278 Charlson et al. 1987

Der neue Score wurde an sechs großen internationalen Kohorten (Australien (n=352.200), Frankreich (n=779.336), Japan (n=2.361.957), Kanada (n=1.894.843), Neuseeland (n=670.908) und Schweiz (n=788.355)) im Hinblick auf das Zielereignis Krankenhaussterblichkeit validiert. Im Ergebnis wurde mit dem neuen Score eine Erhöhung der Übersichtlichkeit aufgrund weniger Diagnosen und dadurch bedingt weniger Komplexität bei gleichbleibender Güte bzw. Aussagekraft erreicht.

*Tabelle 15: Vergleich der Gewichtungen Charlson Index vs. Updated Charlson Index*

| **Charlson-Komorbidität** | **Aktualisierte Gewichtung** | **Charlson-Gewichtung** |
|---|---|---|
| Myokardinfarkt | 0 | 1 |
| Kongestive Herzinsuffizienz | 2 | 1 |
| Periphere Gefäßerkrankung | 0 | 1 |
| Zerebrovaskuläre Erkrankung | 0 | 1 |
| Demenz | 2 | 1 |
| Chronische Lungenerkrankung | 1 | 1 |
| Rheumatologische Erkrankung | 1 | 1 |
| Ulkuserkrankung/Magengeschwür | 0 | 1 |
| Leichte Lebererkrankung | 2 | 1 |
| Diabetes mellitus ohne chronische Komplikationen | 0 | 1 |
| Diabetes mellitus mit chronischen Komplikationen | 1 | 2 |
| Halbseitenlähmung oder Querschnittslähmung | 2 | 2 |
| Nierenerkrankung | 1 | 2 |
| Bösartiger Tumor, einschließlich Leukämie und Lymphom | 2 | 2 |
| Mittelschwere oder schwere Lebererkrankung | 4 | 3 |
| Metastasierter, solider Tumor | 6 | 6 |
| AIDS/HIV | 4 | 6 |
| **Maximales Komorbiditätsscore** | **24*** | **29*** |
| *Da sich einige Indikationen gegenseitig ausschließen, ist der maximal zu erreichende Score nicht die Summe aller Punkte. Folgenden Komorbiditäten schließen sich gegenseitig aus: Diabetes mit chronischen Komplikationen und Diabetes ohne chronische Komplikationen; leichte Lebererkrankung und mittelschwere oder schwere Lebererkrankung sowie bösartiger Tumor und metastasierter, solider Tumor. | | |

Quelle: Eigene Darstellung in Anlehnung an Quan et al. 2011.

## Elixhauser Comorbidity Score

Als weiteres wichtiges Instrument hat sich der Elixhauser Comorbidity Index[279] in der Forschungspraxis durchgesetzt. Dieser basiert auf den im Jahre 1998 erarbeiteten 30 Elixhauser Comorbidities, die signifikant mit verschiedenen Zielparametern wie Krankenhausverweildauer, -kosten und -mortalität assoziiert waren[280]. Als Datenbasis wurden hierbei 1.779.167 Behandlungsfälle aus 438 kalifornischen Akut-Krankenhäusern im Jahr 1992 berücksichtigt. Innovativ ist dieser Ansatz, da der Elixhauser Comorbidity Index auch Indikationen wie Alkohol- und Drogenmissbrauch, Fettleibigkeit, Flüssigkeits- und Elektrolytstörungen, psychische Erkrankungen, Gerinnungsstörungen sowie Gewichtsverlust einschließt. In der bereits oben erwähnten Studie aus dem Jahr 2005 hat die Arbeitsgruppe um Quan auch für die Elixhauser Comorbidities eine Übersetzung von der ICD-9 auf die ICD-10- Systematik entwickelt[281].

Da sich die Anwendung der 30 Elixhauser Komorbiditäten sehr komplex gestaltet, berechneten van Walraven et al. den sogenannten Elixhauser Comorbidity Score[282]. Basis für diesen Score war die ICD-10 Systematik von Quan et al. mit Betrachtung der Krankenhausmortalität als Zielereignis[283]. Für die 30 Komorbiditäten wurden auf Basis von kanadischen Routinedaten von 228.565 Patienten im Zeitraum von 1996-2008 mithilfe multivariater logistischer Regressionen Odds Ratios sowie Regressionskoeffizienten berechnet und in ein Punktesystem überführt[284]. Die so gewichteten Indikationen werden mit Werten zwischen (-7) und 12 bewertet. Negative Werte bedeuten in dem Fall, dass einige Erkrankungen das Risiko zu versterben verringern. Neun Diagnosen aus den ursprünglichen Elixhauser Komorbiditäten entfallen, da diese mit Null gewichtet wurden. Somit verbleiben 21 Komorbiditäten als Berechnungsgrundlage für den Elixhauser Comorbidity Score (siehe Tabelle 16), welcher sich aus der Aufsummierung der Punkte ergibt.

---

279 van Walraven et al. 2009
280 Elixhauser et al. 1998
281 Quan et al. 2005
282 van Walraven et al. 2009
283 van Walraven et al. 2009
284 Hagn 2014

*Tabelle 16: Elixhauser Komorbiditäts-Gruppen und ihre zugeordneten Punkte*

| Punkte | Elixhauser Komorbiditäts-Gruppe |
|---|---|
| - 7 | Drogenmissbrauch |
| - 4 | Fettleibigkeit |
| - 3 | Depressionen |
| - 2 | Anämie |
| - 2 | Blutungsanämie |
| - 1 | Herzklappenfehler |
| 2 | Periphere arterielle Verschlusskrankheiten |
| 3 | Chronische Lungenerkrankung |
| 3 | Koagulopathie |
| 4 | Lungenkreislaufstörungen |
| 4 | Solider Tumor ohne Metastasen |
| 5 | Flüssigkeits- und Elektrolytstörungen |
| 5 | Herzrhythmusstörungen |
| 5 | Nierenversagen |
| 6 | Gewichtsverlust |
| 6 | Neurodegenerative Störungen |
| 7 | Herzinsuffizienz |
| 7 | Lähmung |
| 9 | Lymphom |
| 11 | Lebererkrankung |
| 12 | Metastasierender Krebs |

Quelle: Eigene Darstellung in Anlehnung an van Walraven et al. 2009.

Der rechnerisch mögliche Wertebereich des Scores kann somit zwischen (-19) und 89 Punkten liegen. Durch die positiven und negativen Gewichtungen kann beim Aufsummieren mehreren Werten auch ein Ergebnis von Null als Indexwert möglich sein.

Combined Comorbidity Score

Im Jahre 2011 entwickelten amerikanische Forscher auf Basis aller angewendeten Komorbiditäten des Charlson Index und der Elixhauser Komorbiditäten den sogenannten Combined Comorbidity Score[285]. Nach Ausschluss der Duplikate, da eine Indikation wie z. B. Diabetes mellitus in beiden Indizes vorhanden ist, verblieben 37 Komorbiditäten in der Analyse. Basierend auf administrativen Daten der Medicare Health Insurance wurden 120.679 Patienten aus zwei Jahren (2004 und 2005) mit Codierung in der ICD-9-Systematik berücksichtigt. Mittels logistischer Regressionen wurden die Odds Ratios und sich daraus ergebenen Gewichtungen hinsichtlich der 1-Jahres-Mortalität berechnet. Bei 17 Komorbiditäten wurde der Wert Null erreicht. Dementsprechend enthält der Combined Comorbidity Score 20 Indikationen mit den Gewichtungen (-1) bis 5. Der rechnerische Wertebereich kann zwischen (-2) bis 26 liegen. Sieben Komorbiditäten des Combined Comorbidity Score stammen aus dem Charlson Score und 13 aus den Elixhauser Komorbiditäten. Im Vergleich zum Charlson-Index und Elixhauser Comorbidity Score nach van Walraven zeigte sich in einer Validierungsstudie eine signifikante Überlegenheit des neuen Scores mit AUC-Werten (area under curve) zwischen 0,788 für die 1-Jahres- und 0,860 für die 30-Tage-Mortalität)[286, 287].

Eine Übersicht über die jeweiligen Scores findet sich in der nachfolgenden Tabelle 17.

285 Gagne et al. 2011
286 van Walraven et al. 2009
287 Hagn 2014

*Tabelle 17: Überblick der Komorbiditätsindizes*

| | Komorbiditätsindex | Anzahl Komorbiditäten | Zielgröße zur Bewertung der Komorbidität | Abbildbarkeit | Gewichtung | Rechnerisch möglicher Wertebereich | Datengrundlage |
|---|---|---|---|---|---|---|---|
| Charlson | Charlson Index[288] | 19 Komorbiditäten | 1-Jahres-Mortalität | - | 1 bis 6 | 0 bis 37 | Krankenhausaufzeichnungen von 559 Patienten, die innerhalb eines Monats in einem New Yorker Krankenhaus behandelt und ein Jahr nachverfolgt wurden |
| Charlson | Deyo-Charlson Score[289] | 17 Komorbiditäten | Mortalität bis 6 Wochen nach Entlassung | ICD-9 Systematik | 1 bis 6 | 0 bis 29 | 27.111 amerikanische Patienten mit Operation an der Lendenwirbelsäule aus dem Jahr 1985 |
| Charlson | Überführung des Deyo-Charlson Score[290] | 17 Komorbiditäten | Krankenhausmortalität und Komorbiditätshäufigkeit | ICD-10 Systematik | 1 bis 6 | 0 bis 29 | 56.585 kanadische Patienten in den ICD-9-CM-Daten und 58.805 Patienten in den ICD-10-Daten (2001-2003) |
| Charlson | Updated Charlson Index[291] | 12 Komorbiditäten | 1-Jahres-Mortalität | ICD-10 Systematik | 1 bis 6 | 0 bis 24 | administrativen Daten erwachsener (> 18 J.) Kanadier mit Krankenhausbehandlung abgefragt (n=55.929) |
| Elixhauser | Elixhauser Comorbidities[292] | 30 Komorbiditäten | Krankenhausverweildauer, Krankheitskosten und Mortalität | ICD-9 Systematik | - | - | 1.779.167 Behandlungsfälle von 1992 aus 438 kalifornischen Akut-Krankenhäusern |
| Elixhauser | Überführung der Elixhauser Comorbidities[293] | 30 Komorbiditäten | Krankenhausmortalität und Komorbiditätshäufigkeit | ICD-10 Systematik | - | - | 56.585 kanadische Patienten in den ICD-9-CM-Daten und 58.805 Patienten in den ICD-10-Daten (2001-2003) |
| Elixhauser | Elixhauser Comorbidity Score[294] | 21 Komorbiditäten | Krankenhausmortalität | ICD-10 Systematik | (-7) bis 12 | (-19) und 89 | kanadischen Routinedaten von 228.565 Patienten im Zeitraum von 1996-2008 |
| | Combined Comorbidity Score[295] | 20 Komorbiditäten | 1-Jahres-Mortalität | ICD-9 Systematik | (-1) bis 5 | (-2) bis 26 | 120.679 Patienten aus zwei Jahren (2004-2005) |

Quelle: Eigene Darstellung.

288 Charlson et al. 1987
289 Deyo et al. 1992
290 Quan et al. 2005
291 Quan et al. 2011

Bei jeder Studie ist zu definieren, welcher Zeitraum für den Aufgriff der Diagnosen genutzt werden soll (z. B. eine Baseline von drei/sechs/zwölf Monaten vor dem Indexereignis, der gesamte Beobachtungszeitraum etc.), wie die Qualität der zu berücksichtigenden Diagnosen beschaffen sein muss (gesichert-, verdachts-, Haupt- und/oder Nebendiagnose) und aus welchem Leistungsbereich (ambulanter und/oder stationärer Sektor) diese stammen müssen. Die methodischen Implikationen der Berücksichtigung der Hauptdiagnose werden in einer Studie von Hagn diskutiert[296]. Er kommt zu dem Ergebnis, dass mit Berücksichtigung der Hauptdiagnose stets bessere Resultate als bei den anderen untersuchten Methoden festzustellen sind. Auch die Anzahl der erfassten und im Score berücksichtigten Diagnosen erhöht die Vorhersagekraft, die durch den AUC-Wert ausgedrückt wird. Zu beachten ist jedoch immer die Zielsetzung und Fragestellung der jeweiligen Studie sowie die Zusammensetzung der betrachteten Population[297]. So sollte beispielsweise darüber diskutiert werden, jüngere Patienten auszuschließen, da die Indizes häufig auf Basis der Daten von älteren Patienten entwickelt worden sind und auch das Alter einen Einfluss auf die Mortalität gezeigt hat. Eine gute Möglichkeit, dieser Herausforderung approximativ zu begegnen, wäre die Nutzung des Charlson Comorbidity Index, der entsprechende Altersaufschläge ab dem 40. Lebensjahr berücksichtigt[298].

Zu diskutieren ist ebenfalls, ob die Zielindikation in die Auswertungen der Komorbiditäten mit inkludiert werden muss oder nicht. Bei einem Kontrollgruppendesign könnte dies zu einer systematischen Verzerrung führen, da bei der Interventionsgruppe mit Zielindikation der jeweilige Score bzw. Index systematisch höher liegt als bei der Kontrollgruppe ohne Zielindikation. Dies kommt auch der Definition von Feinstein aus dem Jahr 1970 entgegen, der Komorbiditäten lediglich als Nebendiagnosen definiert[299].

---

292 Elixhauser et al. 1998
293 Quan et al. 2005
294 van Walraven et al. 2009
295 Gagne et al. 2011
296 Hagn 2014
297 Hagn 2014
298 Charlson et al. 1994
299 Feinstein 1970

Ein Vorteil der Anwendung von Morbiditätsindizes ist die Abbildbarkeit der über die Zielindikation hinausgehenden gesamten Krankheitslast sowie deren Einfluss auf unterschiedliche Bereiche des Krankheitsverlaufs. Sie basieren auf internationalen Klassifikationssystemen, die eine internationale Anwendbarkeit möglich machen. Lediglich eine länderspezifische Anpassung der vierten Stelle der ICD-10-Systematik ist zu berücksichtigen[300]. Als ältestes Verfahren schneidet der unmodifizierte Charlson Index in der Untersuchung von Hagn am schlechtesten ab. Der Elixhauser Score hingegen hat durch seine höhere Diskriminierungsgüte deutlich bessere Ergebnisse erzielt. Der kombinierte Komorbiditätsscore und das Update des Charlson Index könnten in Zukunft mehr an Bedeutung gewinnen.

| **Empfehlungen** |
| --- |
| • Aus der Vielzahl an Möglichkeiten ist die für die jeweilige Studie am besten geeignete Methode zu wählen<br>• Es ist ein sinnvoller Zeitraum für die Diagnoseerfassung zu definieren und die relevante Diagnoseart- und Qualität im Kontext der Fragestellung festzulegen<br>• Die Zielindikation sollte bei einem Kontrollgruppendesign ausgeschlossen werden, da es sonst zu systematischen Verzerrungen kommen kann<br>• Haupt- und Nebendiagnose sollten berücksichtigt werden |

300 Hagn 2014

# 5. Datenextraktion und Aufgreifkriterien

Für eine systematische und zielgerichtete Datenextraktion existieren verschiedene Aufgreifkriterien. Für den zweckmäßigen Datenaufgriff ist es wichtig, einen geeigneten Selektionsalgorithmus zu wählen. Hierbei ist es entscheidend, die Kriterien so zu gestalten, dass möglichst alle relevanten Fälle eingeschlossen und gleichzeitig dabei unzureichend gesicherte oder nicht korrekte Fälle ausgeschlossen werden[301]. Auch der Grundsatz der Datensparsamkeit sollte bei dem Datenaufgriff berücksichtigt werden. Das bedeutet, dass bei der Erhebung, Verarbeitung und Nutzung personenbezogener Daten so wenig wie möglich Daten extrahiert werden sollten (§ 3a BDSG). Im Folgenden werden einige ausgewählte Aufgreifalgorithmen dargestellt.

Falls eine Indikation präzise mittels ICD-Codes abbildbar ist, können spezifische ICD-Diagnosen genutzt werden, um die für die jeweilige Studie relevanten Fälle zu identifizieren. Hierzu muss die jeweilige Indikation anhand eindeutiger ICD-Codes in ambulanten und/oder stationären Abrechnungsdaten dokumentiert und in dem relevanten Zeitraum abgerechnet worden sein. Zu diskutieren ist in diesem Zusammenhang die Diagnosesicherheit. Wie bereits erwähnt, existieren sowohl im ambulanten als auch im stationären Leistungsbereich unterschiedliche Kennzeichen in der Diagnosestellung. Im stationären Bereich wird zwischen Aufnahmediagnose, Einweisungsdiagnose, Entlassungsdiagnose, Verlegungsdiagnose, Hauptdiagnose und Nebendiagnose unterschieden. In vielen GKV-Routinedatenstudien werden üblicherweise die Hauptdiagnose und die Nebendiagnosen nach Entlassung als Aufgreifkriterium verwendet, da diese die validesten Diagnosen im stationären Sektor darstellen. Dies lässt sich damit begründen, dass Entlassungsdiagnosen aus Perspektive der dokumentierenden Krankenhäuser den höchsten abrechnungsrelevanten Nutzen haben (zu den damit verbundenen Herausforderungen siehe auch Kapitel 8). Im ambulanten Versorgungssektor erhalten die ICD-Codes für die Behandlungsdiagnose das Zusatzkennzeichen A, G, V und Z (siehe Kapitel 4.3.2). Häufig wird im ambulanten Bereich die gesicherte Diagnose als

301 Hoffmann und Glaeske 2011

Aufgreifkriterium gewählt. Jedoch kann je nach Fragestellung die Verdachtsdiagnose oder die »Zustand nach«-Diagnose als zusätzlicher Selektionsparameter dienen. Den Aufgriff lediglich durch eine V- oder Z-Diagnose vorzunehmen, ist eher unüblich. Dennoch können diese Qualitätsschlüssel für Subgruppenanalysen genutzt und beispielsweise bei Kosten-Vergleichsanalysen oder Vorher-Nachher-Vergleichen berücksichtigt werden. Gerade im ambulanten Leistungsbereich wird zuweilen der Vorwurf erhoben, dass ein ICD-10-Code das klinische Krankheitsbild, wie es sich vor allem dem ambulant tätigen Arzt darstellt, nur ungenügend beschreibt[302]. Um sicherzustellen, dass die zu analysierende Indikation auch tatsächlich vorliegt, kann auch ein mehrfaches Auftreten einer ambulanten Diagnose gefordert werden. Je nach Indikation und Fragestellung muss bei diesem Verfahren – wie auch im Morbi-RSA gefordert – eine ambulante Diagnose in einem der drei Folgequartale bestätigt werden[303]. Der reine Aufgriff über den jeweiligen ICD-Code empfiehlt sich auch, um die aktuelle Versorgungssituation der Erkrankten zu analysieren. Würde ein weiteres Aufgreifkriterium mit herangezogen werden (z. B. spezifische Arzneimittelverordnungen), wäre die aufgegriffene Population gegebenenfalls bereits lediglich eine Subgruppe, welche bereits künstlich eingegrenzt ist. Eine systematische Untersuchung aller relevanten Krankheitsfälle wäre somit nicht mehr möglich.

Dennoch empfiehlt es sich oftmals, eine ICD-Diagnose beispielsweise mit einem krankheitsspezifischen Arzneimittel zu verknüpfen. In diesem Fall werden Versicherte nur in die Studienpopulation aufgenommen, wenn für diese die jeweilige ICD-Diagnose und zusätzlich nach der ATC-Klassifikation codierte Arzneimittelverordnung abgerechnet wurde[304]. Auch die Verknüpfung mit indikationsbezogenen OPS-Codes oder Informationen aus anderen Leistungsbereichen kann als Aufgreifkriterium genutzt werden. Es ist immer darauf zu achten, dass die Spezifizierung der Zielpopulation nicht zu eng gefasst sein darf, da sonst lediglich einzelne Subgruppen des Krankheitsbildes erfasst werden. Eine weitere Herausforderung ist, dass ein Arzneimittel für mehrere Indikationen zugelassen werden kann. Hier empfiehlt es sich, das Indikationsspektrum mit den Verordnungsempfehlungen abzugleichen. Bei Analysen einer bestimmten Intervention ist auch ein Aufgriff über OPS-Codes üblich. So können implan-

302 Schubert et al. 2010

303 DIMDI 2013

304 GKV-Spitzenverband 2012

tierte Stents oder andere Operationsverfahren über die OPS ermittelt und die Versorgungssituation dieser Patienten transsektoral untersucht werden.

Eine weitere methodische Frage zur Identifizierung der Studienpopulation ist häufig das Alter der Patienten. Für manche Fragestellungen kann es sinnvoll sein, z. B. Kinder und Jugendliche von der Analyse auszuschließen, da für diese Subgruppe regelmäßig andere Behandlungsempfehlungen vorliegen[305]. Andersherum kann es bei Kinder- und Jugenderkrankungen, wie beispielsweise ADHS, Varizellen und Herpes Zoster, auch sinnvoll sein, sich auf dieses spezielle Kollektiv zu fokussieren, da manche Erkrankungen im Kinder- und Jungendalter gehäuft auftreten[306, 307].

Auch die Bedingung einer durchgängigen Versicherung wird bei vielen GKV-Routinedatenanalysen zugrunde gelegt. Hierbei werden lediglich Individuen betrachtet, die im gesamten Studienzeitraum durchgängig versichert waren. Dies kann zu einer Unterschätzung der tatsächlichen Studienpopulation und zu einer Verzerrung relevanter Outcomeparameter, wie beispielsweise den Behandlungskosten, führen, da Verstorbene unberücksichtigt bleiben und junge gesündere Versicherte häufiger als ältere Versicherte die Krankenkasse wechseln. Es existieren jedoch unterschiedliche statistische Methoden, beispielsweise die Ereigniszeitanalysen (siehe Kapitel 4.4.3), die auch zensierte Daten berücksichtigen.

Zu prüfen ist weiterhin, ob mit einem Indexereignis oder einer sogenannten Baseline-Periode gearbeitet werden soll (siehe Abbildung 12). Für den Vorbeobachtungszeitraum kann beispielsweise geprüft werden, welche weiteren Erkrankungen vor dem Indexereignis oder in der Baseline vorlagen (Kapitel 4.4.7). Definiert ist das Indexereignis als erstmaliges Auftreten eines Events bzw. Ereignisses im Beobachtungszeitraum (beispielsweise erstmals dokumentierte ICD-10-Diagnose oder Arzneimittelverschreibung). Die Baseline-Periode wiederum stellt einen klar definierten Vorbeobachtungszeitraum vor dem Indexereignis dar (z. B. die drei, sechs oder zwölf Monate vor dem Indexereignis), in dem beispielsweise mögliche Komorbiditäten und Patientencharakteristika gemessen werden können. Sie definiert also letztendlich eine Vorlaufzeit, die entweder als Ausgangspunkt gesehen wird, um relevante Charakteristika der Studienpopulation zu messen, oder als ein symptomfreier Zeitraum, um beispiel-

305 Neubauer et al. 2014
306 Damm et al. 2014
307 Klora et al. 2016

weise zwischen inzidenten und prävalenten Patienten differenzieren zu können. Bei der Darstellung dieses Vorgehens in einer Publikation oder in einem anderen Forschungsbeitrag (z. B. auf einem Poster) wird zur besseren Übersicht eine grafische Darstellung der Baseline, des Indexereignisses und des Nachbeobachtungszeitraums empfohlen (siehe Abbildung 12).

*Abbildung 12: Grafische Darstellung eines Untersuchungszeitraums inkl. Indexereignis*

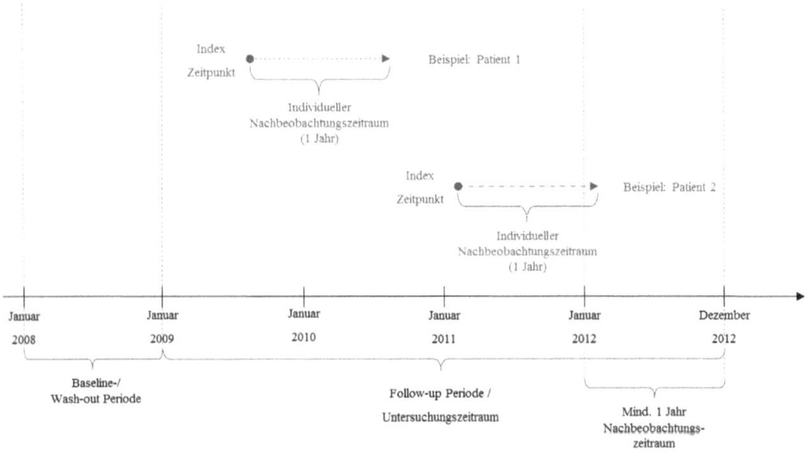


Quelle: Eigene Darstellung.

Ultsch et al. entwickelten für die Indikation Herpes Zoster einen Algorithmus zur Identifikation des initialen Diagnosedatums. Das Datum der initialen Diagnose wurde als das früheste Datum definiert, das sich mit folgendem Schema ermitteln ließ[308]:

- Verschreibungsdatum eines indikationsspezifischen Arzneimittels,
- Datum einer Hospitalisierung aufgrund der Zielindikation (Aufnahmedatum),
- Datum des Beginns einer zielindikationsspezifischen Arbeitsunfähigkeit,

308 Ultsch et al. 2013

– Datum des ambulanten Arztkontaktes, wenn es sich hierbei um die einzige Leistungsinanspruchnahme oder einzige Diagnose im Quartal der initialen Diagnose handelt,
– Datum des ersten ambulanten Kontaktes innerhalb des Quartals der initialen Diagnose mit dem Arzt, der die Diagnose zuerst dokumentiert hat, falls keine der zuvor erwähnten vier Bedingungen zutrifft.

Dieser innovative Ansatz könnte auch für andere GKV-Routinedatenstudien adaptiert werden, auch wenn diese Systematik ursprünglich für die Indikation Herpes Zoster entwickelt wurde. Häufig dient das Indexdatum dazu, für alle Versicherten einen einheitlichen Nachbeobachtungszeitraum sicherzustellen. Grundsätzlich sind, sowohl im Studienplan als auch während der Analysen, die Aufgreifkriterien und das Extraktionskonzept schriftlich zu fixieren.

| **Empfehlungen** |
|---|
| • Der Aufgreifalgorithmus muss definiert und vor Beginn der Studie festgelegt werden.<br>• Mögliche Kriterien beim Aufgriff sind:<br>  • Ausschließlich der ICD-Code; hier Kennzeichen in der Diagnosestellung beachten<br>  • Kombination aus ICD-Diagnose und krankheitsspezifischen Arzneimitteln<br>  • Kombination aus ICD-Diagnose und krankheitsspezifischen Prozeduren<br>  • Ausschließlich OPS- Prozeduren für eine bestimmte Intervention<br>• Es ist zu prüfen, welche Altersklassen mit einbezogen werden müssen<br>• Das Kriterium der durchgängigen Versicherung der Studienpopulation ist zu diskutieren<br>• Das Extraktionskonzept ist schriftlich zu fixieren<br>• Um einen einheitlichen Nachbeobachtungszeitraum sicherzustellen, empfiehlt es sich, mit einem Indexereignis und einer Baseline zu arbeiten<br>• Der Grundsatz der Datensparsamkeit ist zu beachten |

# 6. Datenvalidierung

Die Datenvalidierung ist nach der Datenlieferung bzw. -extraktion ein entscheidender Schritt in einer Routinedatenanalyse, da dies die Qualität und wissenschaftliche Eignung der Daten zur präzisen Beantwortung der relevanten Forschungsfragen sicherstellt. Auch die GPS fordert eine begleitende Qualitätssicherung als unabdingbaren Bestandteil jeder Sekundärdatenanalyse[309]. Dies ist aufgrund des Sekundärdatencharakters erforderlich, da auf Daten zurückgegriffen wird, die primär zu einem anderen Zweck und von anderen Personen erhoben wurden. Auf die primäre Datenerhebung und die Qualität der Dokumentation hat der Sekundärdatennutzer somit keinen Einfluss. Gerade bei den vertragsärztlichen Diagnosen kommt es laut Bundesversicherungsamt zu zahlreichen inkonsistenten Diagnosestellungen[310]. Zur Qualitätssicherung sind daher unter anderem Validierungsverfahren einzusetzen, um die Vorhersagequalität zu optimieren. Für die Überprüfung der Validität von GKV-Routinedaten existieren unterschiedliche Verfahren. Bei der internen Validierung wird die Konsistenz anhand des vorliegenden Datensatzes geprüft. Im Rahmen der externen Validierung erfolgt die Überprüfung hingegen anhand eines externen Goldstandards[311]. Im Folgenden werden unterschiedliche Validierungstechniken vorgestellt und ihre jeweiligen Vor- und Nachteile diskutiert. Des Weiteren wird auf die Überprüfung von Vollständigkeit sowie Plausibilität eingegangen.

## *6.1 Vollständigkeit*

Zunächst ist die Vollständigkeit der Daten zu prüfen, um die Qualität der GKV-Routinedaten beurteilen und überprüfen zu können. Im ersten Schritt sollte daher untersucht werden, ob alle für die Studie relevanten Variablen aus allen Leistungsbereichen übermittelt wurden. Liegen Informationen zu allen relevanten Variablen vor, muss geprüft werden, ob die

309 AGENS 2012
310 IGES Institut 2012
311 Hoffmann et al. 2008

datenliefernde Institution alle erforderlichen Informationen vollständig erfasst hat oder ob es zu Unterbrechungen im Datenfluss gekommen ist[312]. Die Suche nach auffälligen Mustern oder Schwankungen im Zeitablauf kann dabei wichtige Hinweise auf Inkonsistenzen liefern. So können beispielsweise Krankenhauseinweisungen, Verschreibungen, Diagnosen oder OPS-Codes im Zeitablauf (z. B. tages-, monats- oder quartalsbezogen) dargestellt und anhand einer grafischen Aufbereitung mögliche Unterbrechungen im Datenfluss identifiziert werden (siehe Abbildung 13). Auffällige Schwankungen können dann einen Hinweis auf Inkonsistenzen im Datenfluss geben. Hier kann sich im Bereich der ambulanten Diagnosen auch eine nach KVen stratifizierte Analyse anbieten, um Lücken im Datenfluss bei einzelnen KVen zu identifizieren[313].

*Abbildung 13: Grafische Aufbereitung im Zeitablauf*

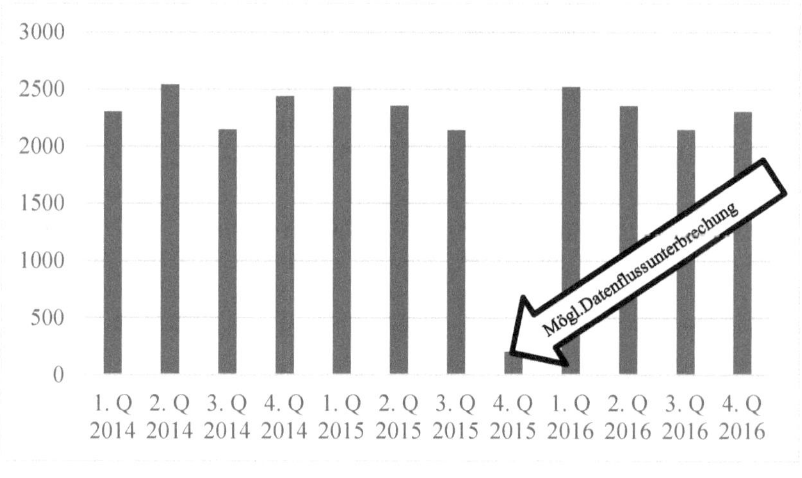


Quelle: Eigene Darstellung.

Eine Herausforderung stellt bei dieser Vorgehensweise jedoch die Abgrenzung zwischen natürlichen (saisonalen) Schwankungen wie beispielsweise dem »Dezemberknick«, d. h. einer geringen Zahl an Hospitalisierungen zu den Weihnachtsfeiertagen sowie zum Jahreswechsel, und tat-

312 Hoffmann et al. 2008
313 Hoffmann et al. 2008

sächlichen Datenlücken dar. Auch können Schwankungen im Arzneimittelbereich auf nachträgliche Ergänzungen zurückzuführen sein, da die Apothekenabrechnungszentren und Krankenkassen fehlende oder fehlerhafte Datumsangaben häufig auf den 5., 15. oder 25. Tag eines Monats[314] oder den letzten Tag eines Monats setzen.

Liegen für ein Projekt Daten mehrerer Krankenkassen vor, können datumsbezogene Ereignisraten im Zeitablauf dargestellt und miteinander verglichen werden[315]. Hoffmann et al. haben ein Verfahren vorgeschlagen, bei dem zunächst die Anzahl an Versicherten jeder liefernden Krankenkasse zeitbezogen bestimmt wird, z. B. pro Monat, und in Relation zu den Ereignisraten gesetzt wird[316]. Dann können beispielsweise die monatlichen Hospitalisierungsraten je 1.000 Versichertenmonate der verschiedenen Krankenkassen miteinander verglichen und auffällige Abweichungen identifiziert werden. Auch hier wird eine grafische Aufbereitung der Ergebnisse empfohlen. Mit diesem vergleichenden Verfahren können Unterbrechungen im Datenfluss von saisonalen Schwankungen abgegrenzt werden, da sich saisonale und extern bedingte Ausschläge bei allen Krankenkassen zeigen dürften[317].

Bei der Vollständigkeitsprüfung sollte darüber hinaus überprüft werden, ob und wie häufig bei einzelnen Variablen leere Datenfelder enthalten sind. Dies kann durchaus vorkommen, beispielsweise ist in den Arzneimitteldaten nicht zu jeder Verordnung auch ein ATC-Code angegeben. Dies ist häufig darauf zurückzuführen, dass zu einzelnen Arzneimitteln gar kein ATC-Code existiert, wie dies z. B. bei den in der Apotheke individuell angefertigten Zytostatika der Fall ist. Eine ungewöhnliche Häufung leerer Felder kann jedoch einen Hinweis auf eine Unterbrechung im Datenfluss geben.

Eine Verknüpfung von Daten verschiedener Leistungsbereiche kann ebenfalls ein sinnvoller Bestandteil der Vollständigkeitsprüfung sein. So ist beispielsweise zu prüfen, ob auch zu jedem Patienten, der Leistungen in Anspruch genommen hat, entsprechende Stammdaten geliefert wurden. Wenn in der Arzneimitteldatenbank beispielsweise Individuen mit einer entsprechenden Arzneimittelverordnung aufgeführt sind, zu deren Pseudonymen sich jedoch keine Stammdaten finden lassen, kann dies ein Hin-

---

314 Hoffmann et al. 2008

315 Hoffmann et al. 2008

316 Hoffmann et al. 2008

317 Hoffmann et al. 2008

weis auf Unvollständigkeit sein. Hier ist dann unter Rücksprache mit dem Dateneigner zu klären, ob diese Personen bei der Extraktion der Stammdaten übersehen wurden oder ob es sich um Personen handelt, bei denen die Krankenkasse in Vorleistung gegangen ist und daher kein eindeutiges Pseudonym existiert. Dies kann der Fall sein, wenn ein Versicherter lediglich pflege-, renten- und arbeitslosenversichert ist oder unter das Bundessozialhilfegesetz[318] fällt. Bei diesen Personen geht die Krankenkasse zunächst in Vorleistung, d. h. die Person verursacht Kosten und erscheint als Abrechnungs- bzw. Kostenfall in den Versorgungs- und Leistungsbereichen, diese Kosten werden jedoch rückwirkend zurückerstattet. Diese Fälle müssen von weiteren Analysen ausgeschlossen werden, da sie nicht bei der Krankenkasse versichert sind und daher keine expliziten Stammdaten vorliegen.

| **Empfehlungen** |
|---|
| • Nach der Datenlieferung muss überprüft werden, ob:<br>  • Alle relevanten Variablen aus allen Leistungsbereichen übermittelt wurden<br>  • Die erforderlichen Informationen vollständig erfasst wurden oder Unterbrechungen im Datenfluss existieren<br>  • Auffällige Muster oder Schwankungen im Zeitablauf vorhanden sind<br>  • Zu jedem Patienten, der Leistungen in Anspruch genommen hat, auch entsprechende Stammdaten geliefert wurden<br>  • Und wie häufig bei einzelnen Variablen leere Datenfelder existieren |

## *6.2 Interne Diagnosevalidierung*

Einen Schritt weiter als die Vollständigkeitsprüfung geht die interne Validierung. Bei dieser wird die Konsistenz anhand des vorliegenden Datensatzes geprüft. Ein besonders wichtiger Bestandteil der internen Validierung ist die interne Diagnosevalidierung. Da ICD-Diagnosen das klinische Krankheitsbild, insbesondere bei Symptomen und Beschwerden mit einem unspezifischen oder multifaktoriellen sowie psychosomatischen Hintergrund, teilweise nur unzureichend beschreiben, stellt sich bei jeder Studie die Frage, ob die Codierung valide ist[319]. Ziel der Diagnosevalidierung ist daher die Bestätigung einer Diagnose anhand weiterer Charakteristika aus

318 BSHG 1999
319 Schubert et al. 2010

den GKV-Routinedaten[320]. Dabei soll eine Abgrenzung zwischen sicheren und unsicheren Diagnosen, d. h. zwischen Verdachts-/Ausschlussdiagnosen und gesicherten Diagnosen, vorgenommen werden[321]. Außerdem soll zwischen akut auftretenden und bereits länger zurückliegenden historischen Ereignissen differenziert werden. Die Abgrenzung zwischen akuten und historischen Ereignissen ist bei Krankenhausdiagnosen in der Regel jedoch nicht notwendig, da diese stets akute Erkrankungen erfassen. Im ambulanten Bereich ist dies hingegen erforderlich, da beispielsweise die Praxissoftware Einfluss auf die Codierweise nehmen kann[322]. Die Identifikation von gesicherten Diagnosen wird seit dem 1. Januar 2004 erleichtert, da seit diesem Zeitpunkt die Diagnosesicherheit verpflichtend in den ambulanten Daten differenziert wird[323] (siehe auch Kapitel 4.3.2). In einer Untersuchung von Hoffmann et al. zeigte sich, dass im Jahr 2006 der Anteil gesicherter Diagnosen bei rund 90 % lag und sich je nach Krankenkasse nur in 1,6 % bis 3,8 % keine Angaben zur Diagnosesicherheit finden ließen[324]. Die Gründe für den recht hohen Anteil fehlender Diagnosesicherheitscodierung könnten auf fehlende Angaben der Ärzte oder auf Übermittlungsprobleme bei der Zusammenführung der Daten einzelner KVen für die zentrale Auswertung zurückzuführen sein. Bei jeweils rund 3 % lagen die Anteile der ausgeschlossenen Diagnosen, Verdachtsdiagnosen bzw. »Zustand nach«-Diagnosen[325].

Für die interne Validierung existiert bisher kein allgemeiner Standard, die Vorgehensweise ist im Hinblick auf den jeweiligen Auswertungsinhalt festzulegen[326]. Beispielsweise können Arzneimittelinformationen, ärztliche ambulante Leistungen (EBM), verordnete Sachleistungen (z. B. Heil- und Hilfsmittel) und Prozeduren im Krankenhaus (OPS) für die Sicherung einer Diagnose verwendet werden[327]. In der Literatur finden sich verschiedene Beispiele zur internen Diagnosevalidierung. Hoffmann et al. stellen ein Verfahren vor, bei dem das akute venöse thromboembolische Ereignis, d. h. die tiefe Beinvenenthrombose bzw. Lungenembolie, anhand von Co-

---

320 Garbe 2008
321 Hoffmann et al. 2008
322 Schubert et al. 2010
323 Hoffmann et al. 2008
324 Hoffmann et al. 2008
325 Hoffmann et al. 2008
326 Schubert et al. 2010
327 Schubert et al. 2010

umarin-Verschreibungen, Informationen zum Versterben sowie Krankenhauseinweisungen validiert wird[328]. Als weiteres Beispiel kann die Hinzuziehung von Antidiabetikaverordnungen bei der Identifizierung von Diabetespatienten genannt werden.

Der bisher umfassendste methodische Vorschlag zur internen Diagnosevalidierung bei chronischen Erkrankungen findet sich bei Schubert et al.[329]. Hierbei wurden Kriterien für die Einschätzung der Validität bei den drei Erkrankungen Herzinsuffizienz, Demenz und Tuberkulose zur Prävalenzschätzung entwickelt. Bei diesem Verfahren werden zunächst alle ICD-Diagnosen zusammengetragen, welche die Zielerkrankung vollständig beschreiben. Danach werden alle Versicherten selektiert, bei denen mindestens eine der relevanten ICD-Diagnosen als ambulante Diagnose und/oder stationäre Diagnose (Aufnahme-, Entlassungs-, Haupt- und Nebendiagnosen) dokumentiert wurde. Im nächsten Schritt werden dann mithilfe eines Ausschlussverfahrens alle Patienten selektiert, die potenziell an der definierten Zielerkrankung leiden. Ausgeschlossen werden alle Patienten, die ausschließlich ambulante Diagnosen mit dem Zusatz »ausgeschlossene Diagnose« oder »Verdachtsdiagnose« haben. In einem weiteren Schritt wird untersucht, ob die relevante Diagnose ausschließlich im ambulanten oder stationären Sektor oder in beiden Sektoren vorgelegen hat. Dann wird für jeden Bereich geprüft, inwieweit vorab definierte Kriterien zur Diagnosesicherung erfüllt sind. Dabei können die im Folgenden näher beschriebenen Kriterien herangezogen werden.

### Diagnose in mehreren Quartalen

Bei chronischen und schwerwiegenden Erkrankungen ist von einer regelmäßigen Wiederholung der Diagnosedokumentation im ambulanten und/ oder stationären Sektor auszugehen. Wird die Diagnose nur einmal dokumentiert, kann bei chronischen und regelmäßig behandlungsbedürftigen Erkrankungen davon ausgegangen werden, dass es sich um eine Verdachtsdiagnose oder Fehldiagnose handelt.

---

328 Hoffmann et al. 2008
329 Schubert et al. 2010

Diagnose durch verschiedene Ärzte

Die Dokumentation einer Diagnose durch mehrere Ärzte oder Einrichtungen kann ebenfalls ein aussagekräftiges Kriterium zur Absicherung einer Diagnose darstellen. So kann eine Reihe unterschiedlicher Ursachen zu einer Dokumentation durch mehrere Ärzte führen (z. B. fortgeschrittenes Stadium der Erkrankung, Abklärung einer Erstdiagnose durch einen weiteren Arzt, eine stationäre Behandlung oder eine Urlaubsvertretung des Arztes).

Unterschiedlich differenzierte ICD-Diagnosen

Herausgeber von ICD-10-GM und OPS ist das DIMDI. Änderungen im Krankheitsspektrum und der medizinisch-technische Fortschritt werden durch jährliche Anpassungen der Klassifikationen berücksichtigt. Deswegen kann die Dokumentation verschiedener ICD-Diagnosen für die Zieldiagnose ebenfalls als Kriterium zur Validierung herangezogen werden. Unterschiedliche Spezifizierungen der ICD-Diagnose im Zeitablauf, z. B. durch Angaben zur Topografie, zur Stadieneinteilung oder zu Komplikationen, können die Validität der Diagnose erhärten. Dieses Kriterium erfüllen Patienten, für die sich unterschiedlich differenzierte Diagnosen innerhalb der Zieldiagnose finden (z. B. Diabetes und diabetesbedingte Komplikationen).

Medikation

Auch medikamentöse Verordnungen können zur Bestätigung einer Diagnose genutzt werden, sofern das Medikament für eine gut eingrenzbare, enge Indikation (z. B. Insulin) zugelassen ist. Bei chronischen Erkrankungen muss die Arzneimittelverordnung nicht zwangsläufig im Quartal der Diagnosestellung liegen. Bei weniger spezifischen Verordnungen kann eine Verknüpfung zwischen dem die Diagnose codierenden und dem die Verordnung ausstellenden Arzt, jeweils im selben Quartal, vorgenommen werden. Verordnungen anderer Ärzte, die eventuell zur Behandlung anderer Erkrankungen ausgestellt wurden, können mit diesem Verfahren ausgeschlossen werden und die Wahrscheinlichkeit, dass eine unspezifische

Medikation mit der Zieldiagnose in Zusammenhang steht, kann erhöht werden.

Als weiteres Verfahren zur internen Validierung ist die Reproduktion eines bekannten Zusammenhangs möglich. Hoffmann et al. haben anhand der Verordnung eines Psychostimulans (Methylphenidat, Pemolin, Fenetyllin, Amphetamin-Rezepturen) bei Kindern und Jugendlichen auf die Diagnose F90 (Hyperkinetische Störung) geschlossen[330]. Anschließend wurde der Zusammenhang zwischen einer Hyperkinetischen Störung und Unfällen untersucht. Bei Kindern mit Stimulanzienverordnung war das relative Risiko, wegen Verletzungen oder Vergiftungen im Krankenhaus behandelt zu werden, signifikant erhöht.

Versterben im unmittelbaren zeitlichen Zusammenhang zur Diagnose

Bei Erkrankungen mit einer hohen Wahrscheinlichkeit zu versterben ist keine Diagnosewiederholung zu erwarten. In diesen Fällen schlagen Schubert et al. folgende Definition zur Diagnosesicherung vor:

a) der Patient verstirbt während eines Krankenhausaufenthaltes (Sterbedatum ist gleich dem Krankenhauseinweisungsdatum und die Aufnahme-, Entlassungs-, Haupt- oder Nebendiagnosen ist die Zieldiagnose),
b) Patient mit Zieldiagnose verstirbt vier Wochen nach dem Krankenhausaufenthalt (Aufnahme-, Entlassungs-, Haupt- oder Nebendiagnosen ist die Zieldiagnose),
c) bei einmaliger ambulanter Diagnose: Patient verstirbt im Diagnosequartal[331].

Bei Erkrankungen mit einer entsprechend hohen Mortalität (z. B. Herzinfarkte) kann das Versterben zur Diagnosesicherung herangezogen werden.

Weitere Kriterien

Je nach Forschungsfrage und Datengrundlage können weitere Kriterien verwendet werden. Hier seien beispielsweise EBM-Leistungen, Heil- und

330 Hoffmann et al. 2008
331 Schubert et al. 2010

Hilfsmittelverordnungen oder OPS-Leistungen genannt, die im Zusammenhang mit der Zielerkrankung stehen.

Nach der Festlegung geeigneter Kriterien sind diese für einen genau definierten Zeitraum für jeden einzelnen Versicherten zur Diagnosesicherung zu prüfen. Zur Beurteilung der Validität wird zunächst eine getrennte Betrachtung nach dem ambulanten und stationären Sektor empfohlen, da hierdurch Unterschiede in der Codierweise zwischen den Sektoren deutlich werden. Wird eine Zusammenführung erforderlich, werden die stationären Diagnosen ebenfalls beispielsweise Quartalen zugeordnet, um einen einheitlichen Definitionszeitraum für ambulante und stationäre Diagnosen zu erhalten. Aufnahme- und Nebendiagnosen werden dabei dem Quartal der Aufnahme und Hauptentlassungsdiagnosen dem Quartal der Entlassung zugeordnet[332]. Eine Beschränkung des Validierungszeitraums auf den Prävalenzzeitraum, d. h. den Zeitraum, für den eine Prävalenzschätzung vorgenommen werden soll, wird nicht empfohlen. Dies würde keine Beurteilung von Patienten erlauben, die im Beobachtungsjahr versterben, deren Erkrankung endet, bei denen die Diagnose erstmalig gestellt wird oder die unregelmäßig einen Arzt aufsuchen. Für die interne Diagnosevalidierung wird daher ein Zeitraum von drei Quartalen vor und drei Quartalen nach dem Prävalenzzeitraum empfohlen. Die Validierung erfolgt dann für einen Patienten mit Zieldiagnose für jedes einzelne Diagnosequartal im Prävalenzzeitraum getrennt. Zur Validierung der Quartalsdiagnose wird ein Zeitraum von drei Quartalen vor und nach diesem Quartal herangezogen. Dann wird nacheinander für die vier sich ergebenden Zeitfenster geprüft, ob die relevanten Validierungskriterien erfüllt sind. Ist ein Kriterium in mindestens einem Zeitfenster erfüllt, so gilt das Kriterium für das beobachtete Diagnosequartal als bestätigt. Dieses Verfahren wird für jedes Quartal des Prävalenzzeitraumes wiederholt. Wird bei einem Patienten die Zieldiagnose in mindestens einem Quartal als valide eingestuft, so gilt die Bestätigung der Diagnose für den gesamten Prävalenzzeitraum.

Kritisch ist im Hinblick auf die interne Validierung anzumerken, dass die Diagnosen mit diesem Verfahren anhand von Charakteristika derselben Datenquelle überprüft werden[333]. Das Verfahren zur internen Validierung von Schubert et al. kann nicht identifizieren, ob eine Diagnose zurechtgestellt und der Patient richtig behandelt wurde; vielmehr kann nur

---

332 Schubert et al. 2010
333 Hoffmann et al. 2008

die interne Konsistenz der Angaben geprüft werden[334]. Außerdem ist das Verfahren vom Inanspruchnahmeverhalten der Versicherten abhängig. Dies kann dazu führen, dass die Diagnosevalidität von Erkrankungen, die mit einer unregelmäßigen Inanspruchnahme verbunden sind, unterschätzt wird.

| **Empfehlungen** |
| --- |
| • Diagnosevalidität ist beispielsweise durch folgende Kriterien zu prüfen:<br>  • Diagnose in mehreren Quartalen<br>  • Diagnose durch verschiedene Ärzte<br>  • Unterschiedlich differenzierte ICD-Diagnosen<br>  • Indikationsabhängige Leistungen und Arzneimittel<br>  • Das Versterben bei Erkrankungen mit einer hohen Mortalität<br>• Es muss berücksichtigt werden, dass die Diagnosevalidität von der untersuchten Erkrankung abhängig ist<br>• Die Validierung sollte in enger Abstimmung mit Medizinern und Kassenvertretern stattfinden<br>• Der Zeitraum zur Diagnosesicherung muss definiert werden<br>• Empfohlen wird eine getrennte Betrachtung des ambulanten und stationären Sektors |

## *6.3 Externe Validierung*

Bei der externen Validierung erfolgt die Überprüfung anhand eines externen »Goldstandards«[335]. Als Goldstandard kommt dabei beispielsweise die Patientenakte des Hausarztes, die Krankenhausakte oder auch eine Patientenbefragung in Betracht. Die externe Validierung von Diagnosen erfolgt in der Forschungspraxis meist anhand einer kleinen Stichprobe an Patienten, da sie mit einem erheblichen Aufwand verbunden ist. Auch eine Rezeptsichtung, d. h. ein Abgleich zwischen den Originalrezepten und den GKV-Routinedaten, kann wichtige Hinweise geben[336]. Die externe Validierung ist jedoch, wie erwähnt, mit einem erheblichen Aufwand verbunden und muss aus Datenschutzgründen durch die Krankenkasse oder eine Vertrauensstelle durchgeführt werden. Aufgrund datenschutzrechtlicher Restriktionen ist eine externe Validierung vorhandener Diagnosen häufig nicht möglich. Umfassende externe Validierungsstudien sind für Deutsch-

334 Schubert et al. 2010
335 Hoffmann et al. 2008
336 Hoffmann et al. 2008

land nicht bekannt[337]. Insgesamt liegt in Deutschland daher wenig Wissen über die Diagnosevalidität vor. Die externe Validierung liefert jedoch den größten Zugewinn an Informationen zur Güte einer Diagnose[338].

| **Empfehlungen** |
| --- |
| • Wenn möglich, sollte eine Validierung anhand externer Quellen durchgeführt werden |

## *6.4 Plausibilität*

Bei der Plausibilitätsprüfung sollen »unlogische und falsche« Informationen identifiziert werden. Hier kann beispielsweise überprüft werden, ob in der Datenbank falsche Datumsinformationen vorliegen. So wird bei zeitraumbezogenen Informationen wie der Verweildauer im Krankenhaus geprüft, ob zwischen dem Aufnahme- und Entlassungsdatum eine negative Differenz liegt, d. h. die Entlassung vor der Aufnahme erfolgte. Auch das Vorliegen negativer Kosten kann einen Hinweis auf Unstimmigkeiten geben. Dies muss jedoch nicht zwangsläufig der Fall sein, da negative Kosten auch auf nachträgliche Umbuchungen, Regresse oder Gutschriften zurückzuführen sein können. Hier muss im Einzelfall eine Abstimmung mit dem Dateneigner stattfinden, um die Plausibilität negativer Werte einschätzen zu können.

Bei der Plausibilitätsprüfung kann auch nach nicht plausiblen Altersangaben gesucht werden. Ein Alter von mehr als 124 Jahren kann einen eindeutigen Hinweis auf einen Erfassungsfehler geben. Kerek-Bodden et al. definieren Altersangaben von einem Tag bis 110 Jahre als plausibel[339]. Sie begründen diese Obergrenze damit, dass Menschen, die älter als 110 Jahre sind, extrem selten vorkommen. Altersangaben von mehr als 110 Jahren werden auf k. A. (keine Angabe) gesetzt. Auch bei anderen Variablen kann nach unrealistischen Ausreißern gesucht werden. Als Beispiele seien unrealistisch lange oder kurze Liegezeiten im Krankenhaus oder auch Hochkostenfälle genannt.

Eine weitere Auffälligkeit stellen im Zeitablauf wechselnde Geschlechtsinformationen dar. Auch wenn dies in Einzelfällen durchaus vor-

337 Schubert et al. 2010
338 Hoffmann et al. 2008
339 Kerek-Bodden et al. 2005

kommen kann, sollten diese Fälle überprüft werden. Sonst kann es bei Subgruppenanalysen, beispielsweise zu Genderunterschieden, zu Zuordnungsproblemen in die jeweilige Subgruppe kommen. Um dieser Auffälligkeit entgegenzuwirken, kann beispielsweise nach geschlechtsspezifischen Erkrankungen oder nach für einen Geschlechtswechsel typischen Arzneimittelverordnungen gesucht werden. Des Weiteren sind geschlechtsspezifische Diagnoseschlüssel zu prüfen. So gelten Daten als nicht plausibel, wenn für einen Mann die Diagnose O81 »Geburt« codiert wird. Wie mit solchen Unplausibilitäten umzugehen ist, wird im Kapitel 7 detailliert erläutert.

Als weitere Möglichkeit zur Plausibilitätsprüfung kann die zeitliche Konstanz der Versichertenzeiten überprüft werden. Sofern beim Dateneigner ausschließlich Informationen zu durchgängig versicherten Personen angefordert wurden, stellen Unterbrechungen bei den Versichertenzeiten einen Hinweis auf Fehler bei der Datenextraktion dar.

Bei Kosteninformationen sind ebenfalls Plausibilitätsprüfungen möglich. Zum einen sollte bei ökonomischen Analysen immer ein zumindest stichprobenartiger Abgleich der erfassten Kosten mit öffentlich zugänglichen Gebührenordnungen durchgeführt werden. Dies kann bei Arzneimittelkosten beispielsweise über die Preisinformationen aus der Lauer-Taxe praktisch umgesetzt werden. Auch ein Vergleich der übermittelten Daten mit Standardkostensätzen, beispielweise aus dem DRG-System, ist zu empfehlen. Größere Abweichungen können hierbei einen Hinweis auf Fehler geben. So kann es sein, dass beispielsweise die Punktsumme, wie der Name es schon sagt, bereits die Summe der EBM-Punkte für erbrachte Einzelleistungen ist. Hierbei wird an die jeweiligen Leistungen durch die Krankenkassen immer die gleiche Punktsumme herangespielt und es kommt zur Duplizierung dieses Werts. Eine Überschätzung der Kosten wäre dann die Folge. Zum anderen sollte die Währungseinheit überprüft werden, d. h. ob es sich um Euro- oder Cent-Werte handelt. In der Dokumentationspraxis kann es nämlich durchaus vorkommen, dass die Kosteninformationen aus einzelnen Leistungsbereichen (z. B. Heilmittel) in Cent-Angaben skaliert sind. Auch hier sind eine Überprüfung der Plausibilität anhand externer Datenquellen sowie eine anschließende Transformation in einheitliche Euro-Werte sinnvoll.

Bei Längsschnittanalysen sind mögliche Änderungen der Datenerhebung und -erfassung sowie die Gültigkeitsdauer der Schlüssel zur Merkmalcodierung im zeitlichen Verlauf zu prüfen[340]. Diese Überprüfung ist erforderlich, da sich die verwendeten Merkmalcodierungen und Klassifikationssysteme im Zeitablauf ändern können. Beispielsweise ist dies bei der ATC-Klassifikation der Fall, wo sich die ATC-Codes der TNF-α-Hemmer Adalimumab, Etanercept und Infliximab im Jahr 2008 geändert haben. Der bis zum Jahr 2007 bei Adalimumab gültige ATC-Code L04AA17 wurde dabei auf den ATC-Code L04AB04 geändert. Derartige Änderungen sind bei der Studienplanung unbedingt zu beachten, da andernfalls eine lückenhafte Erfassung für die betroffenen Zeiträume droht. Auch können veraltete PZN-Nummern neu vergeben werden, die Überprüfung der zeitlichen Konsistenz der Klassifikationen ist somit zu prüfen. Zusätzlich können gesundheitspolitische Entscheidungen zu Trends und Sprungstellen bei den Leistungsdaten führen[341]. Als Beispiel kann die vorgezogene Inanspruchnahme von Leistungen als Effekt einer Ankündigung von Zuzahlungserhöhungen, Leistungseinschränkungen oder Leistungsausschlüssen genannt werden. Zur Vermeidung von Fehlinterpretationen ist eine Berücksichtigung derartiger zeitlicher Effekte dringend zu empfehlen.

Das Auftreten weiterer zeitlicher Besonderheiten sollte ebenfalls überprüft werden. Ein Beispiel wäre hier die Anzahl abgerechneter EBM im ambulanten Bereich. So sollte von montags bis freitags eine höhere Anzahl an abgerechneten Leistungen anfallen als am Wochenende. Im Gegenzug sind dadurch, da häufig die ambulanten Praxen am Wochenende geschlossen sind, die Krankenhauseinweisungen höher. Sollten auffällige Peaks oder Einbrüche erkennbar sein, sind die Daten genauer zu überprüfen.

Die GPS fordert darüber hinaus eine Überprüfung der Anonymisierung bzw. Pseudonymisierung, da Fehler bei diesem Prozessschritt den Rohdatensatz verändern und Auswertungsergebnisse verfälschen können[342]. Dies kann beispielsweise durch eine stichprobenartige Prüfung und Sichtung der Ausgangsdatensätze sowie der anonymisierten bzw. pseudonymisierten Datensätze oder durch Pseudonymisierung von Testdaten geschehen. In diesem Zusammenhang sind jedoch selbstverständlich datenschutzrechtliche Aspekte zu prüfen.

340 Grobe und Ihle 2005

341 Holle et al. 2005

342 AGENS 2012

| **Empfehlungen** |
| --- |
| • Die Plausibilität der Daten muss anhand von zweckdienlichen Variablen überprüft werden. Beispiele hierfür sind:<br>• falsche Datumsinformationen,<br>• negative Kosten,<br>• nicht plausible Altersangaben,<br>• wechselnde Geschlechtsinformationen,<br>• lange oder kurze Liegezeiten im Krankenhaus oder Hochkostenfälle,<br>• Konstanz der Versichertenzeiten,<br>• Konstanz der Merkmalcodierungen und Klassifikationssysteme,<br>• Überprüfung der Anonymisierung bzw. Pseudonymisierung,<br>• Auftreten zeitlicher Besonderheiten<br>• Standardkostensätze mit übermittelten Daten abgleichen<br>• Änderungen der Datenerhebung und -erfassung sowie die Gültigkeitsdauer der Schlüssel zur Merkmalcodierung im zeitlichen Verlauf sind zu prüfen<br>• Eine enge Abstimmung mit dem Dateneigner ist erforderlich, um die Plausibilität unterschiedlicher Werte einschätzen zu können |

# 7. Datenaufbereitung und -analyse

Nach der Prüfung der Vollständigkeit und Validität sind die Datenaufbereitung und -analyse die nächsten Schritte einer GKV-Routinedatenstudie. Die Datenaufbereitung dient dazu, die Abrechnungsdaten für wissenschaftliche Auswertungen nutzbar zu machen. Aufgrund des Sekundärdatencharakters sind häufig umfassende Aufbereitungsschritte erforderlich, um die GKV-Routinedaten im Hinblick auf die zu beantwortenden Fragestellungen auswerten zu können. Im Folgenden werden Empfehlungen gegeben, wie beispielsweise mit Ausreißern, Nullkosten und anderen Datenauffälligkeiten umgegangen werden kann. Jegliche Schritte der Datenaufbereitung müssen sorgfältig dokumentiert werden, damit die methodische Vorgehensweise immer nachvollziehbar und transparent ist. Eine Möglichkeit zur systematischen Dokumentation ist die Erstellung eines Datenaufbereitungsprotokolls. In diesem Protokoll sollten die Anzahl und die Struktur der übermittelten Datensätze, das Erhebungs- und Lieferdatum, Codierungsänderungen und gegebenenfalls Referenzlisten schriftlich vermerkt sein[343].

## *7.1 Allgemeines Vorgehen*

Die Reproduzierbarkeit der einzelnen Prozessschritte – beispielsweise die Aufbereitung und die Bereinigung der Daten – ist zu jedem Zeitpunkt sicherzustellen. Als Referenzgröße kann dabei auch der noch nicht modifizierte Originaldatensatz dienen. Hierfür wird empfohlen, vom Originaldatensatz eine Sicherheitskopie zu erstellen. Dieser Ausgangsdatensatz ist getrennt von den Auswertungsdatensätzen aufzubewahren und es sind die Vereinbarungen zu den Aufbewahrungsfristen des Datenschutzkonzeptes zu berücksichtigen. Während aller Auswertungs- und Aufbereitungsschritte sind Kontrollen hinsichtlich der Plausibilität durchzuführen. So muss z. B. die Anzahl der Datensätze bei einer Zusammenfügung mehrerer Tabellen der Summe der Einzeltabellen entsprechen. Genauer gesagt ist da-

343 AGENS 2012

rauf zu achten, dass beim Zusammenfügen kein Individuum unberücksichtigt bleibt sowie Einzeldaten wie beispielsweise einzelne Verordnungen oder Diagnosen aus technischen Gründen bei der Aufbereitung wegfallen.

Der Aufwand für die Aufbereitung der GKV-Routinedaten sollte nicht unterschätzt werden, insbesondere wenn Daten aus unterschiedlichen Leistungsbereichen verwendet werden. Bei der Auswertung größerer Datensätze sind Kontrollen von einzelnen Beobachtungen kaum möglich und anschließende individuelle Korrekturen einzelner Beobachtungen nicht effizient umsetzbar. Selbst geringe Fehlerquoten von unter einem Prozent können, je nach Datenbankgröße, bereits mit mehreren Tausend Fehleinträgen verbunden sein. Daher müssen in der Regel Aufbereitungsroutinen, die relevante Fehler ohne Einzelfallprüfung automatisiert korrigieren bzw. entsprechende Merkmalsausprägungen löschen, programmiert werden[344].

| **Empfehlungen** |
|---|
| • Die Reproduzierbarkeit der einzelnen Prozessschritte ist zu jedem Zeitpunkt sicherzustellen<br>• Es wird empfohlen, eine Sicherheitskopie des Originaldatensatzes zu erstellen<br>• Vereinbarungen des Datenschutzkonzeptes müssen bei der Datenaufbereitung berücksichtigt werden<br>• Der Aufwand für die Aufbereitung der GKV-Routinedaten sollte nicht unterschätzt werden und muss in die zeitliche Planung einkalkuliert werden |

## *7.2 Datenauffälligkeiten*

Bei GKV-Routinedatenanalysen werden häufig ganz unterschiedliche Datenauffälligkeiten im Rahmen der Validierung und der deskriptiven Analyse ersichtlich. Zur Identifikation relevanter Auffälligkeiten können verschiedene Instrumente eingesetzt werden. So sind bei einer überschaubaren Datenmenge beispielsweise Ausreißer schnell mittels eines Boxplots dargestellt und identifiziert. Auch die Ermittlung des Minimums und Maximums der jeweiligen Variablen kann Aufschluss über Datenauffälligkeiten geben. Häufigkeitstabellen und Streudiagramme (siehe Abbildung 14) stellen eine weitere Möglichkeit zur Identifikation auffälliger Muster dar.

Eine enge Zusammenarbeit und Rücksprache mit dem Datenhalter ist hierbei sehr wichtig, um die Plausibilität auffälliger Muster im Kontext der Datenentstehung mit den zuständigen Fachabteilungen diskutieren zu

344 Grobe und Ihle 2005

können. Sind die Abweichungen auf einen Fehler bei der Datenextraktion zurückzuführen, empfiehlt es sich, die Daten gegebenenfalls neu anzufordern. Fehler in den Daten können bei unterschiedlichen Vorgängen entstehen. Unterschieden werden können Fehler bei der eigentlichen Erfassung der Daten bei den Leistungserbringern, Fehler bei der Extraktion der Daten aufseiten der Krankenkasse und Fehler bei der Formatierung bzw. beim Einlesen der Daten beim Forscher. Darüber hinaus gibt es Auffälligkeiten, die nur fälschlicherweise als Datenfehler interpretiert werden. Gegebenenfalls müssen auch das Aufgreifkriterium, die Zeiträume oder zusätzliche Variablen neu definiert werden.

*Abbildung 14: Streudiagramm*

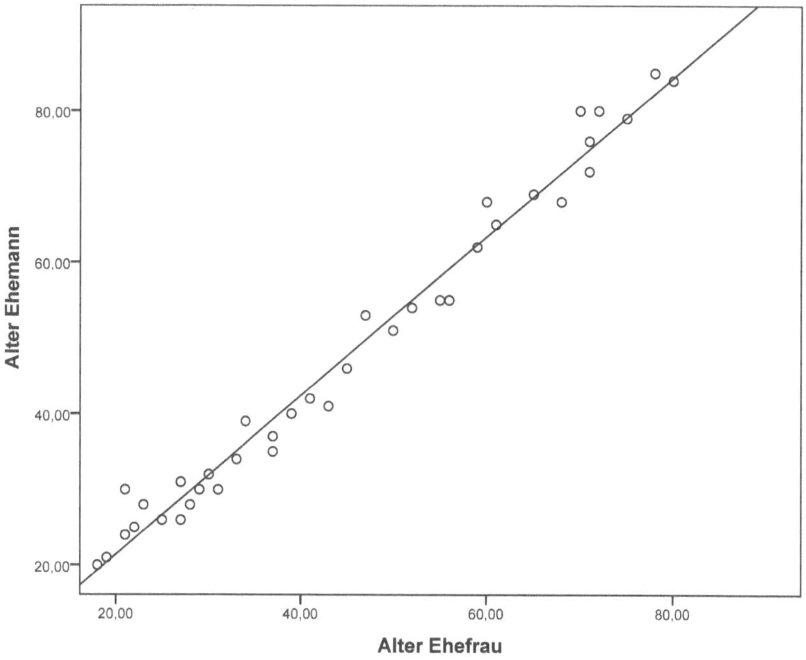


Quelle: Eigene Darstellung.

Nach einer systematischen Identifizierung aller Datenauffälligkeiten existieren unterschiedliche methodische Möglichkeiten, wie mit diesen Abweichungen umgegangen werden kann. Ein simples, aber wissenschaftlich recht zweifelhaftes Vorgehen ist es, alle Auffälligkeiten zu ignorieren. Das heißt, die auffälligen Ausprägungen der Variablen werden in ihrem Rohzustand belassen und nicht weiter verändert. Der Vorteil dieser Herangehensweise ist die leichte Umsetzbarkeit und die minimale Manipulation der Originaldaten. Nachteilig ist jedoch, dass dieses Vorgehen womöglich zu Verzerrungen führen kann. Genauer gesagt könnten z. B. aus einer deskriptiven Angabe von Minimum und Maximum falsche Schlüsse gezogen werden, wenn die Werte falsch oder unrealistisch sind. Beispielsweise könnte bei einer Kosten-Minimumangabe ein negativer Wert berichtet werden, der als unrealistisch eingestuft wird bzw. nicht nachvollziehbar ist. Dieses Vorgehen ist daher in der Regel nicht zu empfehlen. Handelt es sich jedoch um redundante Datensätze, sind diese zu löschen.

Eine weitere Möglichkeit, aber auch die drastischste Maßnahme mit Datenauffälligkeiten umzugehen, ist ein Ausschluss auffälliger Merkmalsausprägungen. Werden Unplausibilitäten bei der Validierung entdeckt, können betroffene Datensätze gelöscht werden. Dieses Vorgehen ist jedoch lediglich bei einer größeren Datenmenge zu empfehlen, da durch das Löschen relevante Informationen verloren gehen. Zu beachten ist bei dieser Strategie, dass selbst bei großen Datenmengen relevante Verzerrungen auftreten können, wenn es sich bei den Auffälligkeiten um systematische Fehler handelt. Es ist daher immer sorgfältig zu prüfen, welche Auswirkungen das Löschen einzelner Datensätze im Hinblick auf die Aussagekraft der Studienergebnisse hat. Der Ausschluss aller einzelnen Datensätze ist umfassend zu dokumentieren.

Wenn ein eigenständiges Korrigieren der Daten valide möglich ist, sollte dieses Vorgehen allen anderen oben genannten Möglichkeiten vorgezogen werden. Ein Beispiel hierfür ist die Ergänzung der Arzneimittelabrechnungsdaten durch den GKV-Arzneimittelindex des WIdO[345]. Wenn einzelne Informationen nicht vollständig bzw. fehlerhaft übermittelt wurden, kann diese Datenbank zur Korrektur fehlerhafter Datensätze herangezogen werden. So kann anhand der PZN beispielsweise der dazugehörige ATC-Code ermittelt und fehlende oder falsche Informationen zur Wirkstoffklasse in der Routinedatenbank korrigiert werden.

Auch eine Umcodierung der Daten kann in einigen Fällen sinnvoll sein. Ändern sich beispielsweise die Merkmalcodierungen oder Klassifikationssysteme im Zeitablauf, so kann es sinnvoll sein, diese umzucodieren. Als Beispiel kann die Änderung der ATC-Klassifikation der TNF-α-Hemmer

345 Wissenschaftliches Institut der AOK (WIdO)

Adalimumab, Etanercept und Infliximab im Jahr 2008 aus Kapitel 6.4 genannt werden. So hat sich im Jahr 2008 der ATC-Code von Adalimumab von L04AA17 zu L04AB04 geändert. Um die Auswertungen zu vereinfachen, kann der veraltete ATC-Code durch den neuen ATC-Code ersetzt werden. Nachfolgend muss dann lediglich nach einem ATC-Code ausgewertet werden und das Risiko, relevante Verordnungen zu übersehen, kann mit dieser Strategie minimiert werden. Ein weiteres Beispiel für eine mit dieser Methode korrigierbare Datenauffälligkeit liegt im Bereich der Stammdaten. Kerek-Bodden et al. schlagen als plausible obere Grenze für das Alter 110 Jahre vor[346]. Zum einen könnte demnach bei Personen, die in den Stammdaten ein höheres Alter aufweisen, das Alter auf die Obergrenze von 110 Jahren gesetzt werden. Eine andere Empfehlung wäre, alle Versichertendaten mit einem Alter von über 110 Jahren auf »keine Angabe« zu setzen, um das mittlere Alter nicht zu verzerren[347]. Aber auch die Zusammenfassung von Variablenausprägungen zu aussagefähigen Gruppen, beispielsweise die Transformation des Alters in Altersgruppen, kann für eine spätere Auswertung nützlich sein.

Weiterhin können Angaben aus dem Sozialgesetzbuch oder anderen öffentlichen Quellen genutzt werden, um realistische Werte für verschiedene Variablen zu definieren. So kann laut SGB V eine Arbeitsunfähigkeitsbescheinigung »wegen derselben Krankheit für maximal 78 Wochen (546 Kalendertage) innerhalb von je drei Jahren ab Beginn der Arbeitsunfähigkeit« ausgestellt werden (siehe § 48 Abs. 1 SGB V). AU-Zeiträume größer als diese 78 Wochen sind genauer zu untersuchen und gegebenenfalls unter Absprache mit dem Dateneigner zu löschen oder zu korrigieren.

Analog zur Arbeitsunfähigkeit existieren auch bei der Länge der Rehabilitation gesetzliche Rahmenbedingungen. Nach § 40 SGB V, Abs. 3, Satz 2 sollen »Leistungen nach Absatz 1 für längstens 20 Behandlungstage, Leistungen nach Absatz 2 für längstens drei Wochen erbracht werden, es sei denn, eine Verlängerung der Leistung ist aus medizinischen Gründen dringend erforderlich.« Problematisch ist hierbei allerdings, dass mögliche medizinische Gründe für eine Verlängerung der Maßnahme in den GKV-Routinedaten nicht nachvollzogen werden können.

Im Arzneimittelbereich existieren zwei in wissenschaftlichen Studien häufig genutzte Datumsangaben: das Verordnungs- und das Abgabeda-

346 Kerek-Bodden et al. 2005
347 Kerek-Bodden et al. 2005

tum. Wird hier die Datumsdifferenz gebildet, kann es ebenfalls zu Auffälligkeiten kommen. Das sogenannte Kassenrezept ist grundsätzlich drei Monate lang gültig. Die jeweilige Krankenkasse bezahlt die verschriebenen Arzneimittel allerdings lediglich bei Einlösung innerhalb eines Monats. Danach, d. h. die übrigen zwei Monate, erhält der Versicherte die verschriebenen Medikamente zwar noch, er muss jedoch den vollen Preis selbst tragen. Rezepte für den Akne-Wirkstoff Vitamin-A-Säure und damit verwandte Substanzen bilden eine Ausnahme bei der Gültigkeit und müssen innerhalb einer Woche eingelöst werden[348].

Bei Privatrezepten, die gesetzlich Versicherte für verschreibungspflichtige, aber nicht erstattungsfähige Arzneimittel erhalten, gilt ebenfalls eine dreimonatige Gültigkeit. Dadurch, dass der Versicherte den vollen Preis des verschriebenen Medikaments in der Apotheke selbst entrichtet, werden diese Arzneimittel jedoch nicht den GKV-Abrechnungsdaten zugeführt[349]. Weiterhin kann der Arzt Arzneimittel, die unter das Betäubungsmittelgesetz[350] fallen, verordnen. Hierzu zählen beispielsweise Drogenersatzstoffe wie Methadon, aber auch starke Schmerzmittel oder Medikamente gegen ADHS. Die entsprechenden BTM-Rezepte sind lediglich sieben Tage lang gültig, da sich bei Missbrauch gefährliche Wirkungen zeigen können.

Bei Auswertungen im Arzneimittelbereich ist weiterhin darauf zu achten, dass seit dem 1. Januar 2013 die Pharmazentralnummern von einer siebenstelligen auf eine achtstellige Ziffernsystematik umgestellt wurden. So wurde an der ersten Stelle vor die alte siebenstellige PZN eine Null vorweggestellt. Neue PZN können auch eine 1-9 an der ersten Stelle erhalten. Ziel dieser Umstellung war es, insgesamt mehr Präparate erfassen zu können. Diese wird je nach Codierung der Variablen, d. h. als String oder numerische Variable, mit angezeigt oder systembedingt gelöscht. Bei Auswertungen ist also die Ausprägung bzw. das Format der Variable zu beachten und die relevante PZN in der korrekten Schreibweise zu analysieren. Des Weiteren können, wie bereits erwähnt, veraltete PZN neu vergeben werden.

Die Umcodierung und Bildung neuer Variablen muss vollständig dokumentiert werden[351]. Weiterhin ist der Effekt der Anpassungen auf die je-

---

348 Kelm 2012
349 Köster et al. 2011
350 BTMG 2013
351 AGENS 2012

weiligen Analyseergebnisse zu überprüfen. Quantifizieren lassen sich die Auswirkungen insbesondere durch Sensitivitätsanalysen. Eine Sensitivitätsanalyse sagt allgemein aus, wie sehr Veränderungen der Ausgangsbedingungen, in diesem Fall die Modifikation einzelner Variablen oder Datensätze, das Ergebnis beeinflussen, also wie sensitiv bzw. empfindlich ein System reagiert[352].

| **Empfehlungen** |
|---|
| • Mit Datenauffälligkeiten kann wie folgt umgegangen werden:<br>  • Ignorieren<br>  • Ausschluss von betroffenen Datensätzen<br>  • Eigenständiges Korrigieren<br>  • Umcodieren<br>• Sofern eine valide Korrektur von Fehlern möglich ist, sollte dieses Verfahren den anderen Methoden vorgezogen werden<br>• Zur Abschätzung des Einflusses von Auffälligkeiten sollte eine enge Absprache mit dem Datenhalter stattfinden<br>• Die Verwendung von Sensitivitätsanalysen wird empfohlen<br>• Jegliche Korrekturen der Datenauffälligkeiten sind stets zu dokumentieren |

### Ausreißer

Ausreißer (engl. »outlier«) sind Extremwerte, die nicht in eine erwartete Messreihe passen oder allgemein nicht dem Streuungsbereich um den Erwartungswert entsprechen[353]. Bei einer überschaubaren Datenmenge können diese Ausreißer mittels eines Boxplots dargestellt und identifiziert werden (siehe Abbildung 15).

Wenn Ausreißer vorhanden sind, muss geprüft werden, wie diese entstanden sind und ob es sich um reguläre Abweichungen oder um Datenfehler handelt. Ob Werte überhaupt als Ausreißer bezeichnet werden können, lässt sich anhand verschiedener statistischer Methoden (wie beispielsweise Ausreißertests, multivariate Verfahren, Data-Mining) ermitteln. Einen guten Überblick über Outlier-Analysemethoden geben[354] sowie[355].

352 Frank 1976
353 Müller-Benedict 2007
354 Hodge und Austin 2004; Barnett und Lewis 1994; Zimek et al. 2012
355 Rousseeuw und Leroy 1987

*Abbildung 15: Boxplot – Ausreißer*

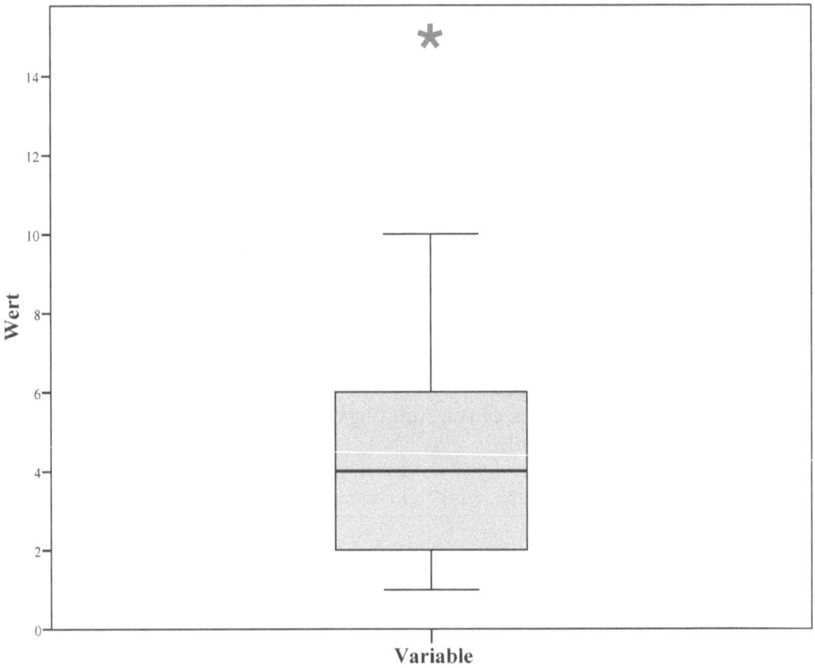


Quelle: Eigene Darstellung.

Die Ausreißer können einen großen Effekt auf statistische Parameter wie beispielsweise den Mittelwert haben. So kann ein Hochkostenfall den Mittelwert einer Kostenschätzung, insbesondere bei einer geringen Stichprobengröße, verzerren. Ausreißer sind in Analysen also mit entsprechender Vorsicht zu bewerten. Eine mögliche Lösung, einer solchen Verzerrung entgegenzuwirken, ist die Nutzung des Medians, der weniger anfällig für Ausreißer ist[356]. Des Weiteren kann der Median bei schiefen und unsymmetrischen Verteilungen – beispielsweise Laborwerten – oder bei der Betrachtung von Überlebenszeiten (siehe Kapitel 4.4.3) besser interpretiert werden[357]. Für einige Fragestellungen ist der Median jedoch kaum geeignet. So lassen sich bei ökonomischen Studien beispielsweise mit dem Wissen über die Stichprobengröße und den Mittelwert Rückschlüsse auf

356 Lange und Bender 2007
357 Lange und Bender 2007

die Gesamtkosten schließen, dies gelingt dagegen mit dem Median nicht. Das arithmetische Mittel hingegen kann weiterhin ein sinnvolles Lagemaß darstellen, wenn der Ausreißer einen plausiblen Wert einer Stichprobe darstellt.

Die Ausreißer unverändert im Datensatz zu belassen, wäre das simpelste, aber methodisch sicher am kritischsten einzuschätzende Vorgehen. Hierbei werden alle Beobachtungen inklusive Ausreißern in die Analyse miteinbezogen. Dieses Vorgehen ist jedoch lediglich zu empfehlen, wenn es sich bei den Extremwerten um einen plausiblen Wert der Stichprobe handelt, da so die Einbeziehung aller Beobachtungen die Realität widerspiegeln kann.

Eine weitere Möglichkeit, die Ausreißer in Analysen mit berücksichtigen zu können, ist die Berechnung eines getrimmten Mittelwerts (engl.: trimmed oder truncated mean). Hierbei werden die Daten »getrimmt«, d. h. ein bestimmter Prozentsatz der Randdaten wird entfernt und bleibt unberücksichtigt. Aus den verbleibenden Werten des Datensatzes wird dann das arithmetische Mittel errechnet. Von einem um 5 % getrimmten Mittel wird somit gesprochen, wenn 5 % der höchsten Werte und 5 % der niedrigsten Werte bei der Berechnung des Mittelwerts entfernt werden. Dennoch verbleiben diese Daten im Datensatz, was aus Effizienzgesichtspunkten einen Vorteil dieser Vorgehensweise darstellt. Möglich sind auch andere Grenzen, beispielsweise ein um 10 % getrimmtes Mittel. Nachteilig bei dieser Methode ist, dass ein bestimmter Anteil der Daten unberücksichtigt bleibt. Ein weiterer Nachteil ergibt sich in Fällen, bei denen eine hohe Anzahl an Ausreißern den getrimmten Bereich überstrahlt. Andererseits bietet der getrimmte Mittelwert eine einfache Möglichkeit, Verzerrungen des Mittelwertes durch Ausreißer entgegenzuwirken, sofern sich die Anzahl an Ausreißern in Grenzen hält.

Handelt es sich bei dem Ausreißer um einen nicht plausiblen Wert einer Stichprobe, kann der Ausschluss des Datensatzes eine mögliche Datenaufbereitungsstrategie sein. Da durch dieses Vorgehen jedoch relevante Informationen verloren gehen, sind auch bei diesem methodischen Vorgehen die Auswirkungen kritisch zu diskutieren.

| **Empfehlungen** |
| --- |
| • Ausreißer können folgendermaßen adressiert werden:<br>  • Getrimmtes Mittel<br>  • »Abschneiden« oder festlegen von Unter- und Obergrenzen<br>  • Ausschluss von Datensätzen<br>  • Betroffene Datensätze in der Analyse belassen |

## Negative Werte

Auch negative Werte können die statistischen Ergebnisse verfälschen oder zu falschen Aussagen führen, beispielsweise bei der Untergrenze möglicher Ausprägungen oder den Minimumangaben. Häufig sind negative Werte im Bereich der Kostenvariablen zu finden. So verringert ein Fall mit einem negativen Kostenwert den Mittelwert einer Kostenanalyse und die Durchschnittskosten werden möglicherweise unterschätzt. Das Vorliegen negativer Kosten kann, ähnlich wie bei den Ausreißern, einen Hinweis auf Datenfehler geben. Dies muss jedoch nicht zwangsläufig der Fall sein. Negative Kosten können auch auf nachträgliche Umbuchungen, Regresse oder Gutschriften zurückzuführen sein. Allerdings können diese Werte auch durch Datenfehler verursacht werden. Dies gilt es analog zu den Ausreißern zu prüfen. Im Einzelfall ist eine Abstimmung mit dem Dateneigner durchzuführen, um die Plausibilität negativer Werte einschätzen zu können.

Negative Werte können auch bei Berechnungen von Datumsdifferenzen auftreten. Negative Datumsangaben sind häufig, im Gegensatz zu negativen Kosten, in vielen Fällen nicht plausibel erklärbar. Durch die Digitalisierung und automatische Verarbeitung der Rezepte kann es beispielsweise im Arzneimittelbereich zum einen zu Einlese- bzw. Übermittlungsfehlern kommen und zum anderen können z. B. handschriftlich eingetragene Datumsangaben nicht richtig erfasst worden sein. Ist dies der Fall, so wird das »nicht lesbare« Datum auf das Ende des Monats gesetzt, sodass es hier durchaus vorkommen kann, dass das Abgabedatum vor dem Verschreibungsdatum liegt. Hierbei entsteht dann bei der Berechnung der Datumsdifferenz eine negative Zeitspanne. In Abbildung 16 ist ein Beispiel für negative Werte in einer Arzneimitteldatenbank dargestellt. Hier ist eindeutig erkennbar, dass es sich bei den Datensätzen 6-8 um negative Datumsdifferenzen handelt.

Negative Tagesangaben bei einem Krankenhausaufenthalt lassen sich meist nicht plausibel erklären. So zeigen sich bei Analysen mit stationären Abrechnungsdaten nicht plausible Datensätze, bei denen das Entlassungsdatum vor dem Aufnahmedatum liegt und somit eine negative Verweildauer vorliegt. Über die Ursachen negativer Verweildauern kann nur spekuliert werden. Vermutlich spielen hier Dokumentationsfehler eine Rolle.

*Abbildung 16: Häufigkeitstabelle – negative Werte*

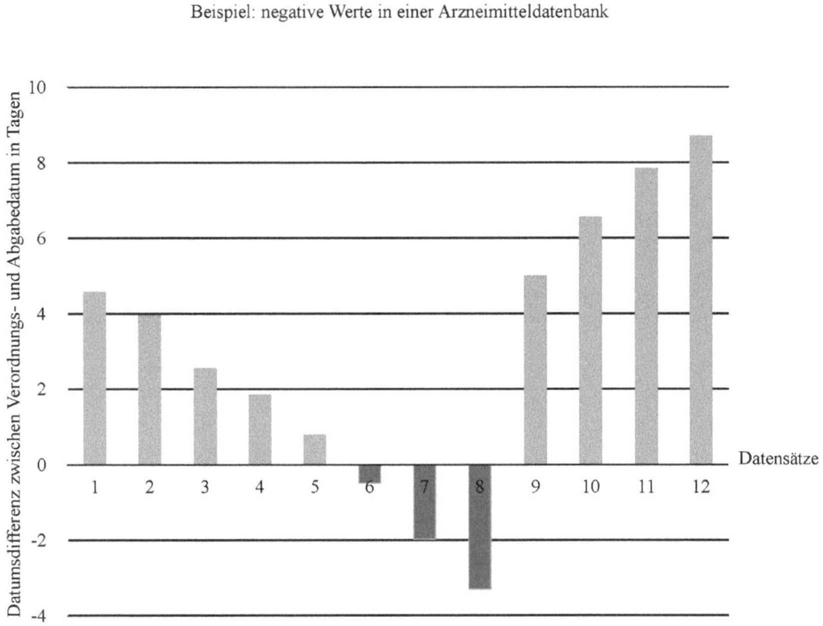


Quelle: Eigene Darstellung.

Für den Umgang mit negativen Werten sind unterschiedliche Vorgehensweisen möglich. Die drastischste Lösung, dieser Datenauffälligkeit zu begegnen, ist auch hier das Löschen der betroffenen Datensätze. Wie bereits in Kapitel 7.2 erwähnt, ist dies jedoch mit einem Informationsverlust verbunden, sodass hiervon möglichst Abstand genommen werden sollte.

Wenn es sich um einen Datenfehler handelt, wäre das Vertauschen beider Datumsangaben eine Möglichkeit zur Korrektur. Dies ist jedoch lediglich mit beispielsweise Einsicht in die Originaldaten bzw. nach Rücksprache mit dem Dateneigner zu empfehlen. Andernfalls könnte dieses Vorgehen auch eine zu starke Manipulation der Daten darstellen.

Eine weitere Möglichkeit, die speziell bei Kostendaten zum Einsatz kommen kann, ist das Bilden des Aggregats der jeweiligen Kosten auf Patientenebene. Oft gleichen sich positive und negative Kosten aus, sodass Rückbuchungen oder Stornierungen entsprechend dem realen Abrechnungsgeschehen ausgeglichen werden können. Ergibt die Summe der Kosten pro Versicherten weiterhin einen negativen Wert, so ist zu überlegen, diesen entweder auf null zu setzen, um das Minimum nicht zu verfälschen und dennoch den Fall in der Analyse zu berücksichtigen. Zum anderen wäre das Löschen bzw. das Ignorieren solcher Fälle möglich, um die durchschnittlichen Kosten nicht zu unterschätzen.

| **Empfehlungen** |
| --- |
| • Mit negativen Werten kann wie folgt umgegangen werden:<br>• Ausschluss von Datensätzen<br>• Auf Patientenebene summieren<br>• Auf Null setzen<br>• Vertauschen beider Datumsangaben<br>• Ignorieren von Datensätzen |

Nullkosten

Bei ökonomischen Studiendesigns und Kostenanalysen können Nullkosten die Durchschnittskosten verzerren. Als Nullkosten werden alle Datensätze bezeichnet, die ausschließlich eine Null als Ausprägung aufweisen, daher einen regulären Fall darstellen, jedoch keine positiven Kosten beinhalten. Sofern der Fall in die Analyse mit einfließt, kann dieser bei einer Kostenanalyse den Mittelwert und damit die Durchschnittskosten verzerren. Dies führt zu einer Unterschätzung der Kosten und damit eventuell zu falschen Folgerungen aus den Ergebnissen.

Gerade in den Rehabilitationsdaten treten solche Unregelmäßigkeiten häufiger auf, da in Deutschland traditionell unterschiedliche Kostenträger für die Erstattung der Maßnahme zuständig sind (siehe Kapitel 4.3.7). In der Regel ist bei jüngeren und erwerbsfähigen Versicherten die Rentenversicherung für die Finanzierung und Koordination der Rehabilitationsmaßnahme zuständig, sodass für diesen Personenkreis keine detaillierten Aussagen zum Rehabilitationsgeschehen anhand von GKV-Routinedaten möglich sind. Wenn der Antrag auf Rehabilitation bei der Krankenkasse eingereicht wird, jedoch ein anderer Kostenträger für diese zuständig ist, weist das Datawarehouse zwar den Fall der Rehabilitation aus, jedoch mit den bereits genannten Nullkosten. Um die Durchschnittskosten eines Rehabilitationsfalls aus Sicht der Krankenkasse zu ermitteln, empfiehlt es sich daher, alle Nullkostenfälle aus der Analyse auszuschließen.

Bei jeder Studie ist der Einfluss der Nullkosten je Variable, d. h. die Häufigkeit des Auftretens, zu ermitteln. Weist eine Variable eine hohe

Anzahl an Nullkosten auf, so kann dies ein Zeichen für einen Datenfehler sein. Empfohlen wird in solchen Fällen, Rücksprache mit dem Dateneigner zu halten und gegebenenfalls eine neue Datenlieferung zu veranlassen.

Grundsätzlich können Nullkosten nahezu in allen Leistungsbereichen vorkommen, jedoch sind die Gründe dafür häufig unbekannt. Ein Lösungsansatz könnte, wie bereits beschrieben, das Löschen der jeweiligen Datensätze sein. Eine Unterschätzung der Kosten kann mit dieser Vorgehensweise vermieden werden. Eventuell ergibt sich jedoch durch das Löschen eine Überschätzung bezogen auf die mittleren Kosten, da die Gesamtkosten durch eine geringere Fallzahl dividiert werden. Nachteilig ist weiterhin, dass der Fall bei anderen Analysenschritten evtl. auch unberücksichtigt bleibt, beispielsweise bei der Berechnung von Durchschnittstagen (Anzahl der Tage im Krankenhaus). So sollte nicht der gesamte Datensatz des jeweiligen Versicherten gelöscht werden, sondern lediglich für die jeweilige Kostenanalyse unberücksichtigt bleiben.

Eine weitere Möglichkeit ist es, die Daten unverändert zu lassen und im vollen Umfang in die Analyse mit einzubeziehen. Ein Vorteil dieser Vorgehensweise ist, dass die Daten nicht »willkürlich« manipuliert werden. Wiederum wäre eine mögliche Unterschätzung der Ergebnisse denkbar, da die Datensätze mit dem Wert Null eingehen würden.

Als dritte, jedoch aufwendigste Vorgehensweise sei die Bewertung der Kosten über Standardkosten zu nennen. Bei dieser Methode wird beispielsweise im Krankenhaus und Rehabilitationsbereich mit einem Durchschnittssatz (Geldeinheiten pro Tag) gerechnet[358]. Im Arzneimittelbereich könnten die Preise der LAUER-Taxe entnommen werden und mit diesen die Kosten kalkuliert werden[359]. Diese Verfahrensweise bildet die Kosten bestmöglich ab und ergänzt somit die Daten. Jedoch kann es z. B. durch kassenindividuelle Rabattverträge zu einer Überschätzung der Ergebnisse aus der Perspektive der GKV kommen. Des Weiteren stellt dies eine umfassende Manipulation der Daten dar. Eine weitere Möglichkeit, Nullkosten zu adressieren, ist das Ersetzen der Nullwerte durch den Mittelwert der übrigen Datensätze. Hier gelten die gleichen Vor- und Nachteile wie zuvor.

---

358 Prenzler et al. 2010

359 LAUER-FISCHER GmbH

| **Empfehlungen** |
|---|
| • Mit Nullkosten kann wie folgt umgegangen werden:<br>• Ausschluss bzw. Löschung von Datensätzen<br>• Daten unverändert lassen<br>• Berechnungen mit Durchschnitts- bzw. Standardsätzen<br>• Substitution der Nullwerte durch den Mittelwert der übrigen Datensätze |

## Fehlende Werte

Von fehlenden Werten, engl. missing values, wird gesprochen, wenn kein expliziter Datenwert für die jeweilige Variable während einer Beobachtung vorliegt. Solche Ereignisse treten häufig in Datenerhebungen bzw. -auswertungen auf, können jedoch einen erheblichen Einfluss auf die statistischen Analysen und deren Schlussfolgerungen haben. Anders als bei Nullkosten kann der jeweilige Datensatz aufgrund der fehlenden konkreten Ausprägung nicht mitberücksichtigt werden. Dies kann zu einer geringen Fallzahl und gegebenenfalls zu einer Unterschätzung der Fallzahl führen.

Die Gründe für das Fehlen von Daten können vielschichtig sein und müssen überprüft werden. Unvollständigkeit von Sekundärdaten sowie Codierungs- und Übertragungsfehler der Daten sind die Hauptgründe für das Fehlen von Daten bei einer Sekundärdatenanalyse. Dies kann beispielsweise der Fall sein, wenn einzelne Variablen im Rahmen des Extraktionsprozesses nicht vollständig extrahiert wurden.

Zunächst ist also zu prüfen, ob es sich bei den fehlenden Werten um einen Datenfehler bzw. eine Fehlübermittlung handelt. Liegt eine Extraktions- bzw. ein Übermittlungsfehler vor, muss dies mit den bereits in Kapitel 7.2 erwähnten Maßnahmen korrigiert werden bzw. die Daten neu angefordert werden.

Unterschieden wird zwischen systematisch fehlenden Werten, die z. B. nicht im Datensatz erfasst sind und nicht zufällig fehlen, sowie unsystematisch fehlenden Werten, die tatsächlich fehlerhaft codiert wurden bzw. zufällig fehlen[360]. Rubin unterscheidet drei Arten von fehlenden Werten:

– Missing at random (MAR), wenn das Fehlen der Daten unabhängig von der Merkmalsausprägung selbst ist,

360 Runte 1999

- Oberserved at random (OAR), wenn das Fehlen der Daten unabhängig von den anderen Merkmalsausprägungen ist und
- Missing completely at random (MCAR), wenn sowohl MAR und OAR zutreffen.

Ein Beispiel für systematisch fehlende Daten ist der Tätigkeitsschlüssel bei Familienversicherten. Dieser wird in den GKV-Routinedaten nicht erfasst und tritt somit zwingenderweise als ein fehlender Wert auf. Dies ist im Studiendesign zu berücksichtigen und bereits vorher sorgfältig bei der Methodendefinition mit einzuplanen. In der epidemiologischen Forschung wird regelmäßig über den Ehepartner oder die Familie versucht, den sozialen Status einer Person zu erfassen[361]. In der Studie wurde überprüft, ob diese Übertragung auch in einer GKV-Routinedatenanalyse möglich ist. Diese Herangehensweise birgt jedoch einige Risiken und ist mit massiven Annahmen verbunden, sodass diese für die meisten Studien nicht zu empfehlen ist. Ein Beispiel für unsystematisch fehlende Daten ist beispielsweise die fehlende Codierung bei der Diagnosedokumentation eines Arztes. Zu vermuten ist, dass diese nicht systematisch auftaucht, sondern lediglich vereinzelt.

Auswertungen auf Basis des Mittelwertes könnten durch fehlende Werte verzerrt werden. Um Aufschluss über die Art des Ausfallmechanismus bzw. der Missing-Value-Struktur zu bekommen, kann die Durchführung einer Strukturanalyse hilfreich sein. Ziel ist es hierbei, unsystematische Ausfallmechanismen aufzudecken. Als mögliche Vorgehensweisen sind die deskriptive, explorative sowie die induktive Analyse zu nennen[362]. Hierbei werden bei der deskriptiven Analyse sogenannte Missing-Data-Maße berechnet, die das Verhältnis von fehlenden und existierenden Werten ermitteln[363]. Bei der explorativen Analyse werden Abhängigkeiten bzw. Zusammenhänge innerhalb der Daten analysiert und aufgedeckt. Bei der induktiven Analyse wird auf Konzentrationen von missing values und/ oder unsystematischen Mechanismen getestet[364].

Auf Basis dieser Strukturanalysen können unterschiedliche Strategien zum Umgang mit fehlenden Werten angewendet werden. Die Literatur unterscheidet meist zwischen drei Methoden: Eliminierungsverfahren bzw.

---

361 Baxter 1994
362 Bankhofer 1995
363 Rubin 1976
364 Bankhofer 1995

Ausschlussverfahren, Imputationsverfahren und Parameterschätzverfahren[365]. Ziele dieser statistischen Analysen mit fehlenden Daten ist es, den Bias zu minimieren, die verfügbaren Informationen optimal zu nutzen und eine geeignete Schätzung der Unsicherheit zu erhalten[366].

Eliminierungsverfahren bzw. Ausschlussverfahren

Bei der ersten Methode werden unvollständige Fälle oder Variablen bewusst von der Analyse ausgeschlossen und aus dem Datensatz entfernt; respektive werden ausschließlich vollständige Fälle für die weitere Analyse verwendet (complete-case analysis). Eine weitere Methode ist die sogenannte available-case analysis, bei der partiell Variablen bzw. Merkmale ausgeschlossen werden. Hier stehen die Daten für weitere Auswertungen noch weiterhin zur Verfügung. Ein zentraler Vorteil dieser Methoden ist ihre einfache Anwendbarkeit. Es wird mit einer vollständigen Datenmatrix weitergearbeitet und gewährleistet, dass die Ergebnisse mit univariaten Analysen verglichen werden können[367]. Liegt ein systematischer Ausfallmechanismus vor, kann es jedoch bei diesem Verfahren zu schwerwiegenden Verzerrungen kommen[368]. Des Weiteren ist darauf zu achten, dass die Stichprobe durch die Eliminierung der Fälle nicht zu gering ausfällt und damit eine valide Interpretation der Daten unmöglich wird. Somit ist bei entsprechend großen Stichproben, bei einer geringen Anzahl von fehlenden Werten und beim Vorliegen von MCAR das Eliminierungsverfahren zu empfehlen. Zwischen dem Informations- bzw. Datenverlust durch den Ausschluss der Daten und den Vorteilen, die aus der Reduktion der fehlenden Werte entstehen können, ist hier abzuwägen. Als »wenige fehlende Werte« können schätzungsweise weniger als 5 % der Gesamtzahl an Fällen definiert werden. Wenn die fehlenden Werte dann auch noch als zufällig fehlend betrachtet werden können, also das Fehlen eines Werts unabhängig von anderen Werten ist, dann ist die Methode des listenweisen Löschens relativ sicher zu empfehlen, da sie dann keinen zu starken Informationsverlust hervorruft[369].

---

365 Schwab 1991
366 UCLA: Statistical Consulting Group
367 Little und Rubin 2002
368 Runte 1999
369 Bühl 2012

Imputationsverfahren

Eine weitere Möglichkeit, mit missing values umzugehen, besteht darin, diese durch verschiedene induktive und statistische Verfahren zu ersetzen (Imputationsmethode). Ein solches Ersetzen ist jedoch lediglich unter bestimmten Voraussetzungen möglich und dient dazu, dem Informationsverlust des Eliminierungsverfahrens entgegenzuwirken. Dies geschieht dadurch, dass die fehlenden Werte ersetzt und somit die Daten vervollständigt werden. Von induktiven Ersatzwertverfahren wird gesprochen, wenn die fehlenden Werte ohne Berechnungen und auf der Basis von anderen, teilweise externen Informationen ersetzt werden. Hierzu zählen beispielsweise das Nachbeobachten und Nachfassen bei Non-Response, wobei dies bei Sekundärdaten in der Regel nicht vorliegt bzw. schwer umzusetzen ist und darüber hinaus bei Zufallsstichproben die Repräsentativität gefährdet. Externe Quellen (Cold-Deck-Technik) oder Daten aus vorangegangenen Studien lassen sich alternativ auch als Konstanten für fehlende Werte verwenden[370]. Eine mögliche Methode bei GKV-Routinedatenanalysen wäre im Bereich der Arzneimittel zu nennen. So können fehlende Werte bei den ATC-Codes auftreten. Falls dies der Fall ist, können mithilfe des GKV-Arzneimittelindex des WIdO und der PZN unter anderem die dazugehörigen ATC-Codes und die DDD-Angaben ergänzt werden[371]. Auch die LAUER-Taxe kann in diesem Bereich als externe Datenquelle genutzt werden[372]. So können die Arzneimittel mithilfe der PZN beispielsweise in Depotmedikation oder Nicht-Depotmedikation eingeteilt oder Markennamen ergänzt werden. Ergibt sich der Fall, dass kein ATC-Code vorhanden ist, weil es sich um ein Heilmittel handelt, ist zu empfehlen, diesen Datensatz im Heil- und Hilfsmittelsektor zu verorten. Gegebenenfalls sind anfallende Kosten auch dem jeweiligen Sektor zuzuordnen.

Zu den statistischen Ersatzverfahren gehört beispielsweise das Ersetzen der fehlenden Werte durch statistische Maße. Voraussetzung hierfür ist, dass der fehlende Wert zufällig ausgefallen ist (MCAR). Je nach Skalenniveau kann der Mittelwert, der Median oder der Modus als Imputationsschätzer eingesetzt werden. So wird aus den vorhandenen Werten das jeweilige statistische Maß errechnet und die entsprechenden fehlenden Werte werden durch dieses ergänzt. Weitere Variationen des Mittelwertersat-

370 Reinboth 2006
371 Wissenschaftliches Institut der AOK (WIdO)
372 LAUER-FISCHER GmbH

zes sind ferner der Einsatz des Medians der Nachbarpunkte, die Berechnung eines Zeitreihen-Mittelwerts (wo Zeitreihen-Daten vorliegen) oder die lineare Interpolation. Die Vorteile dieser Verfahren liegen in der einfachen Umsetz- und Anwendbarkeit. Jedoch können diese die Verteilung der Daten, die Varianz der Variablen und eventuell auftretende Korrelationen in den Daten verzerren[373].

Eine Spezialform des statistischen Werteersatzes ist der Einsatz eines linearen Trendmodells. Dieses kann eingesetzt werden, wenn für die gültigen Werte ein klarer linearer Trend erkennbar ist. Da sich jedoch durch das Ersetzen die Varianz der Variablen verringert, könnten vorhandene Regelmäßigkeiten verstärkt werden. Weitere einschlägige Imputationstechniken sind der Einsatz eines Verhältnisschätzers[374], einer Zufallsauswahl[375] und eines Expertenratings[376]. Komplexere Verfahren sind multivariate Imputationstechniken. Bei diesen gibt es allerdings sehr viele Abwandlungen. Einen Überblick gibt Bankhofer (1995)[377, 378].

Im Allgemeinen können als Vorteile aller Imputationsverfahren die Vermeidung von Informationsverlusten und die vollständige Datenmatrix genannt werden. Dennoch können diese Verfahren unter bestimmten Voraussetzungen zu Verzerrungen führen.

### Parameterschätzverfahren

Bei den Parameterschätzverfahren werden die fehlenden Werte durch geeignete Methoden, z. B. Faktoren- und Diskriminanzanalysen, geschätzt. Im Unterschied zu den Imputationstechniken werden bei der Schätzung der Konstanten Korrekturen durchgeführt, die einer Verzerrung entgegenwirken sollen. Auch hier ist der Vorteil, dass dieses Verfahren zu keinem Informationsverlust durch das Löschen von Daten führt. Des Weiteren gelten hierbei weniger restriktive Voraussetzungen als bei den Imputationstechniken. Nachfolgende Analysen sind jedoch lediglich dann anzuwenden, wenn sie auf den ermittelten Parametern beruhen.

---

373 Fahrmeir 2010; Bühl 2012
374 Ford 1976
375 Schnell 1986
376 Bankhofer 1995; Little und Rubin 2002
377 UCLA: Statistical Consulting Group
378 Bankhofer 1995

Eine weitere Möglichkeit, eine nicht vollständig ausgefüllte Datenmatrix zu analysieren, ist das Missing-Value-Linkage-Verfahren[379]. Diese Vorgehensweise gehört zu den multivariaten Analyseverfahren und bietet den Vorteil, dass keine künstlichen Daten erzeugt werden und somit der unvollständigen Datenmatrix Rechnung getragen wird. Nachteilig ist jedoch, dass nur auf die vorhandenen Daten zurückgegriffen wird und dies zu Verzerrungen führen kann.

Gezeigt wurde, dass fehlende Daten ein Problem bei der statistischen Datenanalyse darstellen. Grundsätzlich ist darauf zu achten, welcher Ausfallmechanismus vorliegt und wie sich die fehlenden Daten auf die Analyse auswirken. Mit dieser Kenntnis können unterschiedliche Verfahren herangezogen werden, um den Herausforderungen, die in Verbindung mit den missing values entstehen, entgegenzuwirken. Jedoch existiert kein universell geeignetes Verfahren. So muss je nach Datenlage, Zielsetzung und Abwägung der Vor- und Nachteile der jeweiligen Verfahren eine individuelle Entscheidung getroffen werden.

Weitere Informationen zum Umgang mit fehlenden Daten sind beispielsweise hier zu finden:[380]

**Empfehlungen**

- Es ist zu prüfen, welcher Ausfallmechanismus vorliegt
- Es existieren unterschiedliche Verfahren, fehlende Werte in Analysen zu berücksichtigen, beispielsweise:
  - Eliminierungsverfahren: bei großen Stichproben und Vorliegen von MCAR
  - Ausschlussverfahren – kompletter Ausschluss von Datensätzen
  - Teilweiser Ausschluss von Datensätzen
  - Imputationsverfahren
  - Parameterschätzverfahren

## *7.3 Zuordnungsproblematik*

Zu Anfang jeder Studie sollte der Studienzeitraum klar definiert und sorgfältig ausgewählt werden. Dies ist insbesondere bei GKV-Routinedatenanalysen zu beachten, da in den Rohdaten jeder Ressourcenverbrauch un-

379 Schader und Gaul 1992

380 Allison 2002; Enders 2010; Little und Rubin 2002; Rubin 1976; Schafer und Graham 2002

abhängig von der Versicherungszeit abgebildet wird[381]. Abhängig von der Fragestellung muss entschieden werden, ob z. B. nur durchgängig versicherte Personen inkludiert oder auch unterjährige Versichertenzeiten berücksichtigt werden sollen. Durch den Einschluss von lediglich durchgängig Versicherten könnten in Bezug auf den gesamten Studienzeitraum die in Anspruch genommenen Leistungen überschätzt werden, da nicht durchgängig Versicherte einen kürzeren Beobachtungszeitraum haben und somit per Definition auch weniger Leistungen in Anspruch nehmen können. Des Weiteren wird durch den Ausschluss der nicht durchgängig Versicherten die Fallzahl unterschätzt.

Zudem existieren Herausforderungen bei der Zuordnung der Leistungen zu den jeweiligen Zeiträumen. So stehen beispielsweise bei Längsschnittanalysen mehrere Jahre für die Analyse zur Verfügung, und die Zuordnung von Kosten, Diagnosehäufigkeiten sowie erbrachten Leistungen bzw. Verordnungen stellt bei Kalenderjahrbasierten oder anhand eines Indexereignisses adjustierten Folgejahranalysen eine Herausforderung dar, wenn diese sich über den Jahreswechsel hinaus erstrecken.

Eine Möglichkeit für eine Zuordnung zu einem Betrachtungszeitraum (beispielsweise ein Jahr) ist eine rechtsseitig zensierte Selektion (siehe Kapitel 4.4.4). Hierbei werden nur die Fälle in die Analyse mit eingeschlossen, die im jeweiligen Betrachtungszeitraum abgeschlossen sind (die sogenannten »Einstrahler«; siehe Abbildung 17). Das heißt, einstrahlende Fälle werden mit dieser Methode berücksichtigt, ausstrahlende jedoch nicht[382]. Dieses Verfahren wird beispielsweise bei der Krankheitsartenstatistik des BKK Bundesverbandes verwendet. Hierbei wird eine rechtszensierte Selektion bei der Berechnung von AU-Fällen genutzt. Diese Vorgehensweise hat zur Folge, dass AU-Fälle, die vor dem Berichtszeitraum begonnen haben, berücksichtigt werden. Dieses vom Bundesministerium für Gesundheit vorgeschriebene Auswertungsverfahren zur Berichtserstattung ist für eine möglichst genaue Abbildung der tatsächlichen AU-Dauer vorzuziehen. Wird sich für die genauen angefallenen AU-Tage im jeweiligen Beobachtungszeitraum interessiert, wäre eine Berücksichtigung ausschließlich der Tage, die im Beobachtungszeitraum liegen, viel genauer. Selbstverständlich kann die Vorgehensweise der Rechtszensierung auch bei Krankenhausaufenthalten, Krankengeldzahlungen und Versichertenzeiten

381 Jaunzeme und Muschik 2014
382 Bödeker 2005

angewendet werden. Nachteilig an dieser Methode ist jedoch, dass Fälle, die nicht im jeweiligen Betrachtungszeitraum abgeschlossen sind, unberücksichtigt bleiben und somit ein Informationsdefizit über diese Fälle vorliegt. Dennoch besitzt die Rechtszensierung gerade bei Kostenanalysen eine gute Rationale, da alle Vorgänge bei diesem Verfahren abgeschlossen sind, hinreichend viele Informationen über Diagnosen und Maßnahmen verfügbar sind und nach dem Prinzip des Rechnungseingangs vorgegangen werden kann.

Grobe berichtet bei der Berechnung von Behandlungsfallhäufigkeiten über eine zeitliche Zuordnung über das Aufnahmedatum im Krankenhaus[383]. Im Gegensatz zu der oben genannten rechtsseitig zensierten Selektion werden dabei lediglich Fälle in der Analyse berücksichtigt, die im Untersuchungszeitraum begonnen haben; das End- bzw. Entlassungsdatum bleibt jedoch zunächst unberücksichtigt (die sogenannten »Ausstrahler«; siehe Abbildung 17). Bei dieser Linkszensierung würden beispielsweise vermehrte Krankenhauseinweisungen aufgrund einer Grippeepidemie am Jahresende in das jeweilige Kalenderjahr fallen. Als Vorteil ist die genaue Abbildbarkeit und Analyse der tatsächlichen, in dem jeweiligen Jahr angefangenen Krankenhauseinweisungen oder der AU-Fälle zu nennen. Jedoch werden hier einstrahlende Fälle von der Analyse ausgeschlossen. So kommt es ebenfalls, ähnlich wie bei den Einstrahlern, zu einem gewissen Informationsverlust, da in diesen Fällen eine Linkszensierung vorliegt[384]. Des Weiteren liegt das Aufnahmedatum weiter entfernt von der Kostenentstehung bzw. -abrechnung, welches bei Kostenanalysen ein Widerspruch zur zuvor empfohlenen Methode darstellt.

Eine weitere Vorgehensweise ist die Berücksichtigung von sowohl ein- als auch ausstrahlenden Fällen (siehe Abbildung 17; »Ein und Ausstrahler«). Hier werden alle Datensätze berücksichtigt, die vor dem Untersuchungsintervall begonnen haben, sofern sie innerhalb des Zeitraumes enden (Einstrahler), sowie Datensätze, die im Beobachtungszeitraum beginnen, jedoch erst nach dem Untersuchungsende enden (Ausstrahler). Ein Vorteil dieser Methode ist die vollständige Abbildbarkeit aller Fälle, die im Betrachtungszeitraum vorlagen. Jedoch werden mit dieser Methode die Ergebnisse, beispielsweise die durchschnittlichen Tage einer Gesundheitsleistung oder die damit verbundenen Kosten, überschätzt, da sowohl Fälle

383 Grobe 2005
384 Grobe 2005

hineinzählen, die vor dem Beobachtungszeitraum angefangen haben, als auch solche, die über dieses Jahr hinausgehen.

*Abbildung 17: Mögliche Zuordnungsstrategien*

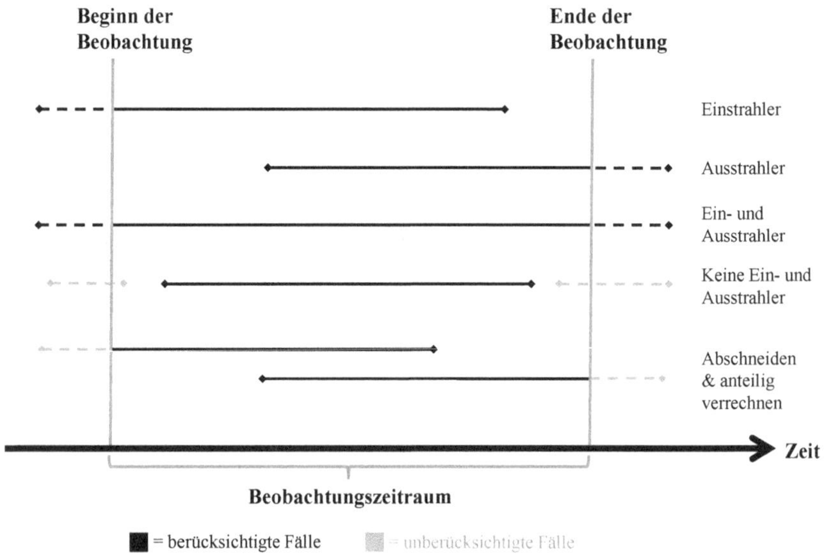


Quelle: Eigene Darstellung.

Wahlweise können auch lediglich im jeweiligen Bezugsjahr begonnene und zusätzlich auch abgeschlossene Fälle in den Analysen berücksichtigt werden. Genauer gesagt, müsste hierfür sowohl das Anfangsdatum als auch das Enddatum im jeweiligen Berichtsjahr liegen (»Keine Ein- und Ausstrahler«; siehe Abbildung 17). Ein Vorteil wäre, dass die Daten nicht künstlich zensiert werden. Auf der anderen Seite würde dieses Vorgehen möglicherweise zu einer Unterschätzung der tatsächlichen Fälle führen, da Ein- und Ausstrahler unberücksichtigt blieben.

Wenn der genaue Umfang der angefallenen AU-Tage beispielsweise in einem Kalenderjahr festgestellt werden soll, dann kann auch eine weitere in der Krankheitsartenstatistik und den Gesundheitsberichten des AOK-Verbandes genutzte Methode angewendet werden[385]. Diese, auch in der betrieblichen und innungsspezifischen Gesundheitsberichtserstattung der

385 Gesundheitsberichtserstattung des Bundes (gbe-Bund)

IKK angewendete Vorgehensweise, selektiert jene AU-Fälle, die im jeweiligen Betrachtungszeitraum gemeldet werden. Bei der untersuchungszeitbezogenen Aufbereitung wird die AU-Dauer jeweils vom Beobachtungsbeginn und -ende zensiert. Das wiederum heißt, dass der AU-Beginn bzw. das AU-Ende vor bzw. nach dem Untersuchungszeitraum liegen kann, diese Tage aber nicht in die Analyse mit eingeschlossen werden (siehe Abbildung 17; »Abschneiden und anteilig verrechnen«). Ein Vorteil dieser Methode ist, dass langwierige AU-Fälle die Auswertungen nicht verzerren, da diese »abgeschnitten« und künstlich zensiert werden. Auch ein anteiliges Verrechnen bzw. Aufteilen der Kosten ist möglich. Sofern der Fall beispielsweise im Bereich der Krankengeldzahlungen außerhalb des definierten Betrachtungszeitraums liegt, werden die Kosten anteilig den Zeiträumen zugeschlüsselt. Liegt zum Beispiel der Zahlungsbeginn bzw. das Zahlungsende außerhalb dieses Betrachtungszeitraums, werden nur die Kosten berücksichtigt, die im relevanten Zeitraum bezüglich ihrer Tage anfallen. Die Methode der tageweisen Aufschlüsselung ist jedoch im stationären Sektor nicht zu empfehlen, da der Ressourcenverbrauch im Krankenhaus tageweise sehr unterschiedlich ausfallen kann. Auch die Umstellung im Jahre 2004 von den bisher tagesgleichen Pflegesätzen hin zu den DRG-Fallpauschalen bestärkt dieses Argument. Des Weiteren dürfen die Ressourcenverbräuche bei der Berechnung von Durchschnittskosten pro Krankenhausaufenthalt bzw. der durchschnittlichen Länge eines Krankenhausaufenthalts nicht aufgesplittet werden, sondern es empfiehlt sich, den gesamten Krankenhausfall zu einer exakten Periode zuzuschlüsseln.

Ein einheitlicher Standard für die Zurechnung der Leistungen auf den jeweiligen Beobachtungszeitraum existiert jedoch nicht[386]. So ist es von der Fragestellung abhängig, für welches methodische Vorgehen sich der Routinedatennutzer entscheidet. Weitere Regelungen bezüglich Stichtag oder Versichertendauer müssen vorher bei der Studiendesignplanung getroffen werden.

Die Wahl der Studienperspektive gehört zu den grundlegenden Entscheidungen einer Evaluationsstudie. Die Perspektivenwahl für die Bewertung von Ressourcenverbräuchen im Gesundheitswesen hat einen entscheidenden Einfluss beispielsweise auf die Höhe der zu ermittelnden Kosten. So können die Ergebnisse der Untersuchung sehr unterschiedlich

386 Bödeker 2005

ausfallen. Meist werden drei Perspektiven unterschieden: die Perspektive des Kostenträgers (GKV), die Perspektive der Patienten und Angehörigen sowie die gesellschaftliche Perspektive. Der breiteste Ansatz stellt die soziale bzw. gesamtgesellschaftliche Perspektive dar. Diese bezieht sämtliche Kosten (und den Nutzen, der regelmäßig jedoch nicht mit GKV-Routinedaten abgebildet werden kann) mit ein, ohne zu berücksichtigen, bei wem diese entstehen. Eine andere, auch bei GKV-Routinedatenstudien weit verbreitete Perspektive ist die Kostenträgerperspektive. Aus Krankenkassensicht ist der reine Netto-Zahlbetrag der Krankenkasse die relevante Maßgröße. Diese sollte z. B. von der Zuzahlung durch den Versicherten bereinigt werden[387]. Eine enge Zusammenarbeit mit dem Datenhalter ist auch hier notwendig, um den Zahlbetrag der Krankenkasse klar von dem Rechnungsbetrag abgrenzen zu können. In diesem Zusammenhang stehen unterschiedliche Variablen wie beispielsweise Zuzahlung, Nettobeträge etc. zur Verfügung. Je nach Fragestellung ist die relevante Variable bei dem Datenhalter nachzufragen.

**Empfehlungen**

- Mögliche Strategien für die Leistungszuordnung
  - Einstrahler (Enddatum muss im Untersuchungszeitraum liegen)
  - Ausstrahler (Anfangsdatum muss im Untersuchungszeitraum liegen)
  - Ein- und Ausstrahler (Anfangs- und Enddatum können sowohl vor als auch nach dem Untersuchungszeitraum liegen)
  - Abschneiden (Der Untersuchungszeitraum beschneidet die Datensätze)
  - Anteilig verrechnen (Nur die Tage im Untersuchungszeitraum werden berücksichtigt)
- Die Daten müssen entsprechend einer vorab ausgewählten Studienperspektive analysiert werden

## *7.4 Bezugsgrößen für die jeweilige Zuschlüsselung*

Die Problematik der ein- und ausstrahlenden Fälle, wie bereits im vorherigen Kapitel beschrieben, betrifft sowohl die Kosten als auch generell jede zeitliche Zuordnung in den GKV-Routinedatenanalysen. Zur Identifikation der relevanten Leistungskosten kann entweder der Beginn oder das Ende der Leistungserbringung bzw. das Entlassungsdatum als relevante Bezugsgröße für die oben genannten Methoden herangezogen werden. Eine

387 Prenzler et al. 2010

Analyse anhand des Entlassungsdatums ist von Vorteil, da sich dieses Datum, zeitlich gesehen, »näher« an der Kostenentstehung für den Kostenträger (in diesem Fall die Krankenkasse) und der jeweiligen Abrechnung befindet. Des Weiteren sind mit dem abgeschlossenen Fall hinreichend viele Informationen über Diagnose und Maßnahmen verfügbar. Werden beispielsweise Leistungen ein Jahr vor bzw. ein Jahr nach einem Indexereignis untersucht, finden die Fälle Beachtung, deren Aufnahmedatum außerhalb des festgelegten Zeitraums und ihr Entlassungsdatum innerhalb des Zeitraums liegen. Andererseits werden Fälle nicht einbezogen, deren Aufnahmedatum im Beobachtungszeitraum läge, aber deren Entlassungsdatum außerhalb der Grenzen liegt. Häufig kann davon ausgegangen werden, dass sich die Einstrahler- und Ausstrahlergegebenheiten größtenteils ausgleichen und sie somit eine akzeptable Limitation darstellen. Wenn jedoch mit einem Indexereignis (beispielsweise das erstmalige Auftreten einer Krankheit) gearbeitet wird, können vor und nach diesem Ereignis unterschiedliche Rahmenbedingungen vorherrschen, sodass eine Vergleichbarkeit und somit ein automatisches Ausgleichen der Ein- und Ausstrahler nicht angenommen werden kann. Es ist somit stets zu prüfen, ob die Annahme der sich ausgleichenden Ein- und Ausstrahler Bestand hat.

Bei gesundheitsökonomischen Analysen ergeben sich weiterhin einige Herausforderungen durch die unterschiedlichen Zeitpunkte der Abrechnung bzw. Datumsdokumentation und der realen Ressourceninanspruchnahme[388]. So setzt beispielsweise die Abrechnung eines Arzneimittelrezeptes an einem konkreten Zeitpunkt an, obwohl davon auszugehen ist, dass der Patient das Medikament über einen gewissen Zeitraum einnimmt. Im Arzneimittelbereich existieren zwei unterschiedliche Datumsangaben: das Verschreibungs- und das Abgabedatum (siehe Kapitel 4.3.4). Je nach Fragestellung kann das eine oder das andere Datum gewählt werden. Wird die Leitlinienadhärenz oder das Verhalten von Ärzten untersucht, ist das Verschreibungsdatum die bessere Referenz. Werden Dosierungsanalysen durchgeführt, wäre das Abgabedatum als relevantes Bezugsdatum zu wählen. Die Rationale dafür ist, ähnlich wie bereits im Krankenhausbeispiel zuvor, die zeitliche Komponente. So lange beispielsweise der Versicherte das Verordnungsblatt in der Apotheke noch nicht eingelöst hat, kann er das Medikament auch nicht einnehmen. Somit liegt das Datum näher an der tatsächlichen Einnahme des Medikamentes.

---

388 Reinhold et al. 2011a

Bei der Zuordnung von Arbeitsunfähigkeitstagen kann eine Herausforderung darin bestehen, dass die Krankengeldzahlungen lediglich für den gesamten Zeitraum und nicht monatsgenau erfasst werden. Zwar sind die einzelnen Auszahlungsbeträge in den GKV-Routinedaten abgebildet, eine exakte zeitraumbezogene Zuordnung ist jedoch aufgrund der fehlenden zeitlichen Angabe nicht möglich. Entsprechend ist die Zuordnung bei jahresübergreifenden Analysen auf die einzelnen Jahre eventuell problematisch.

Darüber hinaus ist die Berechnung des Alters der Studienpopulation zu diskutieren. Da in den GKV-Routinedaten meist lediglich das Geburtsjahr des jeweiligen Versicherten zur Verfügung steht, muss definiert werden, zu welchem Bezugszeitpunkt das Alter ermittelt bzw. errechnet werden soll. Grobe und Ihle schlagen zur Berechnung des Alters bei der Auswertung von Daten zu einzelnen Kalenderjahren folgende Formel vor[389]:

*Alter = Beobachtungsjahr – Geburtsjahr*

Dieses Verfahren kann auch dann angewendet werden, wenn ein exakter Geburtstag vorliegt[390]. Dies ist jedoch aus datenschutzrechtlichen Gründen häufig nicht der Fall. Wie das Beobachtungsjahr jedoch definiert wird, ist von der Zielaussage, die getroffen werden soll, abhängig. So könnte das Alter zum Indexereignis oder zur Baseline eine mögliche Bezugsgröße sein (siehe Abbildung 12 in Kapitel 5). Je nach Fragestellung ist es wichtig, wie alt der Versicherte zum Ereignis (z. B. Ausbruch der Erkrankung) ist oder wie alt der Versicherte zur Baseline ist, d. h. wie die Baseline-Charakteristika der jeweiligen Studienpopulation sind.

Viele Studien untersuchen anhand von GKV-Routinedaten auch die Inzidenz und Prävalenz von Indikationen. Abbas et al. haben hierbei untersucht, wie lang die Baseline – das heißt der krankheitsfreie Zeitraum – sein muss, um valide Ergebnisse bei derartigen Fragestellungen zu erhalten[391]. Hierbei untersuchten sie den Einfluss von verschieden langen vorangehenden krankheitsfreien Intervallen anhand von drei ausgewählten Erkrankungen (Diabetes mellitus, Kolorektalkarzinom und Herzinsuffizienz). Sie kamen zu dem Ergebnis, dass es bei einem krankheitsfreien Vorlauf von einem Jahr verglichen mit einem achtjährigen krankheitsfreien Vorlauf (Goldstandard) zu einer Überschätzung der Inzidenz von 40 %,

389 Grobe und Ihle 2005
390 Grobe und Ihle 2005
391 Abbas et al. 2012

23 %, und 43 % für Diabetes, Darmkrebs und Herzversagen kommt. Bei der Annahme eines fünfjährigen krankheitsfreien Zeitraums kam es im Vergleich zum Goldstandard hingegen lediglich zu einer Überschätzung von 5 %, 9 % und 5 %. Daraus lässt sich schließen, dass Vorsicht geboten ist bei der Verwendung von kurzen krankheitsfreien Perioden für die Inzidenzschätzungen. Die Anzahl inzidenter Patienten könnte durch zu kurze krankheitsfreie Zeiträume extrem überschätzt werden. Anzumerken ist jedoch, dass häufig aufgrund von Löschungsfristen lediglich fünf Jahreszeiträume zu Analysezwecken vorliegen, sodass acht krankheitsfreie Jahre häufig in der Forschungspraxis nicht gewährleistet werden können.

Da sich bei längeren Beobachtungszeiträumen einzelne Merkmale der Stammdaten im zeitlichen Verlauf ändern können, ist auch hier zu überlegen, welche Ausprägung für die Analysen gewählt wird[392]. Die Beitragsgruppe und der Tätigkeitsschlüssel zählen zu den Parametern, die sich beispielsweise durch einen Arbeitsplatzwechsel ändern können. Grundsätzlich ist es von der Fragestellung und dem Ziel der Auswertungen abhängig, in welchem Umfang die Daten dafür bearbeitet und genutzt werden. Werden vorranging Eintrittsrisiken nach einem bestimmten Ereignis ausgewertet, müssen die Variablen innerhalb dieses Zeitraums bzw. der letzten dokumentierten Ausprägung gewählt werden. Wird die jeweilige Variable bzw. werden ihre Ausprägungen jedoch für Subgruppenanalysen berücksichtigt, sind auch Änderungen der Parameter zu allen Zeitpunkten höchst relevant. Ein Beispiel hierfür wäre die Analyse von berufsgruppenspezifischen AU-Fehlzeiten[393]. Unterschiedliche Bezugsgrößen können herangezogen werden. Der erste Status im Beobachtungszeitraum könnte dabei eine sinnvolle Möglichkeit zur Statusdefinition darstellen. Der Vorteil wäre eine leichte Identifikation und zum anderen würde dieser Status in der Baseline liegen, falls dies in der Analyse so vorgesehen ist. Auch der letzte Fall im Studienzeitraum wäre ein mögliches Auswahlkriterium für sich im Zeitablauf ändernder Variablen. Dieser Fall ist ebenfalls leicht zu identifizieren, jedoch liegt dieser meist zeitlich am Ende des Studienzeitraumes und somit zu weit entfernt von der Baseline bzw. dem möglichen Indexereignis, um den relevanten Status abbilden zu können. Häufig wird auch die Ausprägung zum Zeitpunkt des Indexereignisses gewählt. Wird mit einem Initialereignis gearbeitet, so ist diese Ausprägung zum In-

392 Grobe und Ihle 2005
393 Grobe und Ihle 2005

dexereignis am besten geeignet, um den zu diesem Zeitpunkt geltenden Status abzubilden. Des Weiteren können von dieser Ausgangssituation auch Veränderungen im Krankheitsverlauf und Zeitablauf analysiert werden.

| **Empfehlungen** |
|---|
| • Es ist das Datum zu wählen, das näher am tatsächlichen Ereignis bzw. an der relevanten Bezugsgröße liegt<br>• Beispiele hierfür sind:<br>  • Erstes Auftreten eines Ereignisses, Verordnungsdatum oder Einweisedatum<br>  • Letzter dokumentierter Fall, Entlassungsdatum oder Abgabedatum<br>  • Ausprägung zum Zeitpunkt des Indexereignisses |

## *7.5 Zuzahlungen*

Die Versicherten der GKV werden an den Kosten bestimmter Leistungen beteiligt, um ein kostenbewusstes und verantwortungsvolles Inanspruchnahmeverhalten zu fördern. Der Eigenanteil bzw. die Zuzahlungen der Versicherten im Arzneimittel- und Hilfsmittelbereich umfassen meist 10 % der Kosten, mindestens jedoch 5 € und höchstens 10 €. Die Zuzahlungen überschreiten dabei jedoch nie die Kosten des jeweiligen Mittels. Im Krankenhaus- und Rehabilitationsbereich existieren keine prozentualen Zuzahlungssätze, hier werden meist Tagespauschalen berechnet (z. B. 10 € pro Belegungstag).

Zuzahlungen sind auch für die Arbeit mit den GKV-Routinedaten relevant. Informationen zu Kosten werden in der Regel in GKV-Routinedaten als sogenannte Bruttokosten abgebildet. Diese umfassen – wie der Begriff bereits andeutet – Komponenten, die über die tatsächlichen Kosten (Nettokosten) aus Sicht der Krankenkasse hinausgehen. Hierzu zählen insbesondere die Zuzahlungen der Versicherten und mögliche Einsparungen durch kassenindividuelle Arzneimittel-Rabattverträge. Angaben zu Nettokosten sind häufig nicht verfügbar, da geheime, kassenindividuelle Rabattverträge eine bedeutende Komponente im GKV-Wettbewerb darstellen.

Problematisch wird es, wenn z. B. die Kosten aus Sicht der GKV ermittelt werden sollen, allerdings lediglich Bruttokosten vorliegen, die auch Patientenzuzahlungen enthalten. Auch bei Analysen aus gesellschaftlicher

Perspektive wäre es wünschenswert, die Kosten der GKV und die Eigenanteile der Patienten separat auswerten zu können[394].

Bisher mangelt es an Literatur und Erkenntnissen, wie mit dieser Problematik bei der Analyse von GKV-Routinedaten umgegangen werden kann. Im Folgenden werden daher Vorschläge präsentiert, welche die Verzerrung durch Zuzahlungen verringern können.

Grundsätzlich scheint es aufgrund der transparenten Zuzahlungsregelungen möglich, diese generell entsprechend der gesetzlichen Vorgaben von den Kosten in allen relevanten Bereichen der GKV mit Zuzahlungsregelungen abzuziehen. Insbesondere bei Krankenhausbehandlungen, ambulanten und stationären Reha-Maßnahmen und Anschlussrehabilitationen können – abweichend von der 10 %-Zuzahlungsregelung – 10 € Zuzahlungen pro Kalendertag anfallen. Die Länge der jeweiligen Behandlung ist dabei in der Regel hinreichend exakt aus den GKV-Routinedaten ermittelbar. Somit wäre es z. B. bei einem siebentägigen Krankenhausaufenthalt denkbar, 70 € an Zuzahlungen von den Kosten in den Daten für den Fall abzuziehen, so lange der Versicherte die Belastungsgrenze noch nicht erreicht hat bzw. grundsätzlich von Zuzahlungen befreit ist (siehe Tabelle 18).

Diese Belastungsgrenzen (gemäß § 62 SGB V) wurden eingeführt, um eine finanzielle Überforderung der Versicherten zu vermeiden. Erreicht ein Versicherter diese Grenze innerhalb eines Jahres, kann dieser sich für den Rest des Jahres von seiner jeweiligen Krankenkasse eine Bescheinigung über die Zuzahlungsbefreiung ausstellen lassen. Generell sind Kinder und Jugendliche bis zur Vollendung des 18. Lebensjahres von Zuzahlungen befreit, Ausnahmen hierbei sind jedoch Fahrkosten und Zahnersatz[395]. Deutlich schwieriger ist hingegen die Ermittlung der Zuzahlungshöhe bei Arzneimitteln. Hierbei liegt die Höhe der Zuzahlungen bei 10 % des Apothekenabgabepreises, aber bei mindestens 5 € und bei maximal 10 €, wobei die Zuzahlungen nicht höher liegen als die tatsächlichen Kosten des Arzneimittels. Dabei ist zu beachten, dass der GKV-Spitzenverband bestimmte Arzneimittel von Zuzahlungen befreien kann, deren Abgabepreis 30 % niedriger als der jeweils gültige Festbetrag liegt. Genauere Informationen hierzu finden sich beim GKV-Spitzenverband. Problematischer für die Ermittlung der Zuzahlungen sind allerdings kassenindividu-

394 Prenzler et al. 2010
395 Verband der Ersatzkassen (vdek)

*Tabelle 18: Belastungsgrenzen*

| Bereich | Zuzahlung | Grenzen/Ausnahmen |
|---|---|---|
| **Arznei- und Verbandmittel** | 10 % der Kosten | jedoch mindestens 5 EUR, höchstens 10 EUR, nicht mehr als die Kosten des Mittels |
| **Hilfsmittel** | 10 % für jedes Mittel | jedoch mindestens 5 EUR, höchstens 10 EUR, nicht mehr als die Kosten des Mittels<br>Ausnahme: Hilfsmittel, die zum Verbrauch bestimmt sind: 10 % je Verbrauchseinheit, maximal 10 EUR pro Monat |
| **Heilmittel** | 10 % der Kosten des Mittels zuzüglich 10 EUR je Verordnung | - |
| **Krankenhausbehandlung** | 10 EUR pro Kalendertag | maximal 28 Tage pro Kalenderjahr |
| **Stationäre Vorsorge** | 10 EUR pro Kalendertag | |
| **Fahrkosten** | pro Fahrt 10 % der Kosten | jedoch mindestens 5 EUR, höchstens 10 EUR |
| **Häusliche Krankenpflege** | 10 % der Kosten zuzüglich 10 EUR je Verordnung | begrenzt auf 28 Tage pro Kalenderjahr |
| **Haushaltshilfe** | 10 % der kalendertäglichen Kosten | jedoch mindestens 5 EUR, höchstens 10 EUR |
| **Soziotherapie** | 10 % der kalendertäglichen Kosten | jedoch mindestens 5 EUR, höchstens 10 EUR |
| **Zahnersatz** | 35 bis 50 % | abhängig von den eigenen Bemühungen zur Gesunderhaltung der Zähne |

Quelle: Eigene Darstellung in Anlehnung an Verband der Ersatzkassen (vdek), § 62 SGB V.

elle Zuzahlungsbefreiungen oder -reduzierungen, die Krankenkassen im Rahmen von Rabattverträgen ihren Versicherten gewähren können (§ 31 Abs. 3 S. 5 SGB V). Hierzu liegen, wie oben bereits angesprochen, in der Regel keine Informationen vor[396].

396 GKV-Spitzenverband 2014

Generell ist bei der Feststellung darauf zu achten, dass Belastungsgrenzen für Zuzahlungen pro Kalenderjahr in der GKV existieren. Diese liegen bei 2 % der zu berücksichtigenden Bruttoeinnahmen zum Lebensunterhalt bzw. bei 1 % bei chronisch kranken Versicherten. Wird die individuelle Belastungsgrenze während eines Kalenderjahres erreicht, haben Versicherte Anspruch auf einen Befreiungsbescheid durch die Krankenkassen. Berücksichtigt werden hierbei sämtliche Zuzahlungen zu Leistungen der GKV. In 2010 waren rund 7 Mio. GKV-Versicherte (10 %) zuzahlungsbefreit aufgrund des Erreichens der Belastungsgrenze. Für 90 % davon war die Belastungsgrenze von 1 % maßgebend[397]. Darüber hinaus existieren besondere Regelungen für Personengruppen, die z. B. die Hilfe zum Lebensunterhalt oder die Grundsicherung im Alter erhalten. Die Ermittlung der tatsächlichen Zuzahlungen in der GKV anhand von Routinedaten gestaltet sich daher in der Praxis als schwierig und es bleibt fragwürdig, ob hierzu verlässliche Schätzungen durchgeführt werden können.

| **Empfehlungen** |
|---|
| • Bei der Ermittlung von Zuzahlungen sollte sich an den gesetzlichen Bestimmungen orientiert werden<br>• Es muss überprüft werden, welche Kosten von dem Dateneigner übermittelt wurden (Brutto- oder Nettokosten)<br>• Die Belastungsgrenzen bei Zuzahlungen sind zu beachten |

## *7.6 Standardisierung*

In der Regel werden GKV-Routinedatenanalysen aktuell anhand von Datensätzen einzelner Krankenkassen vollzogen[398]. Die Ergebnisse dieser Analysen und die damit einhergehenden Implikationen sollen aber regelmäßig repräsentativ für z. B. die deutsche Gesamtbevölkerung oder die GKV-Versichertengemeinschaft ausgewiesen werden. Eine Problematik ergibt sich hierbei dadurch, dass die Versichertenkollektive der einzelnen Kassen mitunter z. B. hinsichtlich der Variablen Alter und Geschlecht deutlich von der Struktur der deutschen Gesamtbevölkerung abweichen können[399].

397 Deutscher Bundestag 2012
398 Kreis et al. 2016
399 Hoffmann und Icks 2012

Um für diese Diskrepanzen zu adjustieren und allgemeingültige Aussagen zu treffen, können Verfahren zur Standardisierung der Ergebnisse genutzt werden. Neben verhältnismäßig einfachen und anschaulichen direkten Standardisierungsverfahren existiert auch eine Reihe von Modellen, die mithilfe statistischer Verfahren die ermittelten Ergebnisse standardisieren[400]. Diese Verfahren kommen in der Regel dann zum Einsatz, wenn das interessierende Ereignis nicht mit ausreichender Genauigkeit gemessen werden kann, beispielsweise auf regionaler Ebene, da keine oder nur sehr wenige Fälle in dem jeweiligen Datensatz verfügbar sind. Bei kleinzelligen regionalen Analysen z. B. auf Kreisebene (aktuell existieren mehr als 400 Kreise in Deutschland) treten diese Probleme gehäuft auf, weshalb diese Verfahren auch manchmal unter dem Begriff »Small Area Estimation« subsumiert werden[401]. Melchior et al. haben vor diesem Hintergrund ihre Ergebnisse zu den regionalen Unterschieden in der Behandlung und Diagnostik von Depressionen mithilfe eines Small-Area-Verfahrens standardisiert und dabei weitere Hilfsvariablen wie die Arbeitslosenrate, das Einkommen, den Anteil von Personen ohne Schulabschluss und die Einwohnerdichte verwendet[402].

Bei einer direkten Standardisierung werden regelmäßig nur potenzielle Unterschiede hinsichtlich der verschiedenen Alters- und Geschlechtsstrukturen ausgeglichen und somit Häufigkeiten (Raten) eines bestimmten Ereignisses von einer Studienpopulation auf eine Standard- oder Referenzpopulation abgeleitet. Die Referenzpopulation für deutsche GKV-Routinedatenstudien stellt dabei häufig die deutsche Gesamtbevölkerung oder GKV-Versichertengemeinschaft dar. Daten zur Alters- und Geschlechtsverteilung der deutschen Gesamtbevölkerung stehen beim Statistischen Bundesamt zur Verfügung. Die Gesundheitsberichterstattung des Bundes (gbe-bund) bietet hingegen Daten zur Struktur der GKV-Versicherten an[403].

Das konkrete methodische Vorgehen bei einer direkten Standardisierung kann wie folgt beschrieben werden: Zunächst muss die zu standardisierende Rate für den vorliegenden Datensatz (Stichprobe) für die relevanten Alters- und Geschlechtsgruppen, z. B. im jeweiligen Kreis, ermittelt werden. Dazu ist es notwendig, dass ausreichende Daten vonseiten der je-

400 Bajekal et al. 2004
401 Heady et al. 2003; Fay und Herriot 1979
402 Melchior et al. 2014
403 Bundesministerium für Gesundheit 2013

weiligen Krankenkasse vorliegen (Alter und Geschlechtsverteilung der Versicherten in den Kreisen). Die somit erhobene Rate je Alters- und Geschlechtsgruppe pro Kreis wird anschließend mit der Anzahl der Einwohner der Referenzpopulation (z. B. deutsche Gesamtbevölkerung, GKV-Versichertengemeinschaft) in der jeweiligen Alters- und Geschlechtsgruppe pro Kreis multipliziert und abschließend durch die gesamte Einwohnerzahl des Kreises dividiert[404]. Die resultierenden Raten sind nun hinsichtlich der Unterschiede in der Alters- und Geschlechtsstruktur zwischen der Stichprobenpopulation und einer Referenzpopulation standardisiert.

| **Empfehlungen** |
|---|
| • Die Ergebnisse müssen mithilfe von geeigneten Verfahren standardisiert werden, um repräsentative Aussagen für die gesamtdeutsche oder GKV-Bevölkerung treffen zu können |

404 Melchior et al. 2014

# 8. Publikation und Limitationen

Als finaler Prozessschritt ist eine Publikation in einem Fachmedium anzustreben. In der Veröffentlichung sollten ausgewählte Ergebnisse der Studie systematisch und transparent zusammengefasst sowie die Ergebnisse interpretiert und kritisch diskutiert werden[405].

Um die Vergleichbarkeit und Transparenz von GKV-Routinedatenstudien zu erhöhen, hat die Arbeitsgruppe um Swart eine einheitliche Empfehlung für einen Berichtsstandard entwickelt[406, 407]. Im Jahr 2007 wurde als Berichtsstandard für epidemiologische Beobachtungsstudien das Strengthening the Reporting of Observational Studies in Epidemiology (STROBE-) Statement eingeführt. Das STROBE-Statement enthält eine Checkliste, die eine Hilfestellung geben soll, wie die Ergebnisse zu strukturieren und zu berichten sind[408]. Danach gab es von Swart und Schmitt Bestrebungen, einen solchen Berichtsstandard für GKV-Routinedaten zu entwickeln[409]. Sie prüften die STROBE-Kriterien auf ihre Kompatibilität mit der GPS und auf die Anwendbarkeit auf Sekundärdaten. Wurden die STROBE-Kriterien den Sekundärdatenanalysen nicht gerecht, wurden Ergänzungen zu den bisherigen Ausführungen formuliert[410]. Im Jahre 2016 wurde dann ein konsentierter Berichtsstandard für Sekundärdatenanalysen (STandardisierte BerichtsROutine für Sekundärdaten Analysen – STROSA 2) publiziert, der an die spezifischen deutschen Rahmenbedingungen angepasst ist[411]. Zeitgleich zu STROSA wurde ein internationaler Berichtsstandard für Routinedatenanalysen namens RECORD entwickelt. Dieser ist für den deutschen Kontext bzw. für das deutsche Gesundheitssystem zu allgemein gefasst, da z. B. wichtige Informationen bzgl. spezifischer Anforderungen an den Datenschutz nicht berücksichtigt wurden[412].

405 AGENS 2012
406 Swart et al. 2016
407 Swart und Schmitt 2014a
408 Elm et al. 2008
409 Swart und Schmitt 2014b
410 Swart und Schmitt 2014a
411 Swart et al. 2016
412 Swart et al. 2016

Ein Überblick über die Kriterienlisten von STROBE, STROSA 1, STROSA 2 und RECORD wird zusammenfassend in Tabelle 19 gegeben.

*Tabelle 19: Überblick über den Kriterienkatalog von STROBE, STROSA 1, STROSA 2 und RECORD.*

| **STROBE**<br>**Titel, Abstract** | **STROSA 1**<br>**Titel, Abstract** | **STROSA 2**<br>**Titel, Abstract, Schlagworte** | **RECORD**<br>**Titel, Abstract, Schlagworte** |
|---|---|---|---|
| Titel und Abstract | Titel und Abstract | Titel und Abstract | Titel und Abstract |
| | | Schlagworte | |
| | **Einleitung** | | |
| Hintergrund und Rationale | Hintergrund und Rationale | Hintergrund und Rationale | Hintergrund und Rationale |
| Zielsetzungen | Zielsetzungen | Zielsetzungen | Zielsetzungen |
| | **Methoden** | | |
| Studiendesign | Studiendesign | Studiendesign | Studiendesign |
| Rahmen | Rahmen | Datenquelle | Rahmen |
| | Rechtsgrundlage | Rechtsgrundlage | |
| | | Datenschutz | |
| | Datenfluss | Datenfluss | |
| | Studienplan | Auswahlkriterien | |
| | Analyseeinheit | Analyseeinheit | |
| Studienteilnehmer | Studienteilnehmer | | Studienteilnehmer |
| | Interne Validierungen | | |
| Variablen | Variablen | Variablen | Variablen |
| Datenquellen, Messmethoden | Klassifikationssysteme | | Datenquellen, Messmethoden |
| Bias | Bias | | Bias |
| Studiengröße | Studiengröße | Studiengröße | Studiengröße |
| Quantitative Methoden | Quantitative Methoden | | Quantitative Methoden |
| Statistische Methoden | Statistische Methoden | Statistische Methoden | Statistische Methoden |
| | | | Datenzugang und -aufbereitung |
| | | | Datenlinkage |
| | **Ergebnisse** | | |
| Teilnehmer | Selektion der Studienpopulation | Selektion der Studienpopulation | Teilnehmer |
| Deskriptive Daten | Beschreibung der Teilnehmer | Deskriptive Ergebnisse | Deskriptive Daten |

| **STROBE**<br>**Titel, Abstract** | **STROSA 1**<br>**Titel, Abstract** | **STROSA 2**<br>**Titel, Abstract, Schlagworte** | **RECORD**<br>**Titel, Abstract, Schlagworte** |
|---|---|---|---|
| Ergebnisdaten | Statistische Maßzahlen | | Ergebnisdaten |
| Hauptergebnisse | Hauptergebnisse | Hauptergebnisse | Hauptergebnisse |
| Weitere Auswertungen | Weitere Auswertungen | Weitere Ergebnisse | Weitere Auswertungen |
| | | **Diskussion** | |
| Hauptergebnisse | Hauptergebnisse | Hauptergebnisse | Hauptergebnisse |
| Einschränkungen | Einschränkungen | Interne Validität und Risiko von Verzerrungen | Einschränkungen |
| | Stärken | Stärken und Schwächen | |
| Interpretation | Interpretation | Interpretation | Interpretation |
| Übertragbarkeit | Übertragbarkeit | Übertragbarkeit | Übertragbarkeit |
| | | **Schlussfolgerungen** | |
| | | Fazit | Fazit |
| | | Interessenkonflikte | Weitere Informationen |
| Finanzierung | Finanzierung | Finanzierung | Finanzierung |
| | Rolle der Dateneigner | Rolle der Dateneigner | |
| | | Sonstige Interessenkonflikte | |
| | | | Zugang zu Studienprotokoll, Rohdaten und Programmalgorithmen |
| **Insgesamt**<br>**22 Kriterien** | **Insgesamt**<br>**29 Kriterien** | **Insgesamt**<br>**27 Kriterien** | **Insgesamt**<br>**25 Kriterien** |

Quelle: Eigene Darstellung in Anlehnung an Swart et al. 2016.

Eine Forderung wissenschaftlicher Publikationsstandards ist es, die Limitationen einer jeden Studie transparent darzustellen. GKV-Routinedaten weisen spezifische Limitationen auf, die bei der Studienplanung zu berücksichtigen und in einer Publikation zu berichten sind[413]. Nachfolgend werden wesentliche Limitationen dargestellt, um mögliche Fehlinterpretationen zu vermeiden und Grenzen von GKV-Routinedatenanalysen aufzuzeigen. Ein Anspruch auf Vollständigkeit kann aufgrund der mehrdimen-

413 Zeidler und Braun 2012

sionalen Einschränkungen, die sich in der Regel nur umfassend im Kontext der jeweiligen Forschungsfrage beurteilen lassen, jedoch nicht erhoben werden.

Eine wesentliche Einschränkung ergibt sich aus der breit gefächerten Finanzierung von Gesundheitsleistungen in Deutschland. Neben den Krankenkassen sind weitere Sozialversicherungsträger und Institutionen, wie beispielsweise die Renten- und Unfallversicherung, aber auch die Versicherten selbst an der Finanzierung der Kosten einzelner Therapieoptionen beteiligt. Mit GKV-Routinedaten können nur Leistungen erfasst werden, die auch über die GKV abgerechnet wurden[414]. Die Aussagekraft und Vollständigkeit von GKV-Routinedaten ist daher immer dann eingeschränkt, wenn medizinische Leistungen nicht über die GKV abgerechnet werden[415]. Als nicht durch die GKV erfasste Leistungen können folgende Beispiele genannt werden:

1. nicht abrechnungsfähige ambulante Arztkontakte wie IGeL-Leistungen oder Leistungen, die der Arzt aus unterschiedlichen Gründen nicht dokumentiert[416],
2. nicht verschreibungspflichtige Arzneimittel wie Schmerzmittel, Vitamine oder Nahrungsergänzungsmittel[417],
3. Rehabilitationsmaßnahmen, die durch andere Sozialversicherungsträger (Rentenversicherung, Unfallversicherung etc.) finanziert werden.

Darüber hinaus schränken pauschalierte Vergütungssysteme wie das im stationären Sektor verwendete DRG-System, das ganze Leistungsbündel mit einer Fallpauschale vergütet, eine detaillierte Abbildung des Leistungsgeschehens ein[418]. Dies hat zur Folge, dass während eines Krankenhaus- oder Rehabilitationsaufenthaltes abgegebene Arznei-, Heil- und Hilfsmittel in der Regel nicht erfasst werden. Längsschnittanalysen zur Medikationsstrategie sind daher nur annahmenbasiert durchführbar. Eine Ausnahme bilden jedoch Leistungen, die explizit im OPS-Katalog abgebildet sind und eine stationäre Verschreibung, auf Basis dieser OPS-Codes, an die Krankenkasse übermittelt wird. Dies gilt beispielsweise für

---

414 Schubert et al. 2008
415 Zeidler und Braun 2012
416 Kerek-Bodden et al. 2005
417 Weiß et al. 2010
418 Bowles et al. 2011

die Applikation von Medikamenten wie die TNF-α-Hemmer Adalimumab, Etanercept und Infliximab.

Als weiteres Informationsdefizit von GKV-Routinedaten ist das Fehlen klinischer Informationen zu nennen. Befund- und Labordaten oder Daten zum Blutdruck der Patienten sind in den Abrechnungsdaten der Krankenkassen nicht erfasst[419]. Auch Informationen über den Schweregrad einer Erkrankung oder zur Lebensqualität der Patienten sind in GKV-Routinedaten in der Regel nicht abgebildet[420]. Bei einzelnen Krankheitsbildern können jedoch anhand der ICD-Diagnosen Rückschlüsse über die Krankheitsschwere gezogen werden. So werden beispielsweise bei der Herzinsuffizienz anhand von NYHA-Stadien verschiedene Schweregrade systematisch als ICD-Diagnosen erfasst. Auch eine approximative Abbildung der Krankheitsschwere anhand spezifischer Leistungen, z. B. bestimmter Arzneimittelverordnungen oder Krankenhauseinweisungen, kann bei einzelnen Studien möglich sein. Weiterhin sind persönliche Informationen der Versicherten wie die Körpergröße, das Gewicht, die Lebensgewohnheiten und entsprechende Kontextfaktoren sowie die familiäre Disposition nicht standardmäßig in den GKV-Routinedaten erfasst. Diese Informationen sind bei einzelnen Analysen jedoch relevant, da beispielsweise einige Medikamente in Bezug auf das Gewicht des Patienten dosiert werden. Eine Möglichkeit zur zumindest partiellen Lösung dieser Herausforderung liegt in der Nutzung von DMP-Informationen, die in der Regel Informationen zu Körpergröße, Gewicht oder auch Raucherstatus der Versicherten enthalten. Diese Informationen liegen jedoch lediglich bei Versicherten vor, die auch in ein oder mehrere DMP-Programme eingeschrieben sind. Des Weiteren ist die Validität der DMP-Informationen umstritten[421].

Im Bereich der ambulanten Arzneimittelverordnungen kann als Informationsdefizit insbesondere das Fehlen von Dosierungsinformationen genannt werden. So liegen in den GKV-Routinedaten keine Informationen darüber vor, über welchen Zeitraum und in welcher Dosierung der Patient das Medikament eingenommen hat. Daher können nur Aussagen über die Einlösung verschriebener Rezepte, jedoch nicht über die tatsächliche Adhärenz der Patienten, d. h. die Frage, ob die durch den behandelnden Arzt intendierte Behandlungsstrategie tatsächlich umgesetzt wurde, überprüft

419 Schubert et al. 2008
420 Icks et al. 2010
421 Horenkamp-Sonntag und Linder 2012; Horenkamp-Sonntag et al. 2012

werden[422]. Informationen über Rezepte, die durch den Arzt verschrieben, aber nicht durch den Patienten in der Apotheke eingelöst wurden, liegen den Krankenkassen nicht vor. Bei Analysen zur Einhaltung medikamentöser Leitlinien können daher nur eingeschränkte Aussagen über die Ursachen von empfohlenen, aber nicht durchgeführten Therapien getroffen werden, d. h. es bleibt unklar, ob der Arzt keine Verordnung ausgestellt hat oder ob diese nicht durch den Patienten eingelöst wurde.

Da die GKV-Routinedaten von einer Fülle an beteiligten Personengruppen (Ärzten, Apothekern, Krankenhäusern, Sanitätshäusern etc.) erhoben werden, ergeben sich naturbedingt Inkonsistenzen und fehlende Daten[423]. Dies kann sowohl Fehler zu Beginn der Dokumentationskette (z. B. ein fehlerhaft ausgestelltes Rezept) als auch in späteren Phasen der Datenerfassung beinhalten. Im Umgang mit fehlenden Daten ist generell eine Einzelprüfung zu empfehlen, d. h. es sollte geprüft werden, ob z. B. ein Datenersatz stattfinden soll (siehe auch Kapitel 7).

Die Diagnosen aus der ambulanten Versorgung werden nur quartalsbezogen dokumentiert, eine datumsgenaue Zuordnung von Diagnosen zu konkreten Behandlungsanlässen ist daher in der Regel nicht möglich[424]. Ein chronologischer Bezug zwischen Diagnosen und Leistungsvorgängen kann somit nicht immer abgebildet werden[425]. Die kausale Zuordnung einzelner Leistungen zu einer spezifischen Erkrankung ist dadurch erheblich eingeschränkt. Dies gilt insbesondere für Arzneimittel sowie Heil- und Hilfsmittel, die einen breiten Anwendungskontext besitzen. Aber auch eine Rekonstruktion der Abfolge der Besuche unterschiedlicher Fachärzte kann hierdurch eingeschränkt sein. Ursache dieser Einschränkung ist, dass diesen Leistungen in den GKV-Routinedaten standardmäßig keine expliziten Diagnosen zugeordnet werden.

Eine Unsicherheit besteht außerdem bezüglich der Validität von Diagnosen und Prozeduren[426]. Die bei der Krankenkasse hinterlegten Informationen zum Gesundheitszustand einer Person sind in hohem Maße von der Diagnosecodierung der Leistungserbringer sowie von den zugrunde liegenden Informationssystemen abhängig. Sowohl Über-, Unter- als auch Fehlcodierungen sind möglich. Auch muss bei der Analyse und Interpreta-

422 Weiß et al. 2010
423 Reinhold et al. 2011a
424 Schubert et al. 2008
425 Bowles et al. 2011
426 Swart und Ihle 2008

tion der Daten immer berücksichtigt werden, dass die Dokumentation aufgrund des primären Abrechnungszwecks ökonomischen Anreizen der zugrunde liegenden Honorierungssysteme folgen kann[427]. Ist beispielsweise die Abrechnung einer spezifischen EBM-Ziffer aus Sicht des behandelnden Arztes oder die Abrechnung einer spezifischen DRG aus Sicht des Krankenhauscontrollings ökonomisch sinnvoll, kann dies unter Umständen zu einer Fehlinterpretation der wissenschaftlichen Analyseergebnisse führen. Zusätzlich sind mögliche Reformen der Abrechnungs- und Honorarsysteme zu berücksichtigen, da diese häufig von ökonomischen Anreizen und Fehlanreizen begleitet sind. Bei jeder Studie sollte daher über eine Validierung der zugrunde liegenden Diagnosen nachgedacht werden[428] (siehe Kapitel 6).

Eine zusätzliche Limitation in Zusammenhang mit den Abrechnungsdiagnosen ist die unspezifische Diagnosecodierung[429]. Im ambulanten Bereich werden häufig unspezifische Diagnoseschlüssel verwendet. Hoffmann et al. konnten anhand von Demenzpatienten zeigen, dass in 59,7 % der Fälle der Schlüssel »Nicht näher bezeichnete Demenz« (ICD-10: F03) abgerechnet wurde[430]. Als weitere Einschränkung kann die Vielfalt der Codierungsmöglichkeiten genannt werden[431]. So sind beispielsweise gemäß ICD-10-Klassifizierung die meisten Atemwegs- und Lungenerkrankungen im Kapitel J klassifiziert, darüber hinaus gibt es jedoch noch weitere Atemwegs- und Lungenerkrankungen, die in anderen Kapiteln eingegliedert sind, wie das Lungenkarzinom (ICD-10: C34 im Kapitel Neubildungen) und zystische Fibrose (ICD-10: E84). In diesen Fällen kann die Lösung dann häufig nur in einer externen Validierung bzw. der Verknüpfung mit Primärdaten liegen.

Bei einer Nutzung von Arbeitsunfähigkeitsdaten ergeben sich ebenfalls Einschränkungen. Erstens müssen Arbeitsunfähigkeiten nur von Personen gemeldet werden, die sozialversicherungspflichtig beschäftigt sind[432]. Rentner, Kinder und Jugendliche sowie Familienversicherte werden daher in der Regel nicht durch die Arbeitsunfähigkeitsdaten erfasst. Empfänger von Arbeitslosengeld müssen hingegen den Agenturen für Arbeit eine Ar-

427 Reinhold et al. 2011a
428 Schubert et al. 2010
429 Hoffmann et al. 2008
430 Hoffmann et al. 2008
431 Hoffmann et al. 2008
432 Vauth 2010

beitsunfähigkeit melden und sind damit in den GKV-Routinedaten erfasst. Zweitens besteht keine Meldepflicht für Kurzzeitarbeitsunfähigkeit bis zu einer Dauer von drei Tagen[433].

Das Datum einzelner Heilmittelsitzungen ist aus den GKV-Routinedaten in der Regel nicht detailliert ersichtlich. Es kann zwar erfasst werden, zu welchem Datum ein Heilmittel verordnet wurde, aber nicht, an welchen Tagen die Leistung tatsächlich durch den Versicherten in Anspruch genommen wurde.

Eine weitere Einschränkung ergibt sich bei der Abbildung von Todesfällen. Zum einen ist in den GKV-Routinedaten die Todesursache in der Regel nicht erfasst. Zum anderen wird bei vielen gesetzlichen Krankenkassen für Familienversicherte der Austrittsgrund »Tod« überhaupt nicht dokumentiert, sodass eine Abgrenzung zu einem anderweitigen Austrittsgrund, wie z. B. einem Wechsel der Krankenkasse, nicht möglich ist[434]. Daher empfiehlt sich bei der Verwendung dieser Information eine zusätzliche Datenvalidierung (z. B. mittels nationaler Sterbedaten).

Längsschnittanalysen können durch Versicherungswechsel zensiert und verzerrt sein, da seit der Öffnung fast aller Krankenkassen Eintritte und Austritte nahezu jederzeit möglich sind. Daher sollten alle Personen identifiziert werden, die im Beobachtungszeitraum die Krankenkasse verlassen haben. Anschließend kann die Personenzeit dieser Versicherten ermittelt und bei den Analysen entsprechend berücksichtigt werden[435] (siehe Kapitel 7). Dieses Vorgehen ist zur Vermeidung eines Selektionsbias erforderlich, da häufig nicht klar ist, warum diese Patienten die Krankenkasse verlassen haben. In Fällen, wo eine Kombination aus der Variable Kassenaustritt und dem Austrittsgrund »Tod« vorzufinden ist, kann davon ausgegangen werden, dass die Ursache des Kassenaustritts auf das Versterben zurückgeführt werden kann[436].

Eine weitere Einschränkung von GKV-Routinedaten liegt in der zeitlich begrenzten Datenverfügbarkeit. Häufig können aus datenschutzrechtlichen Gründen maximal Daten für einen Zeitraum von fünf Jahren zur Verfügung gestellt werden. Bei einzelnen Studien kann dieser Zeitraum zu kurz für eine umfassende und valide Beantwortung der Forschungsfragen sein.

---

433 Bödeker 2005
434 Reinhold et al. 2011a
435 Reinhold et al. 2011a
436 Reinhold et al. 2011a

Bei der Nutzung von Routinedaten einzelner Krankenkassen ist die Repräsentativität bezogen auf die GKV bzw. die Gesamtbevölkerung kritisch zu hinterfragen. Die Versichertenstruktur einer Krankenkasse kann im Hinblick auf die Alters- und Geschlechterverteilung sowie den Sozialstatus von der Gesamtbevölkerung abweichen[437]. Die Entwicklung einer solchen Stammklientel bei einzelnen Krankenkassen ist historisch bedingt[438]. Die Übertragbarkeit und Generalisierbarkeit von Ergebnissen auf Basis der Routinedaten einzelner Krankenkassen auf die gesamte deutsche Bevölkerung kann daher eingeschränkt sein. Die Anwendung geeigneter statistischer Verfahren, wie beispielsweise eine direkte Alters- und Geschlechtsadjustierung, wird daher empfohlen[439] (Kapitel 7.6).

| **Empfehlungen** |
| --- |
| • In einer Publikation sollten ausgewählte Ergebnisse der Studie systematisch und transparent zusammenfasst sowie die Ergebnisse interpretiert und kritisch diskutiert werden<br>• STROSA 2 als Berichtsstandard für Sekundärdatenanalysen kann hier zur Orientierung dienen<br>• Die vielfältigen Limitationen müssen bei GKV-Routinedatenstudien Berücksichtigung finden |

437 Icks et al. 2010
438 Grobe und Ihle 2005
439 Grobe und Ihle 2005

# Literaturverzeichnis


Abbas, S.; Ihle, P.; Köster, I.; Schubert, I. (2012): Estimation of Disease Incidence in Claims Data Dependent on the Length of Follow-Up: A Methodological Approach. In: *Health Serv Res* 47 (2), S. 746–755. DOI: 10.1111/j.1475-6773.2011.01325.x.

Abbott, A.; Tsay, A. (2000): Sequence Analysis and Optimal Matching Methods in Sociology. Review and Prospect. In: *Sociological Methods & Research* 29 (1), S. 3–33. DOI: 10.1177/0049124100029001001.

Achelrod, D.; Welte, T.; Schreyögg, J.; Stargardt, T. (2016): Costs and outcomes of the German disease management programme (DMP) for chronic obstructive pulmonary disease (COPD)-A large population-based cohort study. In: *Health policy (Amsterdam, Netherlands)* 120 (9), S. 1029–1039. DOI: 10.1016/j.healthpol.2016.08.002.

AGENS (2012): Gute Praxis Sekundärdatenanalyse (GPS). Leitlinien und Empfehlungen. 3. Fassung. schr.

Allison, P. D. (2002): Missing data. Thousand Oaks, Calif.: Sage Publications (Sage university papers. Quantitative applications in the social sciences, no. 07-136).

Arbeitsgemeinschaft der Wissenschaftlichen Medizinischen Fachgesellschaften e.V. (AWMF) (Hrsg.): AWMF-Regelwerk Leitlinien: Stufenklassifikation. Online verfügbar unter http://www.awmf.org/leitlinien/awmf-regelwerk/ll-entwicklung/awmf-regelwerk-01-planung-und-organisation/po-stufenklassifikation.html.

Austin, Peter C. (2011): An Introduction to Propensity Score Methods for Reducing the Effects of Confounding in Observational Studies. In: *Multivariate behavioral research* 46 (3), S. 399–424. DOI: 10.1080/00273171.2011.568786.

Bajekal, M.; Scholes, S.; Pickering, K.; Purdon, S. (2004): Synthetic estimation of healthy lifestyles indicators: Stage 1 report. London.

BÄK; KBV, AWMF (2012): Nationale Versorgungsleitlinie Chronische Herzinsuffizienz – Langfassung. Hrsg. v. Bundesärztekammer (BÄK), Kassenärztliche Bundesvereinigung (KBV) und Arbeitsgemeinschaft der Wissenschaftlichen Medizinischen Fachgesellschaften e.V. (AWMF), zuletzt aktualisiert am August 2013.

Bankhofer, U. (1995): Unvollständige Daten- und Distanzmatrizen in der multivariaten Datenanalyse. Bergisch Gladbach, Köln: Eul (Reihe: quantitative Ökonomie, 64).

Barmer GEK (Hrsg.Hrsg.) (2010-2014): Report Krankenhaus. Online verfügbar unter https://presse.barmer-gek.de/barmer/web/Portale/Presseportal/Subportal/Infothek/Studien-und-Reports/Report-Krankenhaus/Einstieg-Report-Krankenhaus.html?w-cm=CenterColumn_t261002.

Barnett, V.; Lewis, T. (1994): Outliers in statistical data. 3rd ed. Chichester, New York: Wiley (Wiley series in probability and mathematical statistics. Applied probability and statistics).

Baxter, J. (1994): Is Husband's Class Enough? Class Location and Class Identity in the United States, Sweden, Norway, and Australia. In: *American Sociological Review* 59 (2), S. 220–235. DOI: 10.2307/2096228.

BDSG (2009): Bundesdatenschutzgesetz in der Fassung der Bekanntmachung vom 14. Januar 2003 (BGBl. I S. 66), das zuletzt durch Artikel 1 des Gesetzes vom 14. August 2009 (BGBl. I S. 2814) geändert worden ist.

Bestmann, A.; Polak, U.; Hansen, I. (2014): 11. Routinedaten zur Rehabilitation durch die Träger der Sozialversicherung. In: Swart, E.; Ihle, P.; Gothe, H. und Matusiewicz, D. (Hrsg.): Hrsg.Routinedaten im Gesundheitswesen. Handbuch Sekundärdatenanalyse: Grundlagen, Methoden und Perspektiven. 2., vollst. überarb. Aufl. Bern: Verlag Hans Huber (Programmbereich Gesundheit), S. 176–191.

Bitzer, E. M. (2015): Routinedaten der gesetzlichen Krankenversicherung und Versichertenbefragungen in der Qualitätsberichterstattung – Potenzial, Probleme und Perspektiven. In: *Gesundheitswesen* 77 (02), e26-e31. DOI: 10.1055/s-0034-139565 0.

Bödeker, W. (2005): Gesundheitsberichterstattung und Gesundheitsforschung mit Arbeitsunfähigkeitsdaten der Krankenkassen. In: E. Swart und P. Ihle (Hrsg.): Routinedaten im Gesundheitswesen – Handbuch Sekundärdatenanalyse: Grundlagen, Methoden und Perspektiven. 1. Aufl. Bern: Verlag Hans Huber, S. 57–78.

Bowles, D.; Damm, O.; Greiner, W. (2011): Gesundheitsbezogene Versorgungsforschung mit GKV-Routinedaten - Grenzen am Beispiel der Prophylaxe venöser Thromboembolien in der Hüft- und Kniegelenkendoprothetik. In: *Gesundh ökon Qual manag* 16 (2), S. 96–107. DOI: 10.1055/s-0029-1245580.

Bowles, D.; Wasiak, R.; Kissner, M.; van Nooten, F.; Engel, S.; Linder, R. et al. (2014): Economic burden of neural tube defects in Germany. In: *Public Health* 128 (3), S. 274–281. DOI: 10.1016/j.puhe.2013.12.001.

Brüggenjürgen, B.; Willich, S. N. (2006): Nutzbarkeit von Datenbanken in der Gesundheitsökonomie. In: *Bundesgesundheitsbl - Gesundheitsforsch - Gesundheitsschutz* 49 (1), S. 11–18. DOI: 10.1007/s00103-005-1186-3.

BSHG (1999): Bundessozialhilfegesetz in der Fassung der Bekanntmachung vom 23. März 1994 (BGBl. I S. 646, 2975), zuletzt geändert durch Art. 4 des Gesetzes zur Familienförderung vom 22. Dezember 1999 (BGBl. I S. 2552).

BTMG (2013): Betäubungsmittelgesetz in der Fassung der Bekanntmachung vom 1. März 1994 (BGBl. I S. 358), das zuletzt durch Artikel 2 Absatz 20 u. Artikel 4 Absatz 7 des Gesetzes vom 7. August 2013 (BGBl. I S. 3154) geändert worden ist.

Bühl, A. (2012): SPSS 20. Einführung in die moderne Datenanalyse. 13., aktualisierte Aufl. München: Pearson Studium ein Imprint von Pearson Deutschland (Pearson Studium - Scientific Tools).

Bundesinstitut für Arzneimittel und Medizinprodukte (Hrsg.): Häufig gestellte Fragen zur Betäubungsmittel-Verschreibungsverordnung (BtMVV) und zum Betäubungsmittelgesetz (BtMG) für Ärzte, Apotheker und Fachkräfte. Online verfügbar unter http://www.bfarm.de/SharedDocs/Downloads/DE/Bundesopiumstelle/Betaeubungsmittel/faq/FAQsBtMVV.pdf?__blob=publicationFile&v=6.

Bundesinstitut für Bau-, Stadt- und Raumforschung (BBSR) (Hrsg.) (2011a): Laufende Raumbeobachtung - Raumabgrenzungen. Kreise und Kreisregionen. Unter Mitarbeit von P. Kuhlmann. Online verfügbar unter https://www.bbsr.bund.de/BBSR/DE/Raumbeobachtung/Raumabgrenzungen/Kreise_Kreisregionen/kreise.html.

Bundesinstitut für Bau-, Stadt- und Raumforschung (BBSR) (Hrsg.) (2011b): Laufende Raumbeobachtung - Raumabgrenzungen. Raumtypen 2010. Unter Mitarbeit von T. Pütz. Online verfügbar unter http://www.bbsr.bund.de/BBSR/DE/Raumbeobachtung/Raumabgrenzungen/Raumtypen2010_vbg/Raumtypen2010_alt.html.

Bundesinstitut für Bau-, Stadt- und Raumforschung (BBSR) (Hrsg.) (2016): Interaktive Karten. Online verfügbar unter http://www.bbsr.bund.de/BBSR/DE/Raumbeobachtung/InteraktiveAnwendungen/KartenModul/Kartenmodul_node.html.

Bundesministerium für Gesundheit (Hrsg.) (2013): Informationen rund um Mitglieder und Versicherte der GKV. GKV-Mitglieder, mitversicherte Angehörige, Beitragssätze und Krankenstand. Online verfügbar unter http://www.bmg.bund.de/krankenversicherung/zahlen-und-fakten-zur-krankenversicherung.html.

Bundesversicherungsamt (Hrsg.) (2008): So funktioniert der neue Risikostrukturausgleich im Gesundheitsfond. Online verfügbar unter http://www.gkv-spitzenverband.de/media/dokumente/krankenversicherung_1/grundprinzipien_1/finanzierung/rsa/Wie_funktioniert_Morbi_RSA.pdf.

Charlson, M.; Szatrowski, T. P.; Peterson, J.; Gold, J. (1994): Validation of a combined comorbidity index. In: *Journal of clinical epidemiology* 47 (11), S. 1245–1251.

Charlson, M. E.; Pompei, P.; Ales, K. L.; MacKenzie, C. R. (1987): A new method of classifying prognostic comorbidity in longitudinal studies: development and validation. In: *Journal of chronic diseases* 40 (5), S. 373–383.

Cramer, J. A.; Roy, A.; Burrell, A.; Fairchild, C. J.; Fuldeore, M. J.; Ollendorf DA et al. (2008): Medication compliance and persistence. Terminology and definitions. In: *Value in health : the journal of the International Society for Pharmacoeconomics and Outcomes Research* 11 (1), S. 44–47. DOI: 10.1111/j.1524-4733.2007.00213.x.

DAK Forschung; IGES Institut GmbH (2013): DAK-Gesundheitsreport 2013. Unter Mitarbeit von M. Kordt. Hamburg. Online verfügbar unter www.dak.de/dak/download/Vollstaendiger_bundesweiter_Gesundheitsreport_2013-1318306.pdf.

Damm, K.; Lange, A.; Zeidler, J.; Braun, S.; Graf von der Schulenburg, J.-M. (2012): Einführung des neuen Tätigkeitsschlüssels und seine Anwendung in GKV-Routinedatenauswertungen. In: *Bundesgesundheitsbl.* 55 (2), S. 238–244. DOI: 10.1007/s00103-011-1418-7.

Damm, O.; Horn, J.; Schmidt, T.; Neubauer, S.; Zeidler, J.; Mikolajczyk, R. et al. (2014): Epidemiology and Costs of Varicella and Herpes Zoster in Germany. In: *Value in health : the journal of the International Society for Pharmacoeconomics and Outcomes Research* 17 (7), A670-1. DOI: 10.1016/j.jval.2014.08.2481.

DaTraGebV (2014): Datentransparenz-Gebührenverordnung vom 30. April 2014 (BGBl. I S. 458).

DaTraV (2012): Verordnung zur Umsetzung der Vorschriften über die Datentransparenz - Datentransparenzverordnung vom 10. September 2012 (BGBl. I S. 1895).

Deutscher Bundestag (1995): Wirkungen des Chipkarten-Einsatzes im Gesundheitswesen. Antwort der Bundesregierung auf die Kleine Anfrage der Abgeordneten Marina Steindor und der Fraktion BÜNDNIS 90/DIE GRÜNEN. Online verfügbar unter http://dipbt.bundestag.de/doc/btd/13/030/1303001.asc.

Deutscher Bundestag (Hrsg.) (2012): Drucksache 17/8722. Bericht des Spitzenverbandes Bund der Krankenkassen zur Evaluation der Ausnahmeregelungen von der Zuzahlungspflicht. Online verfügbar unter dip21.bundestag.de/dip21/btd/17/087/1708722.pdf.

Deutsches Ärzteblatt (Hrsg.) (2011): Ambulante Kodierrichtlinien: Diagnosensicherheit und Seitenlokalisation. 108(6): A-271 / B-216 / C-216. Online verfügbar unter http://www.aerzteblatt.de/archiv/80824/Ambulante-Kodierrichtlinien-Diagnosensicherheit-und-Seitenlokalisation.

Deyo, R. A.; Cherkin, D. C.; Ciol, M. A. (1992): Adapting a clinical comorbidity index for use with ICD-9-CM administrative databases. In: *Journal of clinical epidemiology* 45 (6), S. 613–619.

DIMDI (2013): Morbi-RSA und Gesundheitsfonds. Hrsg. v. Deutsche Institut für Medizinische Dokumentation und Information. Online verfügbar unter https://www.dimdi.de/static/de/klassi/icd-10-gm/anwendung/zweck/morbi-rsa/index.htm, zuletzt aktualisiert am 22.08.2013.

DIMDI (2014a): Datensatzbeschreibung. Hrsg. v. Deutsche Institut für Medizinische Dokumentation und Information. Online verfügbar unter http://www.dimdi.de/static/de/versorgungsdaten/datensatzbeschreibung/index.htm, zuletzt aktualisiert am 17.02.14.

DIMDI (2014b): G-DRG-System - Fallpauschalen in der stationären Versorgung. Hrsg. v. Deutsche Institut für Medizinische Dokumentation und Information. Online verfügbar unter http://www.dimdi.de/static/de/klassi/icd-10-gm/anwendung/zweck/g-drg/index.htm, zuletzt aktualisiert am 11.03.14.

DIMDI (2014c): Gebührenverordnung. Hrsg. v. Deutsche Institut für Medizinische Dokumentation und Information. Online verfügbar unter http://www.dimdi.de/static/de/versorgungsdaten/gebuehrenverordnung.htm, zuletzt aktualisiert am 17.02.14.

DIMDI (2016a): Informationssystem Versorgungsdaten (Datentransparenz). Hrsg. v. Deutsche Institut für Medizinische Dokumentation und Information. Online verfügbar unter http://www.dimdi.de/static/de/versorgungsdaten/index.htm, zuletzt aktualisiert am 03.03.16.

DIMDI (2016b): Regionaldaten. Hrsg. v. Deutsche Institut für Medizinische Dokumentation und Information. Online verfügbar unter http://www.dimdi.de/static/de/versorgungsdaten/datensatzbeschreibung/regionaldaten.htm, zuletzt aktualisiert am 18.06.15.

Eberhard, S. (2013): Lassen sich GKV-Routinedaten nutzen, um auf leitliniengerechte Versorgung zu schließen? Eine Analyse am Beispiel der arteriellen Hypertonie. In: *Gesundheits- und Sozialpolitik : Zeitschrift für das gesamte Gesundheitswesen* 67, S. 29–36.

Elixhauser, A.; Steiner, C.; Harris; Coffey, R. M. (1998): Comorbidity measures for use with administrative data. In: *Medical care* 36 (1), S. 8–27.

Elm, E. von; Altmann, D. G.; Egger, M.; Pocock, S. C.; Gøtzsche, P. C.; Vandenbroucke, J. P. (2008): Das Strengthening the Reporting of Observational Studies in Epidemiology (STROBE-) Statement. In: *Internist* 49 (6), S. 688–693. DOI: 10.1007/s00108-008-2138-4.

Elsevier GmbH (Hrsg.): Unternehmenshomepage: Elsevier Health Analytics. Online verfügbar unter http://www.elsevieranalytics.com/de.

Enders, C. K. (2010): Applied missing data analysis. New York: Guilford Press (Methodology in the social sciences).

EntgFG (2012): Entgeltfortzahlungsgesetz vom 26. Mai 1994 (BGBl. I S. 1014, 1065), das zuletzt durch Artikel 1a des Gesetzes vom 21. Juli 2012 (BGBl. I S. 1601) geändert worden ist.

Esposito, D.; Migliaccio-Walle, K.; Molsen, E. (Hrsg.) (2013): Reliability and validity of data sources for outcomes research & disease and health management programs: ISPOR.

Fahrmeir, L. (2010): Statistik. Der Weg zur Datenanalyse. 7., neu bearb. Aufl. Berlin, Heidelberg: Springer (Springer-Lehrbuch).

Fay, R. E.; Herriot, R. A. (1979): Estimates of Income for Small Places: An Application of James-Stein Procedures to Census Data. In: *Journal of the American Statistical Association* 74 (366), S. 269–277.

Feinstein, A. R. (1970): The Pre-Therapeuitc Classification of Co-Morbidity in Chronic Disease. In: *Journal of chronic diseases* 23 (7), S. 455–468.

Ford, B. L. (1976): Missing data procedures: A comparative study. Hrsg. v. Statistical Reporting Service, U. S. Department of Agriculture. Washington DC.

Frank, P. M. (1976): Empfindlichkeitsanalyse dynamischer Systeme. Eine einführende Darstellung. München [u.a.]: Oldenbourg (Methoden der Regelungstechnik).

Frey, S.; Linder, R.; Juckel, G.; Stargardt, T. (2014): Cost-effectiveness of long-acting injectable risperidone versus flupentixol decanoate in the treatment of schizophrenia: a Markov model parameterized using administrative data. In: *Eur J Health Econ* 15 (2), S. 133–142. DOI: 10.1007/s10198-013-0460-9.

Frey, S.; Stargardt, T. (2012): Performance of Compliance and Persistence Measures in Predicting Clinical and Economic Outcomes Using Administrative Data from German Sickness Funds. In: *Pharmacotherapy* 32 (10), S. 880–889.

Gagne, J. J.; Glynn, R. J.; Avorn, J.; Levin, R.; Schneeweiss, S. (2011): A combined comorbidity score predicted mortality in elderly patients better than existing scores. In: *Journal of clinical epidemiology* 64 (7), S. 749–759. DOI: 10.1016/j.jclinepi.2010.10.004.

Garbe, E. (2008): Nutzung von Sekundärdaten für ein Versorgungsmonitoring: zur Notwendigkeit einer Validierung. In: C. Fuchs, B. M. Kurth und P. C. Scriba (Hrsg.): Report Versorgungsforschung. 1 Band. Köln, S. 49–56.

Gesundheitsberichtserstattung des Bundes (gbe-Bund) (Hrsg.): DDD (Tagesdosen). Online verfügbar unter http://www.gbe-bund.de/glossar/DDD_Tagesdosen.html.

Gesundheitsberichtserstattung des Bundes (gbe-Bund) (Hrsg.): Krankheitsartenstatistik (Versicherte der AOK) - Methodik [generell]. Online verfügbar unter http://www.gbe-bund.de/gbe10/abrechnung.prc_abr_test_logon?p_uid=gast&p_aid=0&p_knoten=FID&p_sprache=D&p_suchstring=8817.

Gesundheitsberichtserstattung des Bundes (gbe-Bund) (Hrsg.) (2012): Haupt- und Nebendiagnose. Online verfügbar unter http://www.gbe-bund.de/gbe10/abrechnung.prc_abr_test_logon?p_uid=gasts&p_aid=&p_knoten=FID&p_sprache=D&p_suchstring=11115::nebendiagnose, zuletzt aktualisiert am 24.10.2012.

GKV-Datenaustausch (Hrsg.): Apotheken. Online verfügbar unter http://www.gkv-datenaustausch.de/leistungserbringer/apotheken/apotheken.jsp.

GKV-Datenaustausch (Hrsg.): Ärzte. Online verfügbar unter http://www.gkv-datenaustausch.de/leistungserbringer/aerzte/aerzte.jsp.

GKV-Datenaustausch (Hrsg.): Krankenhäuser. Online verfügbar unter http://www.gkv-datenaustausch.de/leistungserbringer/krankenhaeuser/krankenhaeuser.jsp.

GKV-Datenaustausch (Hrsg.): Reha-Einrichtungen. Online verfügbar unter http://www.gkv-datenaustausch.de/leistungserbringer/reha_einrichtungen/reha_einrichtungen.jsp.

GKV-Datenaustausch (Hrsg.): Startseite. Online verfügbar unter http://www.gkv-datenaustausch.de/startseite/startseite.jsp.

GKV-Modernisierungsgesetz (GMG) (2003): Gesetz zur Modernisierung der gesetzlichen Krankenversicherung, vom G. v. 14.11.2003 BGBl. I S. 2190; zuletzt geändert durch Artikel 1 G. v. 15.12.2004 BGBl. I S. 3445.

GKV-Spitzenverband (Hrsg.) (2012): Morbiditätsorientierter RSA (Morbi-RSA). Online verfügbar unter http://www.gkv-spitzenverband.de/krankenversicherung/krankenversicherung_grundprinzipien/finanzierung/rsa/rsa.jsp, zuletzt aktualisiert am 15.06.2012.

GKV-Spitzenverband (Hrsg.) (2014): Befreiungsliste Arzneimittel. Online verfügbar unter http://www.gkv-spitzenverband.de/service/versicherten_service/zuzahlungen_und_befreiungen/befreiungsliste_arzneimittel/befreiungsliste_arzneimittel.jsp, zuletzt aktualisiert am 06.01.2014.

GKV-Spitzenverband (Hrsg.) (2016): Grafik zu den Veränderungen bei der Krankenkassenanzahl. Online verfügbar unter http://www.gkv-spitzenverband.de/krankenversicherung/krankenversicherung_grundprinzipien/alle_gesetzlichen_krankenkassen/alle_gesetzlichen_krankenkassen.jsp, zuletzt aktualisiert am 07.03.2016.

Gothe, H.; Köster, A.-D. (2014): Daten der Privaten Krankenversicherung (PKV). In: Swart, E.; Ihle, P.; Gothe, H. und Matusiewicz, D. (Hrsg.): Routinedaten im Gesundheitswesen. Handbuch Sekundärdatenanalyse: Grundlagen, Methoden und Perspektiven. 2., vollst. überarb. Aufl. Bern: Verlag Hans Huber (Programmbereich Gesundheit), S. 245–253.

Graf von der Schulenburg, J.-M.; Greiner, W.; Jost, F.; Klusen, N.; Kubin, M.; Leidl, R. et al. (2007): Deutsche Empfehlungen zur gesundheitsökonomischen Evaluation - dritte und aktualisierte Fassung des Hannoveraner Konsens. In: *Gesundh ökon Qual manag* 12 (5), S. 285–290. DOI: 10.1055/s-2007-963505.

Greiner, W.; Damm, O. (2012): Die Berechnung von Kosten und Nutzen. In: O. Schöffski und Graf von der Schulenburg, J.-M. (Hrsg.): Gesundheitsökonomische Evaluationen. 4. Aufl. Berlin, Heidelberg: Springer-Verlag, S. 23–42.

Grobe, T. G. (2005): Stationäre Versorgung - Krankenhausbehandlungen. In: E. Swart und P. Ihle (Hrsg.): Routinedaten im Gesundheitswesen – Handbuch Sekundärdatenanalyse: Grundlagen, Methoden und Perspektiven. 1. Aufl. Bern: Verlag Hans Huber, S. 79–98.

Grobe, T. G. (2008): Arbeiten mit Daten der Gmünder Ersatzkasse. In: *Bundesgesundheitsbl.* 51 (10), S. 1106–1117. DOI: 10.1007/s00103-008-0645-z.

Grobe, T. G.; Ihle, P. (2005): Versichertenstammdaten und sektorübergreifende Analyse. In: E. Swart und P. Ihle (Hrsg.): Routinedaten im Gesundheitswesen – Handbuch Sekundärdatenanalyse: Grundlagen, Methoden und Perspektiven. 1. Aufl. Bern: Verlag Hans Huber, S. 17–34.

Grobe, T. G.; Bitzer, E. M.; Schwartz, F. W. (2013): BARMER GEK Arztreport 2013. Schwerpunkt: Aufmerksamkeitsdefizit-/ Hyperaktivitätsstörungen ADHS. Siegburg: Asgard-Verl.-Service (Schriftenreihe zur Gesundheitsanalyse, 18).

Grundgesetz (GG) (2012): Grundgesetz für die Bundesrepublik Deutschland in der im Bundesgesetzblatt Teil III, Gliederungsnummer 100-1, veröffentlichten bereinigten Fassung, das zuletzt durch Artikel 1 des Gesetzes vom 11. Juli 2012 (BGBl. I S. 1478) geändert worden ist.

Gutenbrunner, C.; Glaesener, J.-J. (2007): Rehabilitation, Physikalische Medizin und Naturheilverfahren ; mit 57 Tabellen. [Online-Ausg.]. Heidelberg: Springer (SpringerLink: Springer e-Books).

Hagn, S. (2014): Vergleich verschiedener Komorbiditäts-Scores in Routinedaten der stationären Versorgung. Dissertation. Ludwig-Maximilians-Universität zu München. Institut für Medizinische Informationsverarbeitung, Biometrie und Epidemiologie. Online verfügbar unter https://edoc.ub.uni-muenchen.de/17118/1/Hagn_Stefan.pdf, zuletzt geprüft am 01.06.2016.

Hainmueller, J. (2012): Entropy Balancing for Causal Effects. A Multivariate Reweighting Method to Produce Balanced Samples in Observational Studies. In: *Political Analysis* 20 (1), S. 25–46. DOI: 10.1093/pan/mpr025.

Harnischmacher, U.; Ihle, P.; Berger, B.; Goebel, J. W.; Scheller, J. (2006): Checkliste und Leitfaden zur Patienteneinwilligung. Grundlagen und Anleitung für die klinische Forschung. Berlin: Med.-Wiss. Verl.-Ges (Schriftenreihe der Telematikplattform für Medizinische Forschungsnetze, Bd. 3).

Hase, F. (2011): Forschung mit Sozialdaten. In: *Datenschutz und Datensicherheit* 35 (12), S. 875–878.

Heady, P.; Clarke, P.; Brown, P.; Ellis, K.; Heasman, D.; Hennell, S.; Mitchell, B. (2003): Model- Based Small Area Estimation Series No. 2: Small Area Estimation Project Report. Norwich: National Statistics UK.

Heller, G.; Günster, C.; Misselwitz, B.; Feller, A.; Schmidt, S. (2007): Jährliche Fallzahl pro Klinik und Überlebensrate sehr untergewichtiger Frühgeborener (VLBW) in Deutschland - Eine bundesweite Analyse mit Routinedaten. In: *Z Geburtshilfe Neonatol* 211 (3), S. 123–131. DOI: 10.1055/s-2007-960747.

Hendricks, V.; Schmidt, S.; Vogt, A.; Gysan, D.; Latz, V.; Schwang, I. et al. (2014): Case Management Program for Patients With Chronic Heart Failure: Effectiveness in Terms of Mortality, Hospital Admissions and Costs. In: *Dtsch Arztebl International* 111 (15), S. 264–270.

Hennessy, S. (2006): Use of Health Care Databases in Pharmacoepidemiology. In: *Basic Clin Pharmacol Toxicol* 98 (3), S. 311–313. DOI: 10.1111/j.1742-7843.2006.pto_368.x.

HNO Nachrichten (2010): Ärzte halten Grünes Rezept für sinnvoll 40 (3), S. 24. DOI: 10.1007/BF03356905.

Hodge, V. J.; Austin, J. (2004): A Survey of Outlier Detection Methodologies. In: *Artif Intell Rev* 22 (2), S. 85–126. DOI: 10.1007/s10462-004-4304-y.

Hoffmann, F. (2009): Review on use of German health insurance medication claims data for epidemiological research. In: *Pharmacoepidem. Drug Safe.* 18 (5), S. 349–356. DOI: 10.1002/pds.1721.

Hoffmann, F.; Andersohn, F.; Giersiepen, K.; Scharnetzky, E.; Garbe, E. (2008): Validierung von Sekundärdaten. Grenzen und Möglichkeiten. In: *Bundesgesundheitsbl.* 51 (10), S. 1118–1126. DOI: 10.1007/s00103-008-0646-y.

Hoffmann, F.; Glaeske, G. (2011): Analyse von Routinedaten. In: H. Pfaff (Hrsg.): Lehrbuch Versorgungsforschung. Systematik - Methodik - Anwendung ; mit 19 Tabellen. Stuttgart: Schattauer, S. 317–322.

Hoffmann, F.; Icks, A. (2012): Unterschiede in der Versichertenstruktur von Krankenkassen und deren Auswirkungen für die Versorgungsforschung: Ergebnisse des Bertelsmann-Gesundheitsmonitors. In: *Gesundheitswesen* 74 (5), S. 291–297. DOI: 10.1055/s-0031-1275711.

Hoffmann, W.; Maaz, A.; Nordheim, J.; Winter, M.; Kuhlmey, A. (2004): Chronisch krank werden im Alter – zur Abschätzung von Inzidenz und Prävalenz mittels Routinedaten einer Betriebskrankenkasse. In: *Gesundheitswesen*, S. 66–80.

Holle, R.; Behrend, C.; Reitmeir, P.; John, J. (2005): Methodenfragen der Nutzung von GKV-Routinedaten für Kostenanalysen. In: E. Swart und P. Ihle (Hrsg.): Routinedaten im Gesundheitswesen – Handbuch Sekundärdatenanalyse: Grundlagen, Methoden und Perspektiven. 1. Aufl. Bern: Verlag Hans Huber, S. 301–318.

Horenkamp-Sonntag, D.; Linder, R. (2012): Untersuchungen zur externen Validität der DMP-Dokumentation. In: R. Roski (Hrsg.): Disease Management Programme. Statusbericht 2012 ; MVF-Fachkongresse "10 Jahre DMP" und "Versorgung 2.0". Bonn: eRelation Content in Health (Schriftenreihe Monitor Versorgungsforschung), S. 227–231.

Horenkamp-Sonntag, D.; Linder, R.; Ahrens, S.; Verheyen, F. (2012): Externe Validität von DMP-Doku-Bögen im Abgleich mit GKV-Routinedaten: Wie valide werden Arzneimittel-Therapien und stationäre Notfalleinweisungen von DMP-Ärzten dokumentiert? Online verfügbar unter http://www.tk.de/tk/vortraege/vortraege-aktuell/448568.

Hussein, R.; Hartmann, A.; Schäfer, T.; Bitzer, E. M. (2014): Zahnärztliche Versorgung. In: Swart, E.; Ihle, P.; Gothe, H. und Matusiewicz, D. (Hrsg.): Hrsg.Routinedaten im Gesundheitswesen. Handbuch Sekundärdatenanalyse: Grundlagen, Methoden und Perspektiven. 2., vollst. überarb. Aufl. Bern: Verlag Hans Huber (Programmbereich Gesundheit), S. 104–120.

Icks, A.; Chernyak, N.; Bestehorn, K.; Brüggenjürgen, B.; Bruns, J.; Damm, O. et al. (2010): Methoden der gesundheitsökonomischen Evaluation in der Versorgungsforschung. In: *Gesundheitswesen* 72 (12), S. 917–933. DOI: 10.1055/s-0030-1262859.

IGES Institut (2012): Bewertung der Kodierqualität von vertragsärztlichen Diagnosen. Eine Studie im Auftrag des GKV-Spitzenverbands in Kooperation mit der BARMER GEK. Berlin.

Ihle, P. (2008): Datenschutzrechtliche und methodische Aspekte beim Aufbau einer Routinedatenbasis aus der Gesetzlichen Krankenversicherung zu Forschungszwecken. In: *Bundesgesundheitsbl.* 51 (10), S. 1127–1134. DOI: 10.1007/s00103-008-0647-x.

Ihle, P.; Köster, I.; Herholz, H.; Rambow-Bertram, P.; Schardt, T.; Schubert, I. (2005): Versichertenstichprobe AOK Hessen/KV Hessen - Konzeption und Umsetzung einer personenbezogenen Datenbasis aus der Gesetzlichen Krankenversicherung. In: *Gesundheitswesen* 67 (08/09), S. 638–645. DOI: 10.1055/s-2005-858598.

imvr; WINEG: Projektdatenbank Versorgungsforschung Deutschland. Instituts für Medizinsoziologie, Versorgungsforschung und Rehabilitationswissenschaft der Universität zu Köln; Wissenschaftlichen Instituts der TK für Nutzen und Effizienz im Gesundheitswesen. Online verfügbar unter http://www.versorgungsforschung-deutschland.de/.

Institut des Bewertungsausschusses (Hrsg.): Einheitlicher Bewertungsmaßstab (EBM). Online verfügbar unter http://www.institut-des-bewertungsausschusses.de/ba/ebm.html.

Jaunzeme, J.; Muschik, D. (2014): Stichtag oder Versicherungsdauer als Selektionskriterium der Versicherten für die Analyse von GKV-Daten. AGENS-Methodenworkshop 2014. Hannover, 13.02.2014. Online verfügbar unter www.mh-hannover.de/fileadmin/institute/med_soziologie/Dokumente/AGENS2014_Abstractband.pdf.

Jürges, Hendrik; Köberlein, Juliane (2013): First Do No Harm. Then Do Not Cheat: DRG Upcoding in German - Neonatology. Hrsg. v. Deutsches Institut für Wirtschaftsforschung. Berlin.

Kajuter, H.; Batzler, W. U.; Krieg, V.; Heidinger, O.; Hense, H-W (2012): Linkage of secondary data with cancer registry data on the basis of encrypted personal identifiers - results from a pilot study in North Rhine-Westphalia. In: *Gesundheitswesen (Bundesverband der Arzte des Offentlichen Gesundheitsdienstes (Germany))* 74 (8-9), e84-9. DOI: 10.1055/s-0032-1314828.

Kassenärztliche Bundesvereinigung (KBV) (Hrsg.): Vordruckmustersammlung. Online verfügbar unter www.kbv.de/media/sp/02_Mustersammlung.pdf.

Kassenärztliche Bundesvereinigung (KBV) (Hrsg.) (2008): BAR-Schlüsselverzeichnis, Anlage 35. Zweistellige Fachgruppencodierung für die 8. und 9. Stelle der LANR. Kassenärztliche Bundesvereinigung (KBV). Online verfügbar unter http://applications.kbv.de/keytabs/ita/schluesseltabellen.asp?page=S_BAR2_WBO_V1.07.htm.

Kassenärztliche Bundesvereinigung (KBV) (2011a): Ambulante Kodierrichtlinien: Diagnosensicherheit und Seitenlokalisation. In: *Dtsch Arztebl International* 108 (6), A-271-A-273. Online verfügbar unter http://www.aerzteblatt.de/int/article.asp?id=8 0824.

Kassenärztliche Bundesvereinigung (KBV) (Hrsg.) (2011b): ICD-10-GM: Wesentliche Regeln für den vertragsärztlichen Bereich. Online verfügbar unter http://www.kbv.d e/html/2007.php.

Kassenärztliche Bundesvereinigung (KBV) (Hrsg.) (2016a): Honorar. Die Weiterentwicklung des EBM. Online verfügbar unter http://www.kbv.de/html/1044.php.

Kassenärztliche Bundesvereinigung (KBV) (Hrsg.) (2016b): Honorar. Honorarverteilung und -berechnung. Online verfügbar unter http://www.kbv.de/html/1019.php.

Kaufmännische Krankenkasse (KKH) (Hrsg.): Das blaue Privatrezept. Online verfügbar unter https://www.kkh.de/content/dam/KKH/Grafiken/Sonstiges/Infografiken/B laues%20Rezept.png.

Kelm, S. (2012): Wie lange ist mein Rezept gültig? Hrsg. v. Apotheken-Umschau. Online verfügbar unter http://www.apotheken-umschau.de/Medikamente/Wie-lange-ist -mein-Rezept-gueltig-192477.html, zuletzt geprüft am 01.07.2014.

Kerek-Bodden, H.; Heuer, J.; Brenner, G.; Koch, H.; Lang, A. (2005): Morbiditäts- und Inanspruchnahmeanalysen mit personenbezogenen Abrechnungsdaten aus Arztpraxen. In: E. Swart und P. Ihle (Hrsg.): Routinedaten im Gesundheitswesen – Handbuch Sekundärdatenanalyse: Grundlagen, Methoden und Perspektiven. 1. Aufl. Bern: Verlag Hans Huber, S. 35–55.

KHG (2013): Krankenhausfinanzierungsgesetz in der Fassung der Bekanntmachung vom 10. April 1991 (BGBl. I S. 886), das zuletzt durch Artikel 5c des Gesetzes vom 15. Juli 2013 (BGBl. I S. 2423) geändert worden ist. In: BGBl. I S. 886.

Klora, M.; Zeidler, J.; Lublow, D.; Linder, R.; Verheyen, F.; von der Schulenburg, J.-M. (2016): Alters- und geschlechtsspezifische Kosten sowie die Versorgung mit medikamentösen Therapien von ADHS-Patienten. In: *Gesundheitswesen* 78 (07), e23-e29. DOI: 10.1055/s-0041-110523.

Köster, I.; Ihle, P.; Schubert, I. (2011): Zwischenbericht 2004-2008 für Gesundes Kinzigtal GmbH hier: LKK-Daten. PMV Forschungsgruppe. Köln. Online verfügbar unter http://www.gesundes-kinzigtal.de/media/documents/KIT-PMV-%C3%9CUF_ LKK-fin-2011-08-10.pdf.

Krack, G.; Zeidler, H.; Zeidler, J. (2016): Claims Data Analysis of Tumor Necrosis Factor Inhibitor Treatment Dosing Among Patients with Rheumatoid Arthritis. A Systematic Review of Methods. In: *Drugs - Real World Outcomes.* DOI: 10.1007/s 40801-016-0089-y.

Kreis, K.; Neubauer, S.; Klora, M.; Lange, A.; Zeidler, J. (2016): Status and perspectives of claims data analyses in Germany—A systematic review. In: *Health Policy* 120 (2), S. 213–226. DOI: 10.1016/j.healthpol.2016.01.007.

Krüger-Brand, H. E. (2013): Datentransparenz: Einblick ins Versorgungsgeschehen. In: *Dtsch Arztebl International* 110 (4), A-120-A-121. Online verfügbar unter http:/ /www.aerzteblatt.de/int/article.asp?id=134211.

KV Berlin (Hrsg.): Einheitlicher Bewertungsmaßstab EBM. Online verfügbar unter http://www.kvberlin.de/20praxis/30abrechnung_honorar/10ebm/.

L'hoest, H.; Marschall, U. (2013): Ist häufiger besser und weniger teurer? Eine Datenanalyse zur Organtransplantation. In: U. Repschläger, C. Schulte und N. Osterkamp (Hrsg.): Gesundheitswesen aktuell 2013. Beiträge und Analysen. 1. Aufl. Wuppertal: Barmer GEK, S. 248–269. Online verfügbar unter http://www.barmer-gek.de/barmer/web/Portale/Versicherte/Rundum-gutversichert/Infothek/Wissenschaft-Forschung/Publikationen/Gesundheitswesen-aktuell-2013/Gesundheitswesen-aktuell-2013-Marschall-Organtransplantation,property=Data.pdf.

Lange, A.; Zeidler, J.; Braun, S. (2014): One-year disease-related health care costs of incident vertebral fractures in osteoporotic patients. In: *Osteoporos Int* 25 (10), S. 2435–2443. DOI: 10.1007/s00198-014-2776-4.

Lange, A.; Prenzler, A.; Bachmann, O.; Linder, R.; Neubauer, S.; Zeidler, J. et al. (2015): Regional differences in health care of patients with inflammatory bowel disease in Germany. In: *Health Econ Rev* 5 (1), S. 79. DOI: 10.1186/s13561-015-0067-1.

Lange, S.; Bender, R. (2007): Median oder Mittelwert? In: *Dtsch med Wochenschr* 132 (S 01), e1-e2. DOI: 10.1055/S-2007-959024.

LAUER-FISCHER GmbH (Hrsg.): LAUER-Taxe. Online verfügbar unter http://www2.lauer-fischer.de/produkte/lauer-taxe/lauer-taxe/.

Laux, G.; Nothacker, M.; Weinbrenner, S.; Störk, S.; Blozik, E.; Peters-Klimm, F. et al. (2011): Nutzung von Routinedaten zur Einschätzung der Versorgungsqualität: Eine kritische Beurteilung am Beispiel von Qualitätsindikatoren für die „Nationale Versorgungsleitlinie Chronische Herzinsuffizienz". In: *Zeitschrift für Evidenz, Fortbildung und Qualität im Gesundheitswesen* 105 (1), S. 21–26. DOI: 10.1016/j.zefq.2010.08.005.

Leibniz-Institut für Präventionsforschung und Epidemiologie - BIPS GmbH (Hrsg.): Die Pharmakoepidemiologische Forschungsdatenbank. Online verfügbar unter https://www.bips-institut.de/forschung/versichertenstichprobe.html.

Little, R.J.A.; Rubin, D. B. (2002): Statistical analysis with missing data. 2nd ed. Hoboken, N.J.: Wiley (Wiley series in probability and statistics).

Majeed, R.; Corvinus, U.; Weismüller, K.; Röhrig, R.; Harnischmacher, U.; Ihle, P. (2007): Computerunterstützte Erstellung von Patienteneinwilligungen – eine webbasierte Navigation durch die Checkliste Patienteneinwilligung. Kongress Medizin und Gesellschaft. Augsburg, 17.–21.9.2007. Hrsg. v. German Medical Science GMS Publishing House. Düsseldorf (Doc 07gmds619). Online verfügbar unter http://www.egms.de/static/de/meetings/gmds2007/07gmds619.shtml.

Mansky, T.; Robra, B.-P.; Schubert, I. (2012): Vorhandene Daten besser nutzen Für die sektorübergreifende Zusammenführung medizinischer Routinedaten sollten die Krankenkassen zur Lieferung bereits vorliegender Daten verpflichtet werden. In: *Deutsches Ärzteblatt* 109 (21), A1082-A1085.

March, S.; Iskenius, M.; Hardt, J.; Swart, E. (2013): Methodische Überlegungen für das Datenlinkage von Primär- und Sekundärdaten im Rahmen arbeitsepidemiologischer Studien. In: *Bundesgesundheitsbl.* 56 (4), S. 571–578. DOI: 10.1007/s00103-013-1682-9.

March, S.; Rauch, A.; Thomas, D.; Bender, S.; Swart, E. (2012): Datenschutzrechtliche Vorgehensweise bei der Verknüpfung von Primär- und Sekundärdaten in einer Kohortenstudie: die lidA-Studie. In: *Gesundheitswesen* 74 (12), e122-e129. DOI: 10.1055/s-0031-1301276.

March, S.; Stallmann, C.; Swart, E. (2014): Datenlinkage von Routinedaten und Primärdaten. In: *Gesundheitswesen* 76 (08/09). DOI: 10.1055/s-0034-1386955.

Meinck, M.; Lübke, N.; Polak, U. (2014): Rehabilitation vor Pflegebedürftigkeit im Alter: eine Analyse anhand von Routinedaten. In: *Rehabilitation* 53 (2), S. 74–80. DOI: 10.1055/s-0033-1347233.

Melchinger, H. (2008): Strukturfragen der ambulanten psychiatrischen Versorgung. unter besonderer Berücksichtigung von Psychiatrischen Institutsambulanzen und der sozialpsychiatrischen Versorgung außerhalb der Leistungspflicht der Gesetzlichen Krankenversicherung. Medizinische Hochschule Hannover. Hannover.

Melchior, H.; Schulz, H.; Härter, M. (2014): Faktencheck Gesundheit Regionale Unterschiede in der Diagnostik und Behandlung von Depressionen. Unter Mitarbeit von J. Walker und M. Ganninger. Hrsg. v. Bertelsmann Stiftung. Online verfügbar unter https://faktencheck-gesundheit.de/fileadmin/daten_fcd/Dokumente/faktencheck_depression_studie.pdf, zuletzt geprüft am 01.07.2014.

Moher, D.; Liberati, A.; Tetzlaff, J.; Altmann, D. G. (2009): Preferred reporting items for systematic reviews and meta-analyses: the PRISMA statement. In: *PLoS medicine* 6 (7), e1000097. DOI: 10.1371/journal.pmed.1000097.

Müller, W. (2012): Informationssystem "Datentransparenz" bei DIMDI im Aufbau. Arbeitsgemeinschaft der Wissenschaftlichen Medizinischen Fachgesellschaften e.V. (AWMF). Düsseldorf. Online verfügbar unter http://www.egms.de/static/en/journals/awmf/2012-9/awmf000268.shtml.

Müller-Benedict, V. (2007): Grundkurs Statistik in den Sozialwissenschaften. Eine leicht verständliche, anwendungsorientierte Einführung in das sozialwissenschaftlich notwendige statistische Wissen. 4., überarb. Aufl. Wiesbaden: VS, Verl. für Sozialwiss. (Lehrbuch).

Müller-Bergfort, S.; Fritze, J. (2007): Diagnose- und Prozedurendaten im deutschen DRG-System. In: *Bundesgesundheitsbl.* 50 (8), S. 1047–1054. DOI: 10.1007/s00103-007-0294-7.

Nationale Kohorte e. V. (Hrsg.): Nationale Kohorte (NAKO). Online verfügbar unter http://nako.de/, zuletzt geprüft am 13.06.2016.

Neubauer, G.; Pfister, F.; Kimberly, J.; Pouvourville, G.; d'Aunno, T. (2008): DRGs in Germany: Introduction of a comprehensive, prospective DRG payment system by 2009. In: John Kimberly, Gerard de Pouvourville und Thomas d'Aunno (Hrsg.): The Globalization of Managerial Innovation in Health Care. Cambridge: Cambridge University Press, S. 153–175.

Neubauer, S.; Cifaldi, M.; Mittendorf, T.; Ganguli, A.; Wolff, M.; Zeidler, J. (2014): Biologic TNF inhibiting agents for treatment of rheumatoid arthritis: persistence and dosing patterns in Germany. In: *Health Econ Rev* 4 (1), S. 1861. DOI: 10.1186/s13561-014-0032-4.

Neubauer, S.; Schilling, T.; Zeidler, J.; Lange, A.; Engel, S.; Linder, R. et al. (2016a): Auswirkung einer leitliniengerechten Behandlung auf die Mortalität bei Linksherzinsuffizienz. In: *Herz* 41:614–624. DOI: 10.1007/s00059-016-4401-0.

Neubauer, S.; Zeidler, J.; Schilling, T.; Engel, S.; Linder, R.; Verheyen, F. et al. (2016b): Eignung und Anwendung von GKV-Routinedaten zur Überprüfung von Versorgungsleitlinien am Beispiel der Indikation Linksherzinsuffizienz. In: *Gesundheitswesen* 78(S 01): e135-e144. DOI: 10.1055/s-0042-100727.

Nimptsch, U.; Bestmann, A.; Erhart, M.; Dudey, S.; Marx, Y.; Saam, J. et al. (2014): Zugang zu Routinedaten. In: Swart, E.; Ihle, P.; Gothe, H. und Matusiewicz, D. (Hrsg.): Hrsg.Routinedaten im Gesundheitswesen. Handbuch Sekundärdatenanalyse: Grundlagen, Methoden und Perspektiven. 2., vollst. überarb. Aufl. Bern: Verlag Hans Huber (Programmbereich Gesundheit), S. 270–290.

Nink, K.; Schröder, H.; Schubert, I. (2005): Arzneimittel. In: E. Swart und P. Ihle (Hrsg.): Routinedaten im Gesundheitswesen – Handbuch Sekundärdatenanalyse: Grundlagen, Methoden und Perspektiven. 1. Aufl. Bern: Verlag Hans Huber, S. 99–122.

Ohlmeier, C.; Niemeyer, M.; Garbe, E.; Mikolajczyk, R. (2012): Identifizierung von Todesursachen in Daten der Gesetzlichen Krankenversicherung am Beispiel des Lungen- und Pankreaskrebs. 57. Jahrestagung der Deutschen Gesellschaft für Medizinische Informatik, Biometrie und Epidemiologie e.V. (GMDS)., 16.-20.09.2012. Düsseldorf. Hrsg. v. German Medical Science GMS Publishing House. Braunschweig (Doc12gmds177). Online verfügbar unter http://www.egms.de/static/en/meetings/gmds2012/12gmds177.shtml.

Patorno, E.; Grotta, A.; Bellocco, R.; Schneeweiss, S. (2013): Propensity score methodology for confounding control in health care utilization databases. In: *Epidemiology Biostatistics and Public Health* 10 (3), e89401-e894016. Online verfügbar unter ebph.it/article/viewFile/8940/8121aus.

Pigeot, I.; Ahrens, W.; Kubler, J. (2006): Data sources in epidemiology. In: *Bundesgesundheitsblatt, Gesundheitsforschung, Gesundheitsschutz* 49 (7), S. 628–636. DOI: 10.1007/s00103-006-1290-z.

Pirk, O.; Schöffski, O. (2012): Primärdatenerhebung. In: O. Schöffski und Graf von der Schulenburg, J.-M. (Hrsg.): Gesundheitsökonomische Evaluationen. 4. Aufl. Berlin, Heidelberg: Springer-Verlag, S. 197–242.

Prenzler, A.; Zeidler, J.; Braun, S.; Graf von der Schulenburg, J.-M. (2010): Bewertung von Ressourcen im Gesundheitswesen aus der Perspektive der deutschen Sozialversicherung. In: *Pharmacoeconomics-Ger-Res-Articles* 8 (1), S. 47–66. DOI: 10.1007/BF03320765.

Quan, H.; Li, B.; Couris, C. M.; Fushimi, K.; Graham, P.; Hider, P. et al. (2011): Updating and Validating the Charlson Comorbidity Index and Score for Risk Adjustment in Hospital Discharge Abstracts Using Data From 6 Countries. In: *American Journal of Epidemiology* 173 (6), S. 676–682. DOI: 10.1093/aje/kwq433.

Quan, H.; Sundararajan, V.; Halfon, P.; Fong, A.; Burnand, B.; Luthi, J.-C. et al. (2005): Coding algorithms for defining comorbidities in ICD-9-CM and ICD-10 administrative data. In: *Medical care* 43 (11), S. 1130–1139.

REHADAT - Hilfsmittelportal (Hrsg.): Hilfsmittel - Versorgungsablauf. Institut der deutschen Wirtschaft Köln e. V. Online verfügbar unter http://www.rehadat-hilfsmittelportal.de/de/infothek/versorgungsablauf/index.html.

Reinboth, C. (2006): Multivariate Analyseverfahren in der Marktforschung. Hochschule Harz.

Reinhold, T.; Andersohn, F.; Hessel, F.; Brüggenjürgen, B.; Willich, S. N. (2011a): Die Nutzung von Routinedaten der gesetzlichen Krankenkassen (GKV) zur Beantwortung gesundheitsökonomischer Fragestellungen – eine Potenzialanalyse. In: *Gesundh ökon Qual manag* 16 (3), S. 153–159. DOI: 10.1055/s-0029-1245615.

Reinhold, T.; Lindig, C.; Willich, S. N.; Brüggenjürgen, B. (2011b): The costs of atrial fibrillation in patients with cardiovascular comorbidities--a longitudinal analysis of German health insurance data. In: *Europace* 13 (9), S. 1275–1280. DOI: 10.1093/europace/eur116.

Reis, A. (2005): Krankheitskostenanalysen. In: E. Swart und P. Ihle (Hrsg.): Routinedaten im Gesundheitswesen – Handbuch Sekundärdatenanalyse: Grundlagen, Methoden und Perspektiven. 1. Aufl. Bern: Verlag Hans Huber, S. 291–300.

Rousseeuw, P. J.; Leroy, A. M. (1987): Robust Regression and Outlier Detection. Hoboken, NJ, USA: John Wiley & Sons, Inc.

Rubin, D. B. (1976): Inference and missing data. In: *Biometrika* 63 (3), S. 581–592. DOI: 10.1093/biomet/63.3.581.

Runte, M. (1999): Missing Values. Konzepte und statistische Literatur. Kiel.

Sachverständigenrat (Hrsg.) (2015): Sondergutachten 2015. Krankengeld – Entwicklung, Ursachen und Steuerungsmöglichkeiten. Online verfügbar unter www.svr-gesundheit.de/fileadmin/GA2015/SVR_Sondergutachten_2015_Krankengeld_Druckfassung.pdf.

Schader, M.; Gaul, W. (1992): The MVL (Missing Values Linkage) Approach for Hierarchical Classification when Data are Incomplete. In: H. H. Bock, O. Opitz und M. Schader (Hrsg.): Analyzing and Modeling Data and Knowledge. Berlin, Heidelberg: Springer Berlin Heidelberg (Studies in Classification, Data Analysis, and Knowledge Organization), S. 107–115.

Schafer, J. L.; Graham, J. W. (2002): Missing data: our view of the state of the art. In: *Psychological methods* 7 (2), S. 147–177.

Scharnetzky, E.; Busch, H.; Wobbe, S.; Rebscher, H. (2013): Versorgungsforschung aus der Perspektive einer Gesetzlichen Krankenkasse. In: *Gesundh ökon Qual manag* 18 (06), S. 290–294. DOI: 10.1055/s-0033-1356103.

Schnell, R. (1986): Missing-Data-Probleme in der empirischen Sozialforschung. Bochum.

Schöffski, O. (2012): Grundformen gesundheitsökonomischer Evaluationen. In: O. Schöffski und Graf von der Schulenburg, J.-M. (Hrsg.): Gesundheitsökonomische Evaluationen. 4. Aufl. Berlin, Heidelberg: Springer-Verlag, S. 43–70.

Schönfelder, T.; Balázs, S.; Klewer, J. (2009): Kosten aufgrund von DRG-Upcoding durch die Einführung der Diagnosis Related Groups in Deutschland. In: *Heilberufe* 61 (S3), S. 77–81. DOI: 10.1007/s00058-009-1516-1.

Schreyögg, J.; Stargardt, T. (2012): Gesundheitsökonomische Evaluation auf Grundlage von GKV-Routinedaten. In: *Bundesgesundheitsbl.* 55 (5), S. 668–676. DOI: 10.1007/s00103-012-1476-5.

Schröder, H.; Kleudgen, M.; Steinwede, J.; March, S.; Swart, E.; Stallmann, C. (2015): Zustimmung von Befragten zur Verknüpfung von Daten – selektionsfrei? Data linkage - respondents consent without selectivity? In: *Gesundheitswesen (Bundesverband der Arzte des Offentlichen Gesundheitsdienstes (Germany))* 77 (4), e57-62. DOI: 10.1055/s-0034-1398594.

Schröder, H.; Schwinger, A.; Waltersbach, A. (2005): Heilmittel. In: E. Swart und P. Ihle (Hrsg.): Routinedaten im Gesundheitswesen – Handbuch Sekundärdatenanalyse: Grundlagen, Methoden und Perspektiven. 1. Aufl. Bern: Verlag Hans Huber, S. 123–135.

Schubert, I.; Ihle, P.; Köster, I. (2010): Interne Validierung von Diagnosen in GKV-Routinedaten: Konzeption mit Beispielen und Falldefinition. In: *Gesundheitswesen* 72 (06), S. 316–322. DOI: 10.1055/s-0030-1249688.

Schubert, I.; Ihle, P.; Köster, I.; Küpper-Nybelen, J.; Rentzsch, M.; Stallmann, C. et al. (2014): Daten für die Versorgungsforschung. Zugang und Nutzungsmöglichkeiten. Datengutachten für das Deutsche Institut für Medizinische Dokumentation und Information (DIMDI). Hrsg. v. DIMDI. Online verfügbar unter http://www.dimdi.de/static/de/versorgungsdaten/wissenswertes/datengutachten/dimdisekundaerdaten-expertise.pdf.

Schubert, I.; Köster, I.; Küpper-Nybelen, J.; Ihle, P. (2008): Versorgungsforschung mit GKV-Routinedaten. In: *Bundesgesundheitsbl.* 51 (10), S. 1095–1105. DOI: 10.1007/s00103-008-0644-0.

Schwab, G. (1991): Fehlende Werte in der angewandten Statistik. Wiesbaden: Dt. Univ.-Verl. (DUV : Wirtschaftswissenschaft).

SGB X (2013): Das Zehnte Buch Sozialgesetzbuch – Sozialverwaltungsverfahren und Sozialdatenschutz – in der Fassung der Bekanntmachung vom 18. Januar 2001 (BGBl. I S. 130), das zuletzt durch Artikel 6 des Gesetzes vom 25. Juli 2013 (BGBl. I S. 2749) geändert worden ist.

SGB IX (2012): Das Neunte Buch Sozialgesetzbuch – Rehabilitation und Teilhabe behinderter Menschen – (Artikel 1 des Gesetzes vom 19. Juni 2001, BGBl. I S. 1046, 1047), das zuletzt durch Artikel 3 des Gesetzes vom 14. Dezember 2012 (BGBl. I S. 2598) geändert worden ist. Online verfügbar unter http://www.gesetze-im-internet.de/sgb_5/.

SGB V (2014): Das Fünfte Buch Sozialgesetzbuch – Gesetzliche Krankenversicherung – (Artikel 1 des Gesetzes vom 20. Dezember 1988, BGBl. I S. 2477, 2482), das zuletzt durch Artikel 1 des Gesetzes vom 27. März 2014 (BGBl. I S. 261) geändert worden ist. Online verfügbar unter http://www.gesetze-im-internet.de/sgb_5/.

Statistisches Bundesamt (Hrsg.) (2012): Bevölkerungsstand: Bevölkerung nach Geschlecht, regionale Tiefe: Kreise und krfr. Städte. Stichtag 31.12. Online verfügbar unter https://www.regionalstatistik.de/genesis/online;jsessionid=E427AC1486DD49D7A00D3F94D2979E62?sequenz=tabelleErgebnis&selectionname=173-01-4.

Stuart, E. A. (2010): Matching methods for causal inference: A review and a look forward. In: *Statistical science : a review journal of the Institute of Mathematical Statistics* 25 (1), S. 1–21. DOI: 10.1214/09-STS313.

SVR (2002): Gutachten 2000/2001: Bedarfsgerechtigkeit und Wirtschaftlichkeit. Band I: Zielbildung, Prävention, Nutzerorientierung und Partizipation. 1. Aufl. Baden-Baden: Nomos-Verl.-Ges. (Gutachten / Sachverständigenrat für die Konzertierte Aktion im Gesundheitswesen, 2000/01).

Swart, E. (2005a): Kleinräumige Versorgungsforschung mit GKV-Routinedaten. In: E. Swart und P. Ihle (Hrsg.): Routinedaten im Gesundheitswesen – Handbuch Sekundärdatenanalyse: Grundlagen, Methoden und Perspektiven. 1. Aufl. Bern: Verlag Hans Huber, S. 243–252.

Swart, E. (2005b): Über-, Unter- und Fehlversorgung in der stationären Versorgung – Welche Rückschlüsse lassen sich aus GKV-Routinedaten ziehen? In: E. Swart und P. Ihle (Hrsg.): Routinedaten im Gesundheitswesen – Handbuch Sekundärdatenanalyse: Grundlagen, Methoden und Perspektiven. 1. Aufl. Bern: Verlag Hans Huber, S. 253–262.

Swart, E.; Bitzer, E. M.; Gothe, H.; Harling, M.; Hoffmann, F.; Horenkamp-Sonntag, D. et al. (2016): A Consensus German Reporting Standard for Secondary Data Analyses, Version 2 (STROSA-STandardisierte BerichtsROutine für Sekundardaten-Analysen). In: *Gesundheitswesen (Bundesverband der Arzte des Offentlichen Gesundheitsdienstes (Germany))*. DOI: 10.1055/s-0042-108647.

Swart, E.; Deh, U.; Robra, B.-P. (2008): Die Nutzung der GKV-Daten für die kleinräumige Analyse und Steuerung der stationären Versorgung. In: *Bundesgesundheitsbl.* 51 (10), S. 1183–1192. DOI: 10.1007/s00103-008-0653-z.

Swart, E.; Ihle, P. (Hrsg.) (2005): Routinedaten im Gesundheitswesen – Handbuch Sekundärdatenanalyse: Grundlagen, Methoden und Perspektiven. 1. Aufl. Bern: Verlag Hans Huber.

Swart, E.; Ihle, P. (2008): Der Nutzen von GKV-Routinedaten für die Versorgungsforschung. In: *Bundesgesundheitsbl.* 51 (10), S. 1093–1094. DOI: 10.1007/s00103-008-0643-1.

Swart, E.; Ihle, P.; Gothe, H.; Matusiewicz, D. (Hrsg.) (2014a): Routinedaten im Gesundheitswesen. Handbuch Sekundärdatenanalyse: Grundlagen, Methoden und Perspektiven. 2., vollst. überarb. Aufl. Bern: Verlag Hans Huber (Programmbereich Gesundheit).

Swart, E.; Schmitt, J. (2014a): STandardized Reporting Of Secondary data Analyses (STROSA)-a recommendation. In: *Zeitschrift fur Evidenz, Fortbildung und Qualitat im Gesundheitswesen* 108 (8-9), S. 511–516. DOI: 10.1016/j.zefq.2014.08.022.

Swart, E.; Schmitt, J. (2014b): STROSA - Ein Berichtsstandard für Sekundärdatenanalyse. AGENS-Methodenworkshop 2014. Hannover, 13.02.2014. Online verfügbar unter www.mh-hannover.de/fileadmin/institute/med_soziologie/Dokumente/AGENS2014_Abstractband.pdf.

Swart, E.; Schubert, I.; Ihle, P.; Robra, B.-P. (2010): Expertise für Bundesärztekammer im Rahmen der Förderinitiative zur Versorgungsforschung. Expertise zum Thema: Notwendigkeit des Datenzugangs und der Datentransparenz für ärztliche Körperschaften. Unter Mitarbeit von I. Köster, D. Thomas und S. March. Hrsg. v. Bundesärtzekammer. Köln, Magdeburg. Online verfügbar unter www.bundesaerztekammer.de/fileadmin/user_upload/downloads/Datenzugang-1.pdf.

Swart, E.; Stallmann, C.; Powietzka, J.; March, S. (2014b): Datenlinkage von Primär- und Sekundärdaten. In: *Bundesgesundheitsbl.* 57 (2), S. 180–187. DOI: 10.1007/s00103-013-1892-1.

Swart, E.; Thomas, D.; March, S.; Salomon, T.; Knesebeck, O. v. d. (2011): Erfahrungen mit der Datenverknüpfung von Primär- und Sekundärdaten in einer Interventionsstudie. In: *Gesundheitswesen* 73 (12), e126-e132. DOI: 10.1055/s-0031-1280754.

Swart, E.; Willer, C. (2012): Lässt sich die Umsetzung ärztlicher Leitlinien anhand von GKV-Routinedaten überprüfen? In: *Gesundheitswesen* 74 (08/09). DOI: 10.1055/s-0032-1322111.

Tamayo, T.; Brinks, R.; Hoyer, A.; Kuss, O. S.; Rathmann, W. (2016): The Prevalence and Incidence of Diabetes in Germany. In: *Deutsches Arzteblatt international* 113 (11), S. 177–182. DOI: 10.3238/arztebl.2016.0177.

Tiedt, G. (1996): Rechtliche Grundlagen der Rehabilitation. In: H. Delbrück und E. Haupt (Hrsg.): Rehabilitationsmedizin: Therapie- und Betreuungskonzepte bei chronischen Krankheiten. München, Wien, Baltimore: Urban & Schwarzenberg, S. 27–50.

UCLA: Statistical Consulting Group (Hrsg.): Statistical Computing Seminars - Missing Data in SAS Part 1. Online verfügbar unter http://www.ats.ucla.edu/stat/sas/seminars/missing_data/mi_new_1.htm, zuletzt geprüft am 24.05.2016.

Ultsch, B.; Köster, I.; Reinhold, T.; Siedler, A.; Krause, G.; Icks, A. et al. (2013): Epidemiology and cost of herpes zoster and postherpetic neuralgia in Germany. In: *Eur J Health Econ* 14 (6), S. 1015–1026. DOI: 10.1007/s10198-012-0452-1.

University of Manitoba (Hrsg.): Concept: Charlson Comorbidity Index. Online verfügbar unter http://mchp-appserv.cpe.umanitoba.ca/viewConcept.php?conceptID=1098.

Valderas, Jose M.; Starfield, Barbara; Sibbald, B.; Salisbury, C.; Roland, M. (2009): Defining comorbidity: implications for understanding health and health services. In: *Annals of family medicine* 7 (4), S. 357–363. DOI: 10.1370/afm.983.

van Walraven, C.; Austin, P. C.; Jennings, A.; Quan, H.; Forster, A. J. (2009): A modification of the Elixhauser comorbidity measures into a point system for hospital death using administrative data. In: *Medical care* 47 (6), S. 626–633. DOI: 10.1097/MLR.0b013e31819432e5.

Vauth, C. (2010): Gesundheitsökonomische Sekundärforschung: Das Beispiel der Bewertung stark wirksamer Analgetika in der chronischen Schmerztherapie. 1. Aufl. Baden-Baden: Nomos Verlagsgesellschaft mbH & Co. KG (Beiträge zum Gesundheitsmanagement, 29). Online verfügbar unter http://dx.doi.org/10.5771/9783845221458.

Verband der Ersatzkassen (vdek) (Hrsg.): Zuzahlungen bei medizinischen Leistungen, Belastungsgrenzen und Befreiungsmöglichkeiten. Online verfügbar unter https://www.vdek.com/vertragspartner/leistungen/zuzahlungen.html.

Völzke, H.; Alte, D.; Schmidt, C. O.; Radke, D.; Lorbeer, R.; Friedrich, N. et al. (2011): Cohort profile: the study of health in Pomerania. In: *Int J Epidemiol* 40 (2), S. 294–307. DOI: 10.1093/ije/dyp394.

Weiß, C. (2005): Basiswissen medizinische Statistik. Mit 9 Übersichten ; mit Epidemiologie. 3., überarb. Aufl. Heidelberg: Springer (Springer-Lehrbuch).

Weiß, F.; Vietor, C.; Hecke, T. L. (2010): Verwendung von Routinedaten zu Evaluationszwecken in Krankenkassen – die Evaluation des TK-Patientendialog. In: *Gesundheitswesen* 72 (06), S. 371–378. DOI: 10.1055/s-0030-1249702.

Werner, A.; Reitmeir, P.; John, J. (2005): Kassenwechsel und Risikostrukturausgleich in der gesetzlichen Krankenversicherung -- empirische Befunde der Kooperativen Gesundheitsforschung in der Region Augsburg (KORA). In: *Gesundheitswesen* 67 Suppl 1, S158-66. DOI: 10.1055/s-2005-858261.

Wilke, T.; Groth, A.; Mueller, S.; Reese, D.; Linder, R.; Ahrens, S.; Verheyen, F. (2013): How to use pharmacy claims data to measure patient nonadherence? The example of oral diabetics in therapy of type 2 diabetes mellitus. In: *Eur J Health Econ* 14 (3), S. 551–568. DOI: 10.1007/s10198-012-0410-y.

WINEG Homepage (Hrsg.): Homepage des Wissenschaftliches Institut der TK für Nutzen und Effizienz im Gesundheitswesen. Online verfügbar unter http://www.tk.de/tk/wineg/118306.

Wissenschaftliches Institut der AOK (WIdO) (Hrsg.): GKV-Arzneimittelindex. Online verfügbar unter http://www.wido.de/gkv-arzneimittelind.html, zuletzt geprüft am 01.07.2016.

Wissenschaftliches Institut der AOK (WIdO) (Hrsg.) (2007): Qualitätssicherung der stationären Versorgung mit Routinedaten (QSR). Abschlussbericht. 1. Aufl. AOK-Bundesverband; FEISA; HELIOS Kliniken; WIdO. Bonn.

Wulffen, M. von; Schütze, B. (2014): SGB X. Sozialverwaltungsverfahren und Sozialdatenschutz. In: *SGB X.*

Zeidler, J. (2016): Erratum zu: Die Berechnung indikationsspezifischer Kosten bei GKV-Routinedatenanalysen am Beispiel von ADHS. In: *Bundesgesundheitsbl* 59 (5), S. 687–688. DOI: 10.1007/s00103-016-2327-6.

Zeidler, J.; Braun, S. (2012): Sekundärdatenanalysen. In: O. Schöffski und Graf von der Schulenburg, J.-M. (Hrsg.): Gesundheitsökonomische Evaluationen. 4. Aufl. Berlin, Heidelberg: Springer-Verlag, S. 243–274.

Zeidler, J.; Lange, A.; Braun, S.; Linder, R.; Engel, S.; Verheyen, F.; Graf von der Schulenburg, J.-M. (2013): Die Berechnung indikationsspezifischer Kosten bei GKV-Routinedatenanalysen am Beispiel von ADHS. In: *Bundesgesundheitsbl.* 56 (3), S. 430–438. DOI: 10.1007/s00103-012-1624-y.

Zeidler, J.; Mittendorf, T.; Vahldiek, G.; Graf von der Schulenburg, J.-M. (2008a): Kostenvergleichsanalyse der ambulanten und stationären kardiologischen Rehabilitation. In: *Herz* 33 (6), S. 440–447. DOI: 10.1007/s00059-008-3126-0.

Zeidler, J.; Mittendorf, T.; Vahldiek, G.; Zeidler, H.; Merkesdal, S. (2008b): Comparative cost analysis of outpatient and inpatient rehabilitation for musculoskeletal diseases in Germany. In: *Rheumatology* 47 (10), S. 1527–1534. DOI: 10.1093/rheumat ology/ken315.

ZI (2013): AGENS-Methodenworkshop 2013. Hrsg. v. Zentralinstitut für die kassenärztliche Versorgung in der Bundesrepublik Deutschland. Online verfügbar unter http://www.zi.de/cms/veranstaltungen/agens-methodenworkshop-2013/, zuletzt geprüft am 01.07.2014.

Ziegler, U.; Doblhammer, G. (2009): Prävalenz und Inzidenz von Demenz in Deutschland – Eine Studie auf Basis von Daten der gesetzlichen Krankenversicherungen von 2002. Rostocker Zentrum – Diskussionpapier Nr. 24. Rostocker Zentrum zur Erforschung des Demografischen Wandels.

Zimek, A.; Schubert, E.; Kriegel, H.-P. (2012): A survey on unsupervised outlier detection in high-dimensional numerical data. In: *Statistical Analy Data Mining* 5 (5), S. 363–387. DOI: 10.1002/sam.11161.

Zok, K. (2011): Reaktionen auf Zusatzbeiträge in der GKV. Ergebnisse einer Repräsentativ-Umfrage. 1. Aufl. Hrsg. v. WIdO.

Zwiener, I.; Blettner, M.; Hommel, G. (2011): Überlebenszeitanalyse. Teil 15 der Serie zur Bewertung wissenschaftlicher Publikationen. In: *Dtsch Arztebl International* 108 (10), S. 163–169. Online verfügbar unter http://www.aerzteblatt.de/archiv/8117 1/Ueberlebenszeitanalyse-Teil-15-der-Serie-zur-Bewertung-wissenschaftlicher-Publ ikationen?src=series.

FSC
www.fsc.org
MIX
Papier | Fördert gute Waldnutzung
FSC® C083411

Kolibri 360 GmbH
Ferdinand-Jühlke-Straße 7
99095 Erfurt, Deutschland
produktsicherheit@kolibri360.de